Die Frau in den Liedern des „Hohen Minnesangs"

Europäische Hochschulschriften

Publications Universitaires Européennes
European University Papers

Reihe I

Deutsche Literatur und Germanistik

Série I   Series I

Langue et littérature allemandes
German language and literature

Bd./Vol.328

PETER D. LANG
Frankfurt am Main · Bern · Cirencester/U.K.

Laila Salem

Die Frau in den Liedern des »Hohen Minnesangs«
Forschungskritik und Textanalyse

PETER D. LANG
Frankfurt am Main · Bern · Cirencester/U.K.

CIP-Kurztitelaufnahme der Deutschen Bibliothek

Salem, Laila:

Die Frau in den Liedern des "Hohen Minnesangs":
Forschungskritik u. Textanalyse / Laila Salem. —
Frankfurt am Main, Bern, Cirencester/U.K.: Lang.
  (Europäische Hochschulschriften: Reihe 1,
  Dt. Literatur u. Germanistik; Bd. 328)
  ISBN 3-8204-6649-5

ISBN 3-8204-6649-5

© Verlag Peter D. Lang GmbH, Frankfurt am Main 1980

Druck: fotokop Wilhelm Weihert KG, Darmstadt
Titelsatz: Stefan Platen, 6360 Friedberg 3. H. Breynk, 5584 Bullay

Inhaltsverzeichnis

Einleitung

"Inhalt des Minneliedes ist das Verhältnis des dienenden Ritters zu der 'frouwe' seiner Wahl. Dies Verhältnis wird im Liede dargestellt in einer gültig gewordenen, durch Übereinkommen gefestigten Anzahl von Motiven, Bildern, Vorstellungen und Gedanken. Dieser Umkreis ist bis zu Walther hin als verbindlich gegeben; nur innerhalb dieses Kreises vermag sich die lyrische Bewegung zu entfalten. ... Minnesang ist nicht Erlebnis-, sondern Ideendichtung.

Als solche zeigt sie eigene und stets wiederkehrende Züge. Die 'frouwe' ist über alle Wirklichkeit hinaus erhoben, eine ferne, unerreichbare, nur demütig verehrte und aussichtslos umworbene Idealgestalt. Sie hat keinen Namen, sie hat keine Individualität, sie ist eine Abstraktion: kein irdisches Weib, sondern das Ewig-Weibliche. Da die Dame Glied der Gesellschaft und Gattin[12] eines anderen Herrn ist, muß sie schon aus diesem Grunde ungenannt bleiben. Ihre Unzugänglichkeit wird anschaulich gemacht durch den ganzen literarischen Motivvorrat der 'huote', der 'merkaere', der 'vînde' und ihres 'nîdes'; und für den Sänger gibt es nur die eine Hauptsünde: das sich 'rüemen', d.h. das prahlende Preisgeben angeblicher Gunsterweisungen. Die 'minne' muß also 'tougen minne' sein und bleiben. Fest bleibt unter allen Umständen die Überlegenheit der Herrin: sie steht unendlich hoch über dem Sänger, nicht allein in ihrem sittlichen, sondern ebenso in ihrem gesellschaftlichen Wert. Im Normalfalle bedeutet die hohe Stellung der Dame ('hôhiu minne') in der Gesellschaft für den Minner erhöhte Ehre, aber auch erhöhte Qual; leichter ist 'ebeniu minne', etwa gleiche gesellschaftliche Geltung beider; keine Ehre bringt 'nideriu minne': wenn die Dame an Rang unter dem Sänger steht. Dies Minneverhältnis bestimmt den Inhalt der Lieder. Die besungene Herrin, Urbild aller weiblichen Tugenden, konnte keine Liebesgunst gewähren; aber Minnedienst und Minnesang waren gesellige Pflicht des höfischen Mannes. So ist das Lied notwendigerweise nichts anderes als verehrende Huldigung, als lobender Preis der Dame, als

scheues und maßvolles Werben um ihren 'gruoz', als 'senede
nôt' und 'trûren' und 'klagen' über die Vergeblichkeit alles
Bemühens. Jede Gegenständlichkeit der Darstellung fehlt diesen Versen, die sich soweit noch im Bereich des Wirklichen
halten. Verlassen wird dieser Bereich, sobald sich die Dichter die Erfüllung ihrer Wünsche ausmalen. Diese Gedanken werden selten geäußert, dann immer als Irrealität, als Wunsch
oder Traum oder Täuschung; sie bringen aber ein sinnlich-be-
lebendes Element in die Gedankenblässe des Minnesanges. Bei-
des, das Preisen, das Werben und das Klagen ebenso wie das
Wünschen und das 'trûren', ist ein 'wân' (Hartmann MF. 218,22),
die Lieder sind 'wânwîsen' (Ulrich v. Licht. 427,28).... In
gewissem Sinne kann man den ganzen Minnesang ein Spiel nennen:
aber es war wenigstens kein eitles Spiel. Denn das höfische
Minnelied erfüllte in der von den Frauen beherrschten Gesellschaft eine besondere Aufgabe: es vermochte und war bestimmt,
'der werlde fröide' (Walther 83,7), d.h. die festliche Hoch-
stimmung des Hoflebens, zu 'mêren'; und es trug für den Sänger seinen Lohn in sich selbst, den einzigen Lohn, den er zu
erwarten hatte: 'daz ir deste werder sît und dâ bî hôchgemuot'
(Albrecht von Johannsdorf MF. 94,14)".[1]

Dieses Zitat, das dem erstmals 1954 erschienenen Artikel von
Richard Kienast entnommen ist, enthält vielfältige Aussagen
über die Frau im Minnesang, wie sie immer wieder in Literaturgeschichten und Abhandlungen über die höfische Lyrik des Mittelalters begegnen. Aus diesem exemplarischen Zitat sind die
folgenden Hauptkennzeichen herauszustellen:
1. Die Frau wird immer wieder als "Dame", als "Herrin der höfischen Gesellschaft", als "Edelfrau" und vor allem als 'frouwe' bezeichnet. Sie gehört also dem adligen Stande an. Der
   Begriff 'wîp' taucht weder in der herangezogenen Stelle
   noch im übrigen Artikel auf.

---

1) Richard Kienast, Die deutschsprachige Lyrik des Mittelal-
   ters. V. Die ritterlich-höfische Lyrik. Der Minnesang.
   Sp. 51 f. In: Deutsche Philologie im Aufriß. Bd. II. 2. Aufl.
   Berlin 1960 (1. Aufl. 1952-1957).

2. Diese Dame ist verheiratet, und zwar ist sie die "Gattin eines anderen Herrn".
3. Sie steht auf einem sozial höheren Niveau als der Dichter, der sie besingt. Sie ist ihm "nicht nur in ihrem sittlichen, sondern ebenso in ihrem gesellschaftlichen Wert" überlegen.
4. Sie gewährt keine Gunst; die Werbung des Dichters bleibt aussichtslos. Kienast spricht von "angeblichen Gunsterweisungen". Erhörung würde Ehebruch bedeuten, was das "empfindliche Ehrgefühl" der "aristokratischen Kriegerschichten"[1] verletzen würde. Wo Liebesgunst stattfindet, bewegt sich der Dichter schon im Bereich der Irrealität. Der einzige Lohn, den der Sänger erwarten kann, ist ein ideeller, ethischer: die Erhöhung seines inneren Wertes.
5. Diese 'frouwe' des Dichters ist kein wirkliches Wesen, besitzt keine Individualität; sie ist eine Idee, "eine Abstraktion: kein irdisches Weib, sondern das Ewig-Weibliche".

Die beiden immer wieder betonten Komponenten sind: das Wort 'frouwe' bezeichnet eine weibliche Person, die:
- adligen Standes
- verheiratet ist.
Daraus resultiert ihre Erhabenheit im sozialen Gefüge und ihre Unerreichbarkeit für die außereheliche Liebeswerbung.

Die beiden Grundkomponenten, die der inhaltlichen Interpretation des Minnesangs weitgehend zugrunde gelegt werden, machen auch nach Ansicht der meisten Minnesangforscher den Inhalt des Begriffs 'frouwe' aus:
- adlige Dame,
- verheiratete Frau.

Das unterscheidet diesen Begriff von 'wîp', der lediglich Geschlechtsbezeichnung für alle weiblichen Wesen, gleich welchen Standes, ist.

_____
1) Kienast, Die deutschsprachige Lyrik, Sp. 54.

Dieses Idealbild der im Minnesang umworbenen Frau gilt heute in der Literaturwissenschaft unangefochten.

Dennoch schrieb 1964 Joachim Bumke in der Einleitung zu seinen "Studien zum Ritterbegriff":[1] "... man muß die "scheinbar so selbstverständliche Anschauung" Stück für Stück einer kritischen Prüfung unterziehen und darf auch vor fest verwurzelten und längst für gesichert geltenden Vorstellungen nicht halt machen, und man muß auf Widerspruch gefaßt sein: denn diese Fragen rühren an den romantischen Kern unseres Fachs".[2]

Die vorliegende Arbeit will "als Beitrag zu einer solchen Kritik"[3] verstanden werden. Sie will sich mit der in der germanistischen Forschung vorherrschenden Vorstellung von der Frau im Minnesang außer Walther befassen; sie will untersuchen, wie verbreitet diese Ansicht ist, mit welcher Begründung sie gerechtfertigt wird und wie fundiert sie ist, wenn sie einer kritischen Betrachtung anhand der Texte unterzogen wird.

---

1) Joachim Bumke, Studien zum Ritterbegriff im 12. und 13. Jahrhundert. Beihefte zum Euphorion. 1. Heft. Heidelberg 1964.

2) Bumke, Studien zum Ritterbegriff, S. 10.

3) Bumke, Studien zum Ritterbegriff, S. 10.

I. Forschungsüberblick

1. Die wichtigsten Elemente des Frauenbildes der Minnesangforschung

Wie kam es zur allgemein gültigen Übernahme des beschriebenen Klischees von der Frau im Minnesang?

Bei dem chronologischen Überblick über die Minnesangforschung werden die wichtigsten Literaturgeschichten und diejenigen Werke und Abhandlungen über den Minnesang herangezogen, die als Standardwerke der germanistischen Literaturwissenschaft gelten. Da sich kein Forscher explizit zu diesem Fragenkomplex geäußert hat, wird in den einzelnen Abhandlungen je nach ihrer Absicht und ihrem Zweck selten zu allen Thesen Stellung genommen, die hinsichtlich der Frau aufgestellt wurden. Oft genug wird der Komplex ziemlich unklar oder gar widersprüchlich dargestellt, weil einigen Autoren eine Festlegung auf eine bestimmte Meinung für ihr Thema irrelevant ist.

In seinem 1864 erschienenen Aufsatz "Über den ritterlichen Frauendienst"[1] zeigt sich Wilhelm Hertz noch frei von den oben angeführten Ansichten. Zwar spricht auch er von der 'frouwe' im Minnesang, die, als Femininum von 'frô', "der Herr", "Herrin" bedeutet[2] und dem adligen Stand angehört. Für ihn braucht sie jedoch nicht unbedingt verheiratet zu sein,[3] auch wenn sie das in der Regel war.[4] Da Hertz noch von einem homogenen Rittertum spricht, in dem kein Unterschied von Stand und Vermögen besteht,[5] sieht er demgemäß auch die Frau als dem Dichter nicht sozial überlegen an.

---

1) Wilhelm Hertz, Über den ritterlichen Frauendienst. München 1864. Wiedergedr. in: Aus Dichtung und Sage. Hrsg. von Karl Vollmöller. Stuttgart, Berlin 1907.
2) Hertz, Über den ritterlichen Frauendienst, S. 10.
3) Hertz, Über den ritterlichen Frauendienst, S. 14.
4) Hertz, Über den ritterlichen Frauendienst, S. 15: "Fast alle Huldigungen der Dichter galten verheirateten Frauen".
5) Hertz, Über den ritterlichen Frauendienst, S. 20.

Diese Annahmen erleichtern es ihm, von "erfüllten Liebeswün-
schen"[1] sprechen zu können, weil dem seiner Meinung nach weder ständische noch eheliche Hindernisse im Wege stehen.

Für Ludwig Uhland stellt die Bezeichnung der Frau in seiner
Abhandlung über den Minnesang[2] bereits ein Problem dar. Er
gibt die mhd. Begriffe 'wîp' und 'frouwe' mit den nhd. Wörtern "Weib" und "Frau" wieder, setzt sich aber bewußt mit der
Begriffsproblematik auseinander und läßt dabei bereits wesentliche Elemente des Klischees erkennen.

Uhland findet, daß alle weiblichen Tugenden, die von den Minnesängern gepriesen werden, im Begriff "Weib" enthalten sind:
"Alle Trefflichkeiten der Frauen umfaßt aber das eine "hoch-
gelobte"Wort Weib,..., womit nicht die bloße Wortbenennung,
sondern hauptsächlich wieder der Begriff der Weiblichkeit
selbst gemeint ist".[3] In Reinmars bekanntem Lied MF. 165,28
'Sô wol dir wîp, wie reine ein nam' sieht Uhland den Anfang
dieser Hochschätzung. Sie geht seiner Meinung nach so weit,
daß "Weib" selbst über "Frau" gestellt wird. Im Gegensatz zu
"Frau", das "nur den zufälligen Vorrang höherer Geburt" enthält, bedeutet "Weib" "das innere Wesen edler Weiblichkeit".[4]
"Weib"ist für Uhland also der umfassendere Begriff, der zwar
ethische Aussagen impliziert, aber keine ständischen; d.h. er
informiert nicht über den gesellschaftlichen Rang oder den
sozialen Status, solange er nicht dem Begriff "Frau", der nach
Uhland die edle Herkunft notwendig in sich einschließt, entgegengesetzt wird. Dann kann "Weib" auch "Ehefrau" bedeuten: "Die
Worte Frau und Weib bezeichnen bekanntlich, wo sie nicht im Ge-
gensatze gebraucht werden, keineswegs den verehlichten Stand

---

1) Hertz, Über den ritterlichen Frauendienst, S. 14.
2) Ludwig Uhland, Der Minnesang. In: Uhlands Schriften zur
   Geschichte der Dichtung und Sage. Hrsg. von A.v. Keller
   und Wilhelm Ludwig Holland. Bd. 5. Stuttgart 1870,
   (verfaßt 1823 - 24).
3) Uhland, Der Minnesang, S. 168.
4) Uhland, Der Minnesang, S. 169.

ausschließlich".[1] Mit dieser Begriffserklärung wehrt sich
Uhland gegen die schon damals geläufige Meinung, die die Werbung der Minnesänger nur verheirateten Frauen gelten läßt, obwohl er zugibt, daß "die Werbung des verheiratheten Ritters
um eine verehlichte Schöne" ... "auch in deutschen Landen (also nicht nur in der Provence) nicht für ungewohnt und auffal-
land gegolten" hat. Doch "ursprünglich lag dieses wohl nicht
im Wesen des deutschen Minnesangs und Minnedienstes. Unser
ältester Minnesänger, Kürenberg, sagt ausdrücklich, daß seine
Geliebte noch jungfräulich gehe (MF. 10,10). Noch andere be-
nennen ihre Schönen Magd und Jungfrau...".[2]

In der Frage nach der Standesdifferenz zwischen dem Sänger
und der von ihm umworbenen Frau läßt sich Uhland nicht eindeutig festlegen. Er scheint freilich eher dazu zu neigen,
eine solche Differenz anzunehmen. Als er über die Ähnlichkei-
ten von Frauendienst und Lehens- und Dienstmannschaft spricht,
betont er, daß Frauendienst übertragener Lehensdienst ist:
"Selbst einen äußeren Anhalt hatte diese Übertragung, wenn die
Gebieterin einem höhern Stande, dem Hause des Lehens- oder
Dienstherrn selbst angehörte, wenn der Sänger gar als Edel-
knabe oder Dienstmann im Gefolge der Gebieterin aufgewachsen
war".[3] Der Konditionalsatz schränkt die Aussage ein, die Geliebte braucht also nicht unbedingt einem höheren Stande anzu-
gehören. Doch die Stellen, in denen Uhland die Meinung äußert,
die Frau stehe ständisch höher, überwiegen bei weitem; so z.B.
wenn er meint, daß der Sänger bei Hofhaltungen und Ritterfe-
sten "hohe Frauen glänzend und unerreichbar vorüberwandeln
sah".[4] An anderer Stelle spricht er von den "Misverhältnis-
sen durch Verschiedenheit des Standes"[5] oder eben von den
Sängern, die sich rühmen, "in der rechten Maße geblieben zu

---

1) Uhland, Der Minnesang, S. 241.
2) Uhland, Der Minnesang, S. 241.
3) Uhland, Der Minnesang, S. 148.
4) Uhland, Der Minnesang, S. 139.
5) Uhland, Der Minnesang, S. 150.

sein", wie Hartmann und Walther, wobei es andere gibt, die offenbar über ihren Stand hinaus werben, wie Hausen und Morungen.[1]

Dieses Werben aus einer sozial niedrigeren Position, so meint Uhland, erschwert es der Frau, an Erhören zu denken. Sie kann dem Sänger aus Gründen der Ehre und des Standes keine Liebesgunst schenken,[2] obwohl "die ausharrende Treue, das unveränderliche edle Betragen, das unermüdliche Werben mit Dienst und Gesang, mit Schild und Speereskrachen ein Gewähren rechtfertigen würde".[3] Es ist ein "... Versagen, vergeblich Bitten, endlos Werben, fruchtloser Dienst".[4]

Wilhelm Scherer[5] schneidet die Begriffsfrage nicht an. Er spricht von der Frau, der Dame, der Geliebten, äußert sich jedoch nicht über die Verwendung der verschiedenen Wörter im Minnesang.

Auch die Frage nach dem sozialen Verhältnis von Sänger und Dame berührt er nicht. Dafür beschäftigt er sich umso eingehender mit der Überlegung, ob die Dame im Minnesang verheiratet ist oder nicht. Ähnlich wie Uhland unterscheidet Scherer in dieser Hinsicht zwischen dem donauländischen Minnesang und der unter romanischem Einfluß sich formenden Lyrik. In der früheren Liebespoesie ist die Frau im allgemeinen nicht verheiratet bzw. nicht die Frau eines anderen. Für Scherer können die Minnelieder z.B. zum Zwecke der Brautwerbung dienen,[6] der eigenen Ehefrau gelten[7] oder einfach "um anzugeben"

---

1) Uhland, Der Minnesang, S. 151.
2) Uhland, Der Minnesang, S. 139.
3) Uhland, Der Minnesang, S. 147.
4) Uhland, Der Minnesang, S. 138.
5) Wilhelm Scherer, Geschichte der deutschen Dichtung im 11. und 12. Jahrhundert. London 1875.
6) Zu MF. 9,21 vgl. Scherer, Geschichte, S. 70 f.
7) Zu MF. 8,9 vgl. Scherer, Geschichte, S. 71.

gedichtet sein.[1] Er fügt hinzu: "In einem andern Falle muss
ein bestehendes Liebesverhältnis, in einem dritten sogar das
Liebeswerben geheim gehalten werden. Dort mag man an eine ver-
heirathete Frau denken, hier handelt es sich um ein Mädchen,
das also (wie es scheint) verführt werden soll."[2] Erst später, wo die Aufpasser und Merker in den Liedern erwähnt werden, zeigt sich für Scherer, "dass die heimliche, verbotene
Liebe, das Verhältniss zu einer verheiratheten Frau, das dem
Argwohn und der Ueberwachung ausgesetzt ist, typisch wird und
sich unter dem Einflusse westlicher romanischer Sitte fixiert".[3] Scherer nimmt also auch an, daß die "Frau" der Minnesänger verheiratet war, und daß nur die älteste Minnelyrik
manchmal von diesem Schema abweicht.

Auch Konrad Burdach weicht von dem zu seiner Zeit schon üblichen Schema nicht ab. In seiner 1880 erschienenen Arbeit "Reinmar der Alte und Walther von der Vogelweide"[4] äußert er sich
zur Begriffsproblematik von 'wîp' und 'frouwe' wie folgt: "Es
war in der höfischen Gesellschaft Mode geworden, den Namen
'wîp' als verächtlich bei Seite zu schieben und den Namen
'frowe' an die Stelle zu setzen, ... Dem gegenüber tritt nun
Walther auf: 'wîp muoz iemer sîn der wîbe höhste name', 'Weib
bleibt immer der höchste Name des Geschlechts'. Wo sich nun
Eine des Namens "Weib" schämt, die merke auf meinen Sang. Unter Frauen (Damen) gibt es viel unweibliche, unter den 'wîben'
sind sie selten. Alle die, welche die echte Weiblichkeit besitzen, sind zugleich Frauen d.h. edel, Herrinnen...; zweifel-
haftes Lob das höhnt, wie manchmal die Benennung "Frau" (bei
solchen, dem dieselbe wegen innerer Niedrigkeit nicht zukommt): 'wîp dest ein name ders alle kroenet'. Auch Wolfram
gebraucht im Gegensatz zu den meisten übrigen höfischen Dich-

---

1) Zu MF. 10,17 vgl. Scherer, Geschichte, S. 71.
2) Scherer, Geschichte, S. 71.
3) Scherer, Geschichte, S. 72.
4) Konrad Burdach, Reinmar der Alte und Walther von der Vogelweide. 2. Aufl. Halle (Saale) 1928 (1. Aufl. 1880).

tern 'wîp' häufiger als 'frowe'...".[1] Hier tritt deutlich die
Annahme hervor, daß 'frouwe' im Sinne von "adliger Frau", "Herrin", bei den höfischen Dichtern vor Walther und Wolfram häufiger vorkommt als 'wîp'. Erst Walther und Wolfram, so Burdach,
haben dieses Schema gesprengt.

In einem später erschienenen Aufsatz "Über den Ursprung des
mittelalterlichen Minnesangs, Liebesromans und Frauendienstes"[2] spricht er von der Frau im Minnesang als der "vornehmen Frau", der "Herrin", der "Dame". "Und diese Dame, die überall der Gegenstand dieser Liebespoesie ist, sie ist eine verheiratete Frau, von hohem oder höchstem Rang".[3] Es war eine
Liebe "zu einer durch Standesverhältnisse, durch die Schranken der Sitte getrennten, verheirateten Frau, die naturgemäß
mit Gefahren und langer Entsagung verknüpft war, um die der
ganze Zauber des Verbotenen, Geheimzuhaltenden webte, die
unglückliche Liebe".[4] Das Ziel der Werbung, die Liebeserfüllung, konnte nicht gewährt werden, da dies nach Burdach nur im
Ehebruch hätte erreicht werden können.[5]

In der Literaturgeschichte von Vogt und Koch[6] stellt die Benennung der Frau in der ältesten deutschen Lyrik kein Problem
dar. Es ist die "Landesherrin", die "Frau", das "Weib", die
"Dame", die dort ihre Empfindungen und Gefühle frei aussprechen

---

1) Burdach, Reinmar der Alte und Walther, S. 150.
2) Konrad Burdach, Über den Ursprung des mittelalterlichen
   Minnesangs, Liebesromans und Frauendienstes. In: Konrad
   Burdach. Vorspiel. Gesammelte Schriften zur Geschichte
   des deutschen Geistes. Bd. I. 1. Teil: Mittelalter. Halle,
   Saale 1925 (Zuerst erschienen in: Sitzungsberichte der
   Berliner Akademie der Wissenschaften 1918).
3) Burdach, Über den Ursprung, S. 257.
4) Burdach, Reinmar der Alte und Walther. S. 25.
5) Burdach, Über den Ursprung, S. 257.
6) Friedrich Vogt und Max Koch, Geschichte der deutschen Literatur von den ältesten Zeiten bis zur Gegenwart. Leipzig
   und Wien 1910. 3. neubearb. und vermehrte Aufl. 1. Bd.
   (1. Auflage Breslau 1897).

kann und ihre Liebe dem Mann entgegenbringt. Erst im klassischen Minnesang wird diese Bandbreite eingeschränkt, denn: "Die
Frau ist nicht mehr die entgegenkommende und hingebende, die
des Mannes Liebe sucht und um sie sorgt. Sie ist 'frouwe' im
eigentlichen Sinne, das heißt Herrin. ... Wie der Vasall seinem Lehnsherrn, so verbindet sich der Ritter seiner 'frouwe',
sei sie nun verheiratet oder unverheiratet, in förmlichem
Dienst, der auch die Treupflicht einschließt".[1] Das Verheiratetsein der Frau wird nicht für notwendig gehalten. Durch
die Parallelsetzung von Minnesang und Lehnsdienst könnte auf
eine soziale Differenz zwischen Dame und Sänger geschlossen
werden. Der Begriff 'frouwe' scheint darüber hinaus mehr als
nur die adlige Herkunft zu bezeichnen. Indem der entgegenkom-
menden und hingebenden Frau des donauländischen Minnesangs die
'frouwe' im Sinne von "Herrin" entgegengesetzt wird, wird der
Gedanke der Distanz, der fernen Kühle und der traditionell damit verbundenen Vorstellung vom Ausbleiben der Gegenseitigkeit
nahegelegt. Etwas unvermittelt stellen die Verfasser trotzdem
fest: "Als letztes Ziel und höchster Lohn des Dienstes wird
die völlige Hingabe der Frau oft genug unumwunden hingestellt,
und in den Tageliedern wird das gefahrvolle Glück liebender
Vereinigung in glühenden Farben geschildert".[2]

Vielleicht hat kein anderes Werk zum Minnesang so viele Auseinandersetzungen hervorgerufen und ist auf so viel Kritik ge-
stoßen, von romanistischer wie von germanistischer Seite, wie
Eduard Wechsslers "Das Kulturproblem des Minnesangs".[3] Bis in
die heutige Zeit gilt das Buch als einer der bedeutendsten For-
schungsbeiträge zum Minnesang, auch wenn viele der darin vertretenen Thesen als überholt gelten oder völlig abgelehnt werden müssen. Wechssler beschäftigt sich zwar hauptsächlich mit

---

1) Vogt und Koch, Geschichte, S. 190.
2) Vogt und Koch, Geschichte, S. 190.
3) Eduard Wechssler, Das Kulturproblem des Minnesangs. Studien zur Vorgeschichte der Renaissance. Bd. I. Minnesang
   und Christentum. Halle 1909.

dem provenzalischen Minnesang, zieht jedoch auch immer wieder
Lieder deutscher Sänger heran, um seine Thesen zu stützen. Insofern macht er diese auch für den deutschen Minnesang geltend.

Wechssler leitet den Minnesang aus dem für das Mittelalter
charakteristischen Lehnsdienst her. Er sieht im Minnesang, wie
Uhland, "eine dichterische Fortbildung und Vergeistigung des
angeerbten Hofdienstes".[1] Der Minnesang ist nach Wechssler
die Schöpfung dienender Berufsdichter, die niederer Herkunft
und wegen ihrer Armut auf die Gunst ihrer adligen Zuhörer angewiesen waren. Dies betont Wechssler mit aller Eindringlich-
keit immer wieder, weil diese These das Rückgrat seiner Theorie bildet. Wechssler versteht den Minnesang als eine "fiktive
Liebeswerbung" der Dichter, deren eigentlicher Sinn und Zweck
"das Lob der Herrin und die Bitte um Lohn"[2] ist. Der Minnesang ist nach Wechssler eine "Lügendichtung"[3] und ein "politischer Panegyrikus".[4] Über den Umweg über die Herrin verspra-
chen sich die Sänger die Aufbesserung ihrer materiellen Lage.
Aus diesem Gesamtbild wurde lediglich der donauländische Minnesang herausgenommen, der von Wechssler als volkstümlich bezeichnet wurde. Er sei vom provenzalischen Einfluß nicht betroffen.
Es handle sich um "Frauendienst der vornehmen Herren",[5] der
"fürstlichen Dilettanten".[6] Hier bestehe kein Standesunterschied zwischen Dame und Dichter.

Grundsätzlich gilt für Wechssler also folgendes: "Die besungenen Herrinnen waren in der Regel Angehörige des Feudaladels,
Fürstinnen, die den Mittelpunkt eines reichen und glänzenden

1) Wechssler, Kulturproblem, S. 154.
2) Wechssler, Kulturproblem, S. 155.
3) Wechssler, Kulturproblem, S. 197.
4) Wechssler, Kulturproblem, S. 113.
5) Wechssler, Kulturproblem, S. 155.
6) Eduard Wechssler, Frauendienst und Vassallität. In: ZfSL 24.
   1902. S. 188, Anm. 126. In diesem Aufsatz sind die Grund-
   thesen Wechsslers schon formuliert, jedoch erst im "Kulturproblem des Minnesangs" ausführlich ausgearbeitet.

Hofes bildeten".[1] In der Anmerkung zu diesem Satz fügt er hinzu: "Der Troubadour besang stets eine 'dompna', d.h. Herrin-
Fürstin gleichviel, ob verheiratet oder nicht. Darum war 'domp-
nei' und Frauendienst mit "Dienst der Herrin" zu übersetzen.
- Allerdings waren die meisten dieser feudalen Herrinnen verheiratet. Doch wird dies weder von einem Troubadour erwähnt,
noch wirkt es auf sein Dienst- und Liebesverhältnis im gerings-
ten ein. Wesentlich ist für ihn nur, dass er eine 'dompna'-
Herrin besingt. Es scheint mir, als hätte die bisherige Forschung auf die Tatsache, dass die Herrinnen meist verheiratet
waren, zu viel Gewicht gelegt. Man ist heute leicht geneigt,
bei 'dompna'-'frouwe' nicht sowohl an eine feudale Herrin, als
an eine verheiratete Frau zu denken".[2]

Von einer Liebeserfüllung kann nach Wechssler im allgemeinen
nicht gesprochen werden, da ein armer oder unfreier Vasall von
der hochgeborenen Fürstin nicht im Ernst Liebesgunst erwarten
kann.[3] Daran ist der Sänger - nach Wechssler - ja ohnehin
nicht sonderlich interessiert, weil es ihm hauptsächlich auf
den materiellen Lohn und nicht auf andere Gunsterweisungen ankommt.

Aus dem oben angeführten Zitat kann man auch für die Begriffsproblematik einen Schluß ziehen. Für Wechssler steht offenbar
nur die 'frouwe' als "Herrin" oder "Fürstin" im Mittelpunkt
des Minnesangs. Es kommt ihm - seiner Theorie gemäß - darauf
an, daß sie den Dichter in ihrem sozialen Niveau überragte. Ob
sie verheiratet war oder nicht, spielt für Wechsslers Thesen
keine Rolle. Daher finden sich bezüglich dieser Problematik
keine relevanten Angaben.

---

1) Wechssler, Frauendienst, S. 186.
2) Wechssler, Frauendienst, S. 186, Anm. 121.
3) Wechssler, Frauendienst, S. 187. Vgl. auch Kulturproblem,
   S. 136.

13

In dem Aufsatz "Der Minnesang als Standesdichtung"[1] befaßt
sich Paul Kluckhohn hauptsächlich mit dem sozialen Aspekt des
Minnesangs. Er bestreitet die vor allem unter Wechsslers Einfluß[2] sich allmählich verbreitende Meinung, daß die deutschen
ebenso wie die provenzalischen Minnesänger in der Mehrzahl Angehörige niederen Standes und von der Großzügigkeit ihrer Gönner abhängig gewesen seien: "Nur einzelne der ritterlichen Sänger, wie gerade Walther von der Vogelweide, sind arm gewesen
und abhängig von der Gnade des Herrn; andere gehörten zu den
führenden Geschlechtern des Landes. ... Für die äußere Gestaltung ihres Lebens waren solche reichen Sänger nicht abhängig
von der Gunst ihrer Dame. Wir haben auch keinerlei Anhalts-
punkte dafür, daß die Dame des Sängers immer oder oft einem höheren Stande angehört habe als dieser selbst."[3] Nicht aus einer niederen Stellung heraus wird die Frau verehrt, sondern aus
sozial gleicher Ebene, und die sprachlichen Wendungen vom
Dienst und Dienen liefern keinen Beweis für soziale Minderwertigkeit des Sängers. Es handelt sich dabei um "konventionelle
Wendungen der Sprache höfischen Verkehrs. Sie gehören gar nicht
dem Frauendienst allein an".[4] Und weiter: "Der Minnesang bediente sich dann dieser konventionellen Formeln, um die Empfindung der Ergebenheit gegen die Dame auszudrücken, nachdem die

1) Paul Kluckhohn, Der Minnesang als Standesdichtung. In: Der
deutsche Minnesang. Hrsg. von Hans Fromm. Darmstadt 1961,
S. 58 - 84 (Zuerst erschienen in: Archiv für Kulturge-
schichte 11. 1914)

2) Wechsslers Ansatz der sozial-historischen Interpretation
des Minnesangs wird von Erich Köhler (Vergleichende soziale Betrachtung zum deutschen und französischen Minnesang.
In: Der Berliner Germanistentag 1968. Vorträge und Berichte.
Hrsg. von Karl Heinz Borck und Rudolf Henss. Heidelberg
1970) und mehreren DDR-Forschern, wie z.B. Wolfgang Spiewok (Minneidee und feudalhöfisches Frauenbild. Ein Beitrag
zu den Maßstäben literaturhistorischer Wertung im Mittelalter. In: Wissenschaftliche Zeitschrift der Universität
Greifswald. Gesellschaft- und sprachwissenschaftliche
Reihe. 12.) forgesetzt.

3) Kluckhohn, Minnesang, S. 62; ähnlich S. 63.

4) Kluckhohn, Minnesang, S. 72; ähnlich S. 75.

Stellung des Mannes zur Frau ... eine huldigende geworden war.
.... Und wieder weitet sich der Kreis: nicht allein in demütig
verehrendem Aufschauen zu einer hoch über ihn stehenden oder
stehend gedachten Gebieterin will der Ritter dienen, nicht verheirateten Damen allein; diese Worte des Dienstes werden Ausdrücke der Liebe schlechthin".[1] Die besungene Dame braucht
für Kluckhohn also weder in ehelicher Bindung noch sozial höher zu stehen.

In seinem Aufsatz wird die Frau vorwiegend als "Dame" oder
"Frau" bezeichnet. Das Wort "Weib" kommt in nhd. Übersetzung
zweimal vor.[2] Mhd. 'frouwe' wird nur einmal zitiert, allerdings erst bei Neifen, und der Zusammenhang läßt vermuten, daß
damit die adlige Frau gemeint wird ('frouwe' im Gegensatz zu
'herzen trût'[3]). Auch die Frage nach der Erwiderung der Liebe
wird erst bei Reinmar von Zweter und Neidhart gestreift und
ist insofern irrelevant für die von uns behandelte Epoche des
Minnesangs.

1925 ist ein Aufsatz von Friedrich Neumann[4] erschienen, der
sich nicht grundsätzlich von der allgemein verbreiteten Vorstellung abhebt. Die "Dame", das "Weib", die "'frouwe'" muß
verheiratet sein: "Für die Hohe Minne der höfischen Lyrik ist
es kennzeichnend, daß der Minnende vor allem eine Frau meint,
die bereits einem Manne in rechtlicher Ehe angehört",[5] denn:
"Erst die verheiratete Frau tritt ... recht eigentlich in das
höfische Leben ein, erst die verheiratete Frau kann also
leicht in der Gesellschaft von Männern umspielt werden".[6]
Auch die Frage nach dem sozialen Stand von Frau und Sänger

---

1) Kluckhohn, Minnesang, S. 79.
2) Kluckhohn, Minnesang, S. 66.
3) Kluckhohn, Minnesang, S. 79.
4) Friedrich Neumann, Hohe Minne. In: Der deutsche Minnesang,
   S. 180 - 196 (Zuerst erschienen in: Zeitschrift für Deutschkunde 1925).
5) Neumann, Hohe Minne, S. 188.
6) Neumann, Hohe Minne, S. 188.

wird traditionell gelöst. Die Frau war eine freiherrliche, hochadlige, für den durchschnittlichen Ritter, den Ministerialen kaum erreichbar. Dieser kann sie "wohl minnend umschwärmen, aber nicht heiraten. Irgendein Kult mit dem Ehebruch wird gleichwohl nicht getrieben".[1] Die Erfüllung muß also "ein Grenzfall" bleiben. Die Liebeswünsche des Mannes werden nicht nur wegen der ehelichen Bindung der Frau, sondern auch aus dem Wesen der Minne heraus vereitelt. Um dies zu verdeutlichen, zieht Neumann zum Vergleich das heran, was er als "echte Liebe" bezeichnet.[2] Sowohl die Hohe Minne als auch die echte Liebe sind "ein Akt der Seele, durch den mit Hilfe der schwingenden Sinne ein Geistiges durch seine sinnliche Hülle hindurch erfaßt wird. ... Aber in der "echten" Liebe treten zwei Einzelwesen für die Ewigkeit zusammen, um sich zu ergänzen. Jeder will den andern, weil er so ist, wie er ist. Will ihn trotz seiner Mängel, will ihn mit seinen Mängeln".[3] "In der Hohen Minne dagegen wird die Geliebte nicht so gesehen, wie sie ist, sondern zum Ideal gesteigert, das emporzieht. Man liebt nicht die individuelle Person, man liebt vielmehr ein Wunschbild des Menschen. Man bildet sich, indem man sehnsüchtig aufblickt zur vollkommensten Gestalt.

Die Dame des Minnesangs ist immer irgendwie Vertreterin ihres Geschlechts". Und weiter: "Die Hohe Minne strebt nach der "Idee" der Frau. ... Durch solche Hohe Minne wird kaum noch etwas vom individuellen Kern der Geliebten gefaßt. Der Minnende bejaht in seinem Drängen den Satz: "Das Ewig-Weibliche zieht uns hinan" ".[4] Die Geliebte wird also nicht als eine wirklich existierende Person und als Individuum betrachtet und geliebt, sondern als Idee des Weiblichen überhaupt.

---

1) Neumann, Hohe Minne, S. 189.
2) Neumann unterscheidet drei Arten von Liebe: die "echte" Liebe (vgl. S. 184f.), eine "rohe Triebminne" gleich "Niedere Triebminne" (vgl. S. 185) und die "Hohe Minne".
3) Neumann, Hohe Minne, S. 185.
4) Neumann, Hohe Minne, S. 185 ff.

In einem später erschienenen Artikel über den Minnesang, "Der
Minnesang"[1] revidiert Neumann einige seiner Aussagen. Die
Vielzahl der Möglichkeiten zur Benennung der Frau, die sich
im ersten Aufsatz boten, gibt er zugunsten der Bezeichnung
'frouwe' auf. Dies war im ersten Aufsatz in Ansätzen zu spü-
ren, wenn er meinte, daß man im deutschen Minnesang von der
'frouwe' schlechthin sprechen kann, denn "die Dame des Minnesangs ist immer irgendwie Vertreterin ihres Geschlechts".[2]
Somit wird 'frouwe' zum Begriff für Frau überhaupt im Minnesang. Diese Tendenz zeigt sich noch deutlicher im später erschienenen Artikel. Hier ist die Rede hauptsächlich von der
'frouwe': "Das Leitbild der Frauenvorstellung wird von der
fürstlichen Frau hergenommen, dem entspricht die Bezeichnung
'frouwe' ('domina')".[3] Diese Erklärung des Begriffs 'frouwe'
als adlige Frau wird jedoch ein paar Zeilen weiter zugunsten
einer allgemeineren, umfassenderen Bedeutung aufgegeben: "In
der Sprache der Lyrik geht 'frouwe' auf Weiblichkeit schlechthin, wobei sich ohne zusätzliche Angabe von selbst die Vorstellung reifer Weiblichkeit einstellt".[4] Der Begriff 'frouwe' er-
fährt hier eine Bedeutungserweiterung, die sonst bei keinem anderen Forscher vorkommt. Somit fallen bei Neumann die Bedeutungen von 'frouwe' und 'wîp' zusammen, denn 'frouwe' wird ver-
allgemeinert und auf die Weiblichkeit schlechthin bezogen,
bleibt also nicht nur auf die adlige Frau beschränkt.

An anderer Stelle setzt Neumann 'frouwe' und 'wîp' parallel als
das Weibliche im Gegensatz zu 'man' und 'riter', dem Männli-
chen.[5]

Im später erschienenen Artikel Neumanns zeigt sich noch eine

---

1) Friedrich Neumann, Minnesang. In: Reallexikon der deutschen
   Literaturgeschichte. Hrsg. von Merker und Stammler 2. Aufl.
   Berlin 1965. S. 303 - 314. (1. Aufl. 1925/1926).
2) Neumann, Hohe Minne, S. 186.
3) Neumann, Minnesang, S. 304; ähnlich S. 307.
4) Neumann, Minnesang, S. 307.
5) Neumann, Minnesang, S. 306.

Änderung seiner Ansichten über die Frau im Minnesang gegenüber dem ersten Aufsatz. Neumann glaubt nicht mehr, daß das Verheiratetsein der Dame zu den Grundsätzlichkeiten der hohen Minne gehört,[1] sondern eher, daß man das Verständnis des Minnesangs hemmt, wenn man sich an Fragen verliert wie, "wie weit die Lieder von ihrem Anlaß her verheirateten Frauen, und zwar vor allem Frauen des hohen Adels gelten".[2] Auch auf die soziale Zugehörigkeit beider Liedpartner geht er nicht ein.

Neumann bleibt allerdings bei seiner früheren Überzeugung von der Unerfüllbarkeit der Minne. Dieses "unerfüllte Sehnen" ist "für den Ausdruck der Minne und ihre lyrische Bekundung besonders fruchtbar... und macht den Abstand dauerhaft, der der Minne ihren ethischen Rang erhält".[3]

In der Literaturgeschichte von Julius Schwietering[4] finden wir das übliche Schema wieder. Er spricht immer wieder von der Herrin und unterscheidet auch erst bei Walther zwischen 'wîp' und 'frouwe'. Walther erhebt das Wort 'wîp' über 'frouwe': "Denn 'wîp' meint nicht nur weibliches Geschlecht, sondern auch weibliche Sittlichkeit, die in dem auf ständische Vornehmheit gehenden 'frouwe' nicht eingeschlossen zu sein braucht".[5] Für die 'frouwe' des vorwaltherschen Minnesangs gilt für Schwietering wiederum, daß sie verheiratet ist und einem sozial höheren Stand als der Sänger angehört. Dies schließt eine Erfüllung der Liebe jedoch nicht zwangsläufig aus, denn: "Nicht die gesellschaftliche, durch eheliche Bindung oder sozialen Abstand bewirkte Unmöglichkeit der Erfüllung, sondern die Stärke der Sehnsucht, die das Wahnbild der Liebe schafft, schließt dauernde Vereinigung in der Unzulänglichkeit des Irdischen aus. So

---

1) Neumann, Hohe Minne, S. 188.
2) Neumann, Minnesang, S. 307.
3) Neumann, Minnesang, S. 307.
4) Julius Schwietering,Die deutsche Dichtung des Mittelalters. 2. unveränd. Aufl. Darmstadt 1957 (1. Aufl. Potsdam 1932).
5) Schwietering,deutsche Dichtung, S. 241.

18

ist die Minne des Trobadors, die nicht dem Mädchen, sondern
der Verheirateten gilt, auch nicht als Eheliebe denkbar".[1]
Davon ausgenommen ist der donauländische Minnesang: "Die Liebe,
von der der Kürenberger singt, gilt nicht der unnahbaren Herrin, der Frau als 'Trägerin von Tugendwerten', sondern der geliebten individuellen Person in ihrer Ganzheit. ... Die Liebe
zum Mädchen, nicht zur Verheirateten erfüllt das Herz des Ritters mit hohem Mut".[2] Auch Dietmar besinge die gegenseitige
Liebe. Erfüllung, Doppelseitigkeit des Erlebens werden hier
offen ausgedrückt. Im hohen Minnesang werde dies unmöglich.

Auch Franz Rolf Schröder[3] weicht von diesem Klischee nicht ab.
Die Frauen im Minnesang waren stets verheiratet und gehörten
einem vornehmen Stand an.[4] Auch er unterscheidet zwischen der
älteren Lyrik und dem klassischen Minnesang, wenn es um Erwiderung der Liebe geht: "Gegenüber dem sinnenfrohen Genießen,
das die ältere ritterliche Lyrik verkündet, wird im höfischen
Minnesang immer wieder - und oft zum Verzweifeln eintönig -
die Entsagung "gepredigt" und die Lehre von der veredelnden
Macht solcher Minne entwickelt, die ganz unabhängig von dem
Erfolg des Werbens sei".[5] Diese Fragestellungen an den Minnesang findet Schröder jedoch "nicht ausschlaggebend für die We-
sensbestimmung des Minnesangs".[6]

1935 ist die Literaturgeschichte von Gustav Ehrismann erschienen,[7] die bis heute noch als ein Standardwerk der Germanistik
gilt und immer wieder herangezogen wird. Im Kapitel über den
Minnesang stellt Ehrismann die "Herrin", die "Dame", die

---

1) Schwietering, deutsche Dichtung, S. 220.
2) Schwietering, deutsche Dichtung, S. 222.
3) Franz Rolf Schröder, Der Minnesang. In: Germ.-roman.
   Monatsschr. 21. 1933.
4) Schröder, Minnesang, S. 266 f.
5) Schröder, Minnesang, S. 267.
6) Schröder, Minnesang, S. 266.
7) Gustav Ehrismann, Geschichte der deutschen Literatur bis
   zum Ausgang des Mittelalters. Bd. II. München 1935

"vornehme Frau" in den Mittelpunkt, geht aber auf die Begriffsproblematik nicht ein. Die verehrte Dame war eine verheiratete
Frau, "eben die Gattin des Oberhauptes und Herrn des betreffen-
den Hofes, aber wohl auch sonst eine den Hofkreisen angehörende
Dame hohen Standes."[1] Zum sozialen Stand der Dichter schreibt
Ehrismann: "Die Sänger waren nicht selten vornehme Herren; in
der Mehrzahl doch Hofdichter von Beruf und des Lebensunterhal-
tes wegen, also arme Ministerialen".[2] Wie schon Wechssler so
meint auch Ehrismann, daß sich das Ziel der Werbung nach der
sozialen Herkunft des Sängers richte: "Das Ziel der Minnehuldi-
gung für den im Hofdienst stehenden Dichter war, durch Preis
des Ruhmes und der Ehre der Herrin Lohn zu erhalten, der vornehme Herr mochte wohl nach leibhafterer Gunst streben".[3] Eine
Erfüllung der Liebe kann sich Ehrismann im hohen Minnesang nicht
vorstellen, gehört die Frau doch einem anderen Mann, und "man
kann nicht zu gleicher Zeit die 'tugent' der Frau eines andern
preisen und ihren 'lîp' verlangen...".[4] Dieser hohen Minne
steht die niedere entgegen, "das ist die bäurische, die unhöfische, bloß sexuelle Buhlschaft, die nicht wie der entsagungs-
volle Dienst der hohen Minne den Mann zu 'hôher wirde' anspornt".
In der Anmerkung wird auf Walthers Lied 46,32 ff. hingewiesen.[5]
Das Erhören ist nach Ehrismann also ausgeschlossen: "Die nicht
eben häufigen Situationsbilder sind, wie jedenfalls beim Tagelied, erfunden. Und auch das Schwärmen und Schmachten und gar
das Erhören sind nur Ausdruck übertriebener Wünsche, die sich
an der Sachwelt stießen. ... Insofern kann man die Werbung, die
eine Erhörung voraussetzt, eine Einbildung, Fiktion nennen, eine trügerische Hoffnung ('wân', Wechssler, S. 192 f.)".[6] Nur
ein ideeller Gewinn steht in Aussicht, wie dies Johansdorf for-

1) Ehrismann, Geschichte, S. 186 f.
2) Ehrismann, Geschichte, S. 182.
3) Ehrismann, Geschichte, S. 187.
4) Ehrismann, Geschichte, S. 188.
5) Ehrismann, Geschichte, S. 188.
6) Ehrismann, Geschichte, S. 190.

muliert: 'daz ir deste werder sît und dâ bî hôchgemuot' (MF. 94,14).

Auch Brinkmann vertritt die Auffassung von der Notwendigkeit des Verheiratetseins der Dame im Minnesang. In einem 1936 erschienenen Aufsatz: "Erscheinung und Entfaltung des deutschen Minnesangs"[1] schreibt er, daß die Dame "stets die verheiratete Frau eines anderen (ist). ... Und nur eine verheiratete Frau verfügt über die geistige und seelische Reife, den Mann zu läutern".[2] Auch in einer späteren Publikation zum Minnesang führt er diesen Gedanken aus.[3]

Für Brinkmann besteht kein Anlaß anzunehmen, daß die Minnesänger einen sozial niedrigeren Rang hatten als die von ihnen besungenen Damen. Beim Vergleich von Lehnsdienst und Minnedienst schreibt er: "... ein Dienstmann, der einer Frau in der Form des Dienstes huldigte, nahm seine gewohnte Lebensform in die Dichtung mit, ohne daß er seine Rolle zu ändern brauchte. Und doch kam es gerade auf den Rollentausch an, auf die Umkehr im Verhältnis zwischen Mann und Frau. Diese Umkehr mußte der Freie und Unabhängige am stärksten erleben. Und weiter: am Tor zum strengen Minnesang stehen nicht gebundene Dienstmannen, sondern fürstliche Menschen".[4] Dabei bleibt der Dienst ohne Erfolg. Der Ritter wird in seinen Bitten um Erhörung immer wieder enttäuscht und "zurückgeworfen".[5] Nur wenn der Dienst im persönlichen Bereich erfolglos bleibt, kann sich der Läuterungsprozeß vollziehen. Momente der Erfüllung kennt nur die ältere Lyrik, oder sie finden in der Irrealität statt: "Den erfüllten

---

1) Hennig Brinkmann, Erscheinung und Entfaltung des deutschen Minnesangs. In: Zeitschrift für Deutschkunde 50 (1936).

2) Brinkmann, Erscheinung und Entfaltung, S. 506.

3) Hennig Brinkmann, Der deutsche Minnesang. In: Der deutsche Minnesang, a.a.O., S. 85 - 166 (Zum Teil veröffentlicht als "Geleit" zur "Liebeslyrik der deutschen Frühe". Düsseldorf 1952).

4) Brinkmann, Der deutsche Minnesang, S. 107.

5) Brinkmann, Der deutsche Minnesang, S. 115 ff.; vgl. auch S. 122 und S. 125 f.

Augenblick kennt die höfische Gesellschaft nicht. Wo ihn der
Minnesang sucht, verlegt er ihn in einen anderen Bereich".[1]
Diese Aussage findet sich in Brinkmanns früherem Aufsatz nicht
so eindeutig; die Erfüllung wird noch nicht so kategorisch abgelehnt: "Und oft bekennt die Frau ihre Bereitschaft, sich dem
Manne zu gewähren. Aber Wunsch und Erfüllung kommen nicht hem-
mungslos, sondern sind einem Konflikt abgerungen".[2]

Nicht nur hinsichtlich der Erfüllung formuliert Brinkmann in
seinem späteren Aufsatz vorsichtiger und rückt somit den allgemein vertretenen Klischees näher, sondern auch in der Frage
nach der Realität, der Individualität und der Einmaligkeit der
Geliebten: "In der einen Frau feiert der Minnesang die Frau
schlechthin; denn die einzelne ist als Stellvertreterin des
Frauentums überhaupt gemeint. Wohl sucht der Dichter die eine
Frau unter den anderen, an die sein Lied gerichtet ist, und er
kann eifersüchtig darüber wachen, daß sie sich nicht an andere
wendet und daß andere sich nicht an sie wenden so wie er, aber
er sucht in der einen immer das Urbild weiblichen Menschentums.
So bleibt sein Lied ein Geschenk an alle, auch wenn er nur von
der einen spricht".[3]

In seinem früher erschienenen Aufsatz meint er auch, daß die
eine Frau als Stellvertreterin ihrer Gattung fungiert, d.h.
die "Idee Frau" schlechthin verkörpert, er spricht ihr aber im
allgemeinen mehr Individualität und Wirklichkeit zu, als er es
später erlaubt. Die gefeierte Geliebte ist nicht beliebig austauschbar, weil sie nicht ein irreales Wesen, eine Idee darstellt. Sie ist vielmehr Verkörperin des weiblichen Prinzips,
der Vollkommenheit, deren der Mann teilhaftig sein möchte:
"Durch den Umgang mit der Frau lernt der Ritter die Bändigung
des Triebhaften, das Hinsehen auf den anderen, das Hinstreben
zu einer festen Haltung, die unabhängig vom Flackern plötzlich

---

1) Brinkmann, Der deutsche Minnesang, S. 115 ff.; vgl. auch
   S. 122 und S. 125 f.
2) Brinkmann, Erscheinung und Entfaltung, S. 507.
3) Brinkmann, Der deutsche Minnesang, S. 126.

auflodernder und jäh erlöschender Leidenschaft dauert. Immer
wieder wird die Selbstbeherrschung auf schwere Proben gestellt.
Der Ritter aber soll in 'staeter minne' beharren, ohne Rücksicht darauf, ob die Dame gewährt oder verweigert. ... Die Frau
wird am Ende nicht als Einzelwesen begehrt - natürlich ist sie
das auch -, sondern als vorbildliche Verkörperung des Weiblichen. Der Mann sieht durch die Gestalt der einen hindurch die
Werte, mit denen er sich vom Weiblichen her erfüllen möchte."[1]
Die Frau bleibt jedoch immer noch real und leibhaftig genug,um
auch als weibliche Person begehrt zu werden: "Aber Mann und Frau
sind an der Minne als ganze Menschen, mit Leib und Seele betei-
ligt. Immer sind sie in die Spannung zwischen überpersönlicher
Idee und persönlichem Verlangen versetzt. Sie wollen das Über-
persönliche erreichen und bleiben doch als Menschen den eigenen
Wünschen verhaftet. Das sinnliche Begehren wird zurückgedrängt,
aber stirbt nicht".[2] Mitunter wird es, wie schon oben dargelegt, auch gestillt.

Auch Hugo Kuhn weicht von den herkömmlichen Meinungen nicht ab.
In einer Reihe von Aufsätzen, die zwischen 1949 und 1962 veröffentlicht worden sind, rundet sich seine Vorstellung von der
Frau im Minnesang zu einem Bild ab, das von der traditionell
vertretenen und allgemein anerkannten Auffassung nicht abweicht.
Das 'wîp'-'frouwe'-Problem wird von ihm auch erst bei Walther
kurz erörtert. Dieser stellt 'frouwe' als "Gesellschaftstitel"
dem "ethischen Ehrentitel" 'wîp' gegenüber: "Darum wählt er die
'frouwe', die Herrin solchen Dienstes (Minnedienstes), unter
denen, die nicht 'frouwe' im ständischen Sinn, die nur 'wîp'
sind".[3] Dies legt nahe, daß auch für Kuhn nur die 'frouwe' im
Mittelpunkt des vorwaltherschen Minnesangs steht.

---

1) Brinkmann, Erscheinung und Entfaltung, S. 506 f.
2) Brinkmann, Erscheinung und Entfaltung, S. 507.
3) Kugo Kuhn, Die Klassik des Rittertums in der Stauferzeit.
   In: Geschichte der deutschen Literatur von den Anfängen
   bis zum Ende des Spätmittelalters. Hrsg. von Heinz Otto
   Burger. Stuttgart 1962. 2. Aufl. (1. Aufl. 1952). S. 160.

Ansonsten ist die Frau verheiratet; die Liebe im Minnesang
"richtet sich nie an Mädchen, und auch die eigene Ehefrau
bleibt satzungsgemäß ausgeschlossen; die Minne gilt immer der
Frau eines anderen".[1] In demselben Aufsatz "Zur inneren Form
des Minnesangs", der 1949 erschienen und somit der früheste
unter den von uns hier herangezogenen ist, schließt Kuhn eine
Liebesgewährung von seiten der Frau aus: "Diese Liebe aber ist
immer unglücklich, immer Liebesklage",[2] eine Erhörung wäre
Ehebruch. Kuhn spricht sogar von der "Ehebruchspoesie".[3]
Trotzdem räumt er ein, daß eine Liebesgewährung gelegentlich
stattgefunden hat, wenn er vom "Glück heimlich genossener Liebeserfüllung" spricht, die der Minnesänger schildert, auch wenn
nur beim Abschied im Tagelied[4] oder in der älteren Lyrik;[5]
und hier stimmt er wiederum mit mehreren anderen Forschern
überein.

Die Literaturgeschichte de Boors[6] unterscheidet sich im allgemeinen nicht von den anderen Darstellungen, was das Idealbild
der in der höfischen Lyrik besungenen Frau betrifft. Im 4. Kapitel des Buches, wo die mittelalterliche Lyrik in Grundzügen
betrachtet wird, kommt der Begriff 'wîp' kein einziges Mal vor.
Es ist immer die 'frouwe', die "Dame" oder die "Herrin", von

---

1) Hugo Kuhn, Zur inneren Form des Minnesangs. In: Der deutsche
   Minnesang, a.a.O., S. 172 (Zum Teil veröffentlicht unter
   dem Titel "Zur Deutung der künstlerischen Form des Mittelalters". In: Studium Generale 2. 1949).Vgl. auch: Die Klassik
   des Rittertums, S. 117, und: Soziale Realität und dichterische Fiktion am Beispiel der höfischen Ritterdichtung
   Deutschlands.In: Dichtung und Welt im Mittelalter. Stuttgart
   1959 (Zuerst erschienen in: Soziologie und Leben. Hrsg. von
   Carl Brinkmann. Tübingen 1952).

2) Kuhn, Zur inneren Form, S. 172.

3) Kuhn, Die Klassik des Rittertums, S. 117.

4) Kuhn, Zur inneren Form, S. 172.

5) Kuhn, Soziale Realität, S. 31.

6) Helmut de Boor und Richard Newald, Geschichte der deutschen Literatur von den Anfängen bis zur Gegenwart. II.
   Die höfische Literatur. 8. unveränder. Aufl. München
   1969 (1. Aufl. 1953).

der die Rede ist. Erst in Verbindung mit 'man' taucht 'wîp'
auf, und zwar in der frühhöfischen Lyrik, als Geschlechtsbezeichnung im Gegensatz zum Wortpaar 'riter'-'frouwe', das spezifisch ständisch aufzufassen ist.[1]

Bei de Boor bleibt der Begriff 'frouwe' jedoch nicht nur auf
die adlige Herkunft beschränkt, sondern wird ausgedehnt und
impliziert sowohl moralische als auch psychische Werte: "Der
Mann sieht sie (die Frau) gesellschaftlich und seelisch-sitt-
lich wahrhaft erhöht. Darum ist die Anrede 'frouwe' innerlich
tief begründet. Er will die Frau verklärt sehen".[2] Die Bezeichnung 'frouwe' bürgt sozusagen für äußeren und inneren Adel
und garantiert somit die Vollkommenheit der umworbenen Person.
De Boor sieht also die Frau sozial wie moralisch dem Dichter,
der sie besingt, überlegen.

Erst im Kapitel über Walther von der Vogelweide befaßt sich
de Boor mit dem 'wîp'-'frouwe'-Problem, speziell bei der Interpretation des Liedes 47,36, in dem Walther zwischen beiden
Begriffen unterscheidet, in bewußtem Gegensatz zu Reinmar. Für
Walther steht 'wîp', die Frau "in ihrer eingeborenen Wesenhaf-
tigkeit", hoch über 'frouwe', "der ständisch ausgesonderten
und von dem Minnesang dreier Jahrzehnte verwöhnten Dame der
höfischen Gesellschaft ... so hoch, daß er das Wort selber
kaum noch auszusprechen wagte".[3] De Boor sieht diese Entwicklung als eine bewußte Trennung Walthers vom Vorbild Reinmars,
als Gegensatz zu Reinmar und der "Reinmarischen 'frouwe'".[4]

Weiterhin nimmt auch de Boor an, daß die Frau im Minnesang verheiratet ist. Dies wird zwar nicht ausdrücklich erwähnt, ergibt sich aber z.B. aus der Entgegenstellung vom Minnesang zur

---

1) De Boor/Newald, Geschichte, S. 238.
2) De Boor/Newald, Geschichte, S. 219.
3) De Boor/Newald, Geschichte, S. 300.
4) De Boor/Newald, Geschichte, S. 300, S. 302 und auch
   S. 303.

Vagantenlyrik, dem Mädchensang.[1] In einem anderen entscheiden-
den Punkt divergieren diese beiden Dichtungsarten: die Vagantenlyrik ist in "ihrer unbefangenen Sinnenfreude das volle Ge-
genspiel der Spiritualisierung und Entsinnlichung der Liebe im
Minnesang".[2] Für de Boor schließt das Wesen des Minnesangs
eine Liebesgewährung aus, denn sonst wird dem Sinn und Zweck
der Minne, der Erziehung und Läuterung des Mannes, der Boden
entzogen: "Das ursprüngliche Ziel des Werbens, die liebende
Hingabe der Frau, rückt in unerreichbare Ferne; denn nur wo
das ursprüngliche Ziel unerreichbar, die Erfüllung 'wan' bleibt,
kann die erzieherische Aufgabe der Minne verwirklicht werden.
Erhörung, wo sie gewährt wird, kleidet sich in zart zeichen-
hafte Formen: ein Blick, ein Gruß, ein Lächeln. Hohe Minne ist
also nichts Elementares, kein flammender Ausbruch leidenschaft-
lichen Gefühls, nicht Seligkeit leib-seelischer Erfüllung. Sie
ist gebändigt, sanft leuchtend, auf züchtvolle Gemessenheit gestellt. Sie hat es mit den differenzierten inneren Vorgängen
von Menschen zu tun, die einer seelischen Verfeinerung und der
Formung nach einem Idealtypus zustreben".[3] Damit nimmt de Boor
zur Abstraktionsfrage Stellung. Denn für den nach diesem Idealtypus strebenden Mann ist die Frau dessen Verwirklichung. Der
Mann blickt also zu ihr auf und sieht sie verklärt und hoch über
sich ragen. "In solcher Erhöhung der Frau bis zur Transzendenz
geht das Individuelle des irdischen Ausgangserlebnisses verloren.
Die Frau der Wirklichkeit, der der Dienst des einzelnen Dichters galt, wird mit allen Zügen der Reinheit und Schönheit ausgestattet, in denen es keine persönliche Differenzierung mehr
gibt. In der Überhöhung des Minnesangs vollends verliert sie jedes individuelle Gepräge; eben in der Vollkommenheit ihrer
äußeren und inneren Schönheit wird sie zum Typus. Kein echtes
Lied der hohen Minne gibt uns eine wirkliche Anschauung der
umworbenen Frau, verrät etwas von der besonderen Einmaligkeit,

---

1) De Boor/Newald, Geschichte, S. 224.

2) De Boor/Newald, Geschichte, S. 224.

3) De Boor/Newald, Geschichte, S. 218 f.

26

die die Neigung gerade dieses einen Mannes zu dieser einen Frau
geweckt hat. Kein Name gibt daher der Geliebten das Zeichen der
Einmaligkeit. Mit Recht kann darum der Minnesänger von sich
aussagen, daß er in der Einen allen Frauen, d.h. dem Ewig-Weib-
lichen diene. Mit dieser Entpersönlichung und Symbolwerdung der
Frau wird es erkauft, daß sie wahrhaft zu dem Stern wird, an
dem ideale Menschenbildung sich orientiert".[1]

De Boor kann seine Ansicht von der Unerfüllbarkeit der Minne
und der Unerreichbarkeit und Erhöhung der Frau nicht oft genug
wiederholen, um klarzumachen, welch grundlegende Bedeutung er
diesem Phänomen für den Minnesang zumißt. Von diesem Schema
ausgenommen ist die frühhöfische Lyrik. Diese kennt Momente
der Erfüllung und Gegenseitigkeit:" die Erfüllung des seelischen Liebeserlebnisses in der leiblichen Vereinigung, der ewig
gültige, naturhafte Vorgang der Hingabe, wird unbefangen ausgesprochen, gefordert und gewährt. ... die Frau nimmt an dem
Erlebnis der Liebe fühlend, leidend und handelnd vollen Anteil
ja, gerade sie wird zur Trägerin und Bekennerin eines blut-
durchwärmten Liebeserlebens gemacht".[2] Diese menschliche Nähe
der Frau, ihre liebevolle Hingabe, die im klassischen Minnesang verlorengegangen und sozusagen tabuisiert wurde, stellt
nach de Boor erst Walther wieder her, indem er 'wîp' über
'frouwe' erhebt und zugleich "sein neues Minneideal der Gegenseitigkeit"[3] entwickelt. Dies zeichnet sich schon im Lied
47,36 ab: "In dem weiten Begriff 'wîp' sind die ständischen
Grenzen durchbrochen, und Walther kann seine Dichtung der sogenannten "niederen Minne" darin einbeziehen und rechtfertigen.
Der Begriff der"niederen Minne"ist im Minnesang selber geprägt
und rein ständisch gemeint: Liebesbeziehung zu Frauen oder Mädchen nicht ritterlichen Standes, und das kann nur heißen: zu
Bauernmädchen".[4] Hier zeigt sich die Identifizierung von 'wîp'

---

1) De Boor/Newald, Geschichte, S. 219.
2) De Boor/Newald, Geschichte, S. 239.
3) De Boor/Newald, Geschichte, S. 300.
4) De Boor/Newald, Geschichte, S. 303.

mit niederer und 'frouwe' mit hoher Minne.

Bei näherer Betrachtung der einzelnen Dichter des klassischen
Minnesangs gerät de Boor zuweilen in Widerspruch zu dem, was
er am Anfang für grundsätzlich und allgemeingültig erklärt hat.
Gerade im Hinblick auf die Frage nach der Gegenseitigkeit wird
dies klar. Bei Hausen schreibt er: "Unter seinen Gedichten finden wir noch einmal (48,32) die alte Form des Wechsels mit dem
Liebesbekenntnis der Frau, noch einmal auch in dem sonst auf
den neuen Dienstgedanken gestellten Liede 49,37 das erotische
Ziel des Werbens ('al mîn wille süle ergân') unverhüllt ausgesprochen".[1] Ein anderes Beispiel ist bei Johansdorf gegeben; diesen nennt de Boor "den Dichter der gegenseitigen Minne"
in der hochhöfischen Generation.[2] Und weiter: "Walthers in der
Auseinandersetzung mit Reinmar erkämpfter Gedanke der "ebenen
Minne" ist hier schlicht und unreflektiert vorweggenommen".[3]
Auch bei Reinmar lassen sich Beispiele anführen, die die liebende, um den Mann besorgte Frau zeigen.

Etwas anders als die Mehrzahl der bisher genannten Forscher
verfährt Wolfgang Mohr. In seinem 1954 veröffentlichten Aufsatz "Minne als Gesellschaftskunst"[4] geht er zwar nicht auf
die Begriffsproblematik ein und spricht auch stets von der
"Dame" oder auch von der "Frau", mhd. 'frouwe', zieht jedoch
Beispiele aus der Epik ohne weiteres heran, denn:"Konkretes
über die Anlässe und gesellschaftlichen Voraussetzungen des
Minnedienstes erfahren wir aus der ritterlichen Erzähldichtung".[5] Dadurch gelangt er zu dem Ergebnis, daß Minne und
Ehe nicht unbedingt zwei entgegengesetzte Pole sind, und daß
die Dame nicht unbedingt verheiratet zu sein braucht. Die

---

1) De Boor/Newald, Geschichte, S. 256.
2) De Boor/Newald, Geschichte, S. 275.
3) De Boor/Newald, Geschichte, S. 275 f.
4) Wolfgang Mohr, Minnesang als Gesellschaftskunst. In: Der
   deutsche Minnesang, a.a.O., S. 197 - 228 (Zuerst erschienen in: Der Deutschunterricht 6. Heft. 1954).
5) Mohr, Minnesang, S. 202.

28

Minne konnte durchaus zur Ehe führen oder neben dieser bestehen. Und weiter: "Die Erzähldichtung bestätigt auch nicht, daß
Minne und Dienst immer nur einer verheirateten Dame gelte".[1]
Inwiefern dieses Vorgehen Mohrs berechtigt ist, bleibt fraglich, ist aber im Kontext unseres Themas irrelevant.

Hinsichtlich der sozialen Stellung des Sängers und der Dame
stimmt Mohr durchaus der Meinung zu, daß die Minnelyrik zunächst und bis Hausen vom hohen Adel getragen wurde. Sie ist
"in einem Kreise von Liebhabern aus dem hohen Adel erwach-
sen".[2] Erst "in der nächsten Generation wird die Adelskunst
des Hausen-Kreises zum Dienst dichtender und singender Ministerialen für die Gesellschaft".[3] Konkrete Konsequenzen für
die Beziehung zwischen Dame und Sänger zieht Mohr aus diesen
Äußerungen jedoch nicht. Auch die Frage nach der Erfüllung
bleibt bei ihm offen: "Zwar richtete sich auch sein (des Ritters) Minnewerben auf das letzte Ziel der Liebesgewährung,aber
der Werbende hütete sich, seine Wünsche allzu laut werden zu
lassen. Er bat um 'gruoz', 'hulde', 'gnâde', 'helfe' und schob
damit der Dame zu, wie viel sie darunter verstehen wollte".[4]

In Herbert Kolbs Werk "Der Begriff der Minne und das Entstehen der höfischen Lyrik"[5] kommt die Bezeichnung 'wîp' überhaupt nicht vor. Er, der den Minnesang und den Minnedienst
sehr spiritualisiert sieht und die christliche Kultur, Tradition und Philosophie als dessen Hauptquellen betrachtet, interessiert sich hauptsächlich für die 'vrouwe', die 'edle
vrouwe', die "adlige Dame": "Herrin (='domna', 'dame', 'vrouwe') hieß sie und war sie im Namen der Minne"[6]. Später geht

---

1) Mohr, Minnesang, S. 205.
2) Mohr, Minnesang, S. 217.
3) Mohr Minnesang, S. 217.
4) Mohr, Minnesang, S. 202.
5) Herbert Kolb, Der Begriff der Minne und das Entstehen der
   höfischen Lyrik. Tübingen 1958.
6) Kolb, Der Begriff der Minne, S. 180.

er nochmals auf den Begriff 'vrouwe' ein, auf die Bezeichnung, "die im deutschen Minnesang der in Minne verehrten adligen Dame galt. Ursprünglich bedeutet 'vrouwe' die Herrin, ebenso wie die 'domna' der Troubadours und die 'dame' der nordfranzösischen Trouvères Herrin ist".[1]

Auch für Kolb ist Minne und Minnedienst in den Kategorien des Lehnsverhältnisses dargestellt. Es ist ein ideelles Lehnsverhältnis. "Die Dame verleiht die Minne, wem sie will, ohne Ansehen des sozialen Habitus, nur im Hinblick auf die Minnewürdigkeit dessen, der sie erstrebt. ... Auf diese Weise mußte es belanglos sein, ob der in Minne und für verliehene Minne dienende ein Kaiser Heinrich VI., ein Graf und Herzog Wilhelm von Aquitanien aus dem Hause Poitiers oder ein Dienstmann unfreier Geburt..."[2] war. Die soziale Herkunft spielt nach Kolbs Auffassung vom Minnesang also keine besondere Rolle.[3]

Dagegen ist für ihn die eheliche Gebundenheit eine notwendige Bedingung des Minnesangs. Er kann nicht verstehen, warum moderne Betrachter vor dieser Tatsache "entweder eine gewisse Verlegenheit oder aber Indignation und peinliches Berührtsein nicht immer unterdrücken können".[4] Das Verheiratetsein der 'vrouwe' ist für Kolbs Thesen von der Spiritualität der Minne grundlegend, denn es "setzt dem leiblichen Sehnen und Begehren des Minnens eine Grenze, die, mag sie in der Wirklichkeit des höfischen Lebensstils oder in den literarischen Formungen des Minneromans noch so oft überschritten worden sein, aus dem Geist der Minne selbst notwendig ist. Denn gerade aus dem Negativum, daß der Minne die äußere Erfüllung ihres Begehrens versagt bleibt, zieht sie das Positivum immer neuer Antriebe und unversiegbarer Kräfte. Über die letzte Vereinigung in der gegenseitigen leib-seelischen Hingabe wäre eine weitere Stei-

---

1) Kolb, Der Begriff der Minne, S. 191.
2) Kolb, Der Begriff der Minne, S. 180.
3) Kolb, Der Begriff der Minne, S. 178 f.
4) Kolb, Der Begriff der Minne, S. 117.

gerung der Minne-Intention nicht mehr möglich, der Rest würde
Absinken, Gleichgültigkeit, Erlöschen, Vergessen, bestenfalls
ein neues Beginnen sein".[1]

In Peter Wapnewskis Buch "Deutsche Literatur des Mittelalters"[2] ist die Rede von der 'frouwe', der 'domna', der "Herrin", in deren Banne der Mann steht.[3] "Das Ziel des Minnedienstes ist Erziehung, Reifung, Steigerung.... Der Gegenstand
dieses Dienstes ist die 'frouwe' als irdisch-ebenbildliche Verwirklichung der höchsten Vollkommenheit.[4] An einer Gewährung
der Liebesgunst kann bei dieser Minne nicht gedacht werden,
"denn Erfüllung wäre ihr Ende".[5]

---

1) Kolb, Der Begriff der Minne, S. 117.; vgl. auch S. 119.
2) Peter Wapnewski, Deutsche Literatur des Mittelalters. Ein
   Abriß. Göttingen 1960.
3) Wapnewski, Deutsche Literatur, S. 78.
4) Wapnewski, Deutsche Literatur, S. 78.
5) Wapnewski, Deutsche Literatur, S. 78.

2. Lexikalische Angaben und semantische Untersuchungen zu den Wörtern 'frouwe' und 'wîp'

Die wichtigsten lexikalischen Arbeiten und Wortmonographien zu den Begriffen 'frouwe' und 'wîp' spiegeln die geltenden Forschungsmeinungen über die 'frouwe' im Minnesang durchaus wieder. Aber es fällt auf, wieviel komplexer und weniger eindeutig die lexikalischen Angaben gegenüber den Vorstellungen und dem Wortgebrauch der Literarhistoriker sind.

Die Wörterbücher geben über die Wörter 'frouwe' und 'wîp' die folgende Auskunft.

'frouwe'

Etymologie

"mhd. 'vrouwe', ahd. 'frouwa' "Herrin", asächs. 'frūa', anord. 'Freyja': Fem.-Bildung zu germ. '*frawan'. '*fraujan' (idg. '*prouon') "Herr"; vgl. ahd. 'frō' (aus '*frawo'), got. 'frauja' "Herr"; dazu anord. 'Freyr' (aus '*fraujaz'). Das Mask. ist bei uns früh ausgestorben, doch (s.) 'Fron(e)', 'fron'. Außergerm. sind verwandt die ablautenden Bildungen aind. 'purva' (idg. '*pruo-'), "früher, erster", aslav. 'prŭvŭ' "erster", aind. 'pūrvyá' "früher". Den Bedeutungswandel von "erster" zu "Herr" hat auch "Fürst" vollzogen".[1]

Neben dieser allgemein anerkannten Etymologie des Wortes 'frouwe' erwähnen BMZ in ihrem Mhd. Wörterbuch[2] "den etymolo-

---

1) Friedrich Kluge, Etymologisches Wörterbuch der deutschen Sprache. 21. unveränderte Aufl. Berlin. New York 1975. S. 215 (1. und 2. Aufl. 1883).
   Dazu auch: Deutsches Wörterbuch, bearbeitet von Jakob Grimm, Karl Weigand und Rudolf Hildebrand. Leipzig 1878 4. Bd. 1. Abt. 1. Hälfte, Sp. 71.
   Ähnlich: Der große Duden. Bd. 7. Etymologie. Mannheim 1963. S. 183.

2) Benecke-Müller-Zarncke, Mittelhochdeutsches Wörterbuch. Hildesheim 1963. 3. Bd. (1. Aufl. 1854 - 1861).

gischen Zusammenhang des Wortes mit 'vrô' (froh), 'vröide'".[1]
Dabei bleiben sie den sprachhistorischen Beweis schuldig, da
sie die Herkunft dieser Wörter nicht zurückverfolgen, sondern
lediglich einige, nicht sonderlich aufschlußreiche, Belege vor
allem aus der späthöfischen Dichtung anführen.

So wird man die Bedeutung des Wortes 'vrouwe' = "Herrin" von
der Etymologie her gewissermaßen als gesichert betrachten können. Es stellt sich nun die Frage, ob diese Bedeutung auch noch
im Mhd. eindeutig galt.

Den Wörterbüchern nach[2] kann 'frouwe' im Mhd. folgende Bedeutungen haben:
1. "herrin, gebieterin über leute und land".[3]
   Die Belege für diese Bedeutung stammen aber alle aus der
   Epik.
2. "eine dame von stande".[4]
   Es ist zu bemerken, daß in den Beispielen, die BMZ für diese Bedeutung anführen, die edle Abstammung der Dame entweder durch den Sinnzusammenhang oder durch die begleitende
   Epitheta ausdrücklich betont wird.[5] Die Feststellung von
   BMZ: "wenn 'vrouwe' und 'wîp' zusammengestellt wird, so
   bezeichnet das erstere wort die dame von stande, 'wîp' ist
   dagegen allgemein",[6] kann daher nicht ohne Einschränkung
   gelten. DWB und Lexer geben keine Belege an. BMZ dagegen
   geben mehrere an, auch solche, in denen die Wortpaare
   'frouwe'-'her', bzw. 'frouwe'-'ritter' vorkommen. Darin
   sehen BMZ einen weiteren Beweis für die Bedeutung 'frouwe'

---

1) BMZ, S. 419; ähnlich Karl Weinhold, Die deutsche Frauen in
   dem Mittelalter. Wien 1851. S. 3: "Frau heiszt zunächst
   Herrin, ursprünglich aber die 'frohe, erfreuende'".
2) BMZ werden stets als Ausgangspunkt genommen.
3) BMZ, S. 420; ähnlich DBW, Sp. 73 und Matthias Lexer, Mhd.
   Handwörterbuch, Leipzig 1869 - 1878. Sp. 540.
4) BMZ, S. 421; ähnlich Lexer, Sp. 541.
5) BMZ, S. 421.
6) BMZ, S. 421; ähnlich DWB, Sp. 74 f. und Lexer, Sp. 541.

= "adlige Dame". Dies kann jedoch nicht ohne weiteres akzeptiert werden. Abgesehen davon, daß diese Belege aus der epischen Dichtung stammen, liefert der Minnesang mehrere Beispiele für die Zusammenstellung 'frouwe'-'man' und 'wîp'-'ritter'. Außerdem müßten die Begriffe 'her' und 'ritter' einer genauen Untersuchung unterzogen werden.

3. "die frau oder das fräulein im dienste einer vornehmen dame".[1]

4. 'frouwe' kann auch "titelhaft" in oder außer der Anrede gebraucht werden;[2] so wird genannt:
   - die Jungfrau Maria.[3]
   - "die herrin von den dienern".[4]
   - "die geliebte von dem liebenden",[5] vor allem in Verbindung mit dem Possissivpronomen 'mîn'.
   - "die gattin von dem gatten".[6]
   - "die vornehme dienerin".[7]
   -'frouwe' kann auch "vor personificationen"[8] stehen.

5. "allgemeiner..., wobei das ehrende, das ursprünglich in dem worte liegt, noch durchschimmern kann, oft aber auch ganz bei seite gesetzt wird".[9] "auch in der rechtssprache wird das wort gern allgemein gebraucht".[10]

6. Ehefrau Gemahlin.
   Bei dieser Bedeutung des Wortes gehen die Meinungen der Wörterbücher auseinander.
   BMZ stellen fest: "noch bleibt zu untersuchen, in wie weit 'vrouwe' im zwölften und dreizehnten Jahrhundert auch die

---

1) BMZ, S. 421; ähnlich DWB, Sp. 75.
2) BMZ, S. 421 ff.; ähnlich DWB, Sp. 75 und Lexer, Sp. 540.
3) BMZ, S. 421 und 422.
4) BMZ, S. 421 f.
5) BMZ, S. 420 (Belege aus Epik und MS);vgl.auch Lexer, Sp.540.
6) BMZ, S. 422.
7) BMZ, S. 423.
8) BMZ, S. 423.
9) BMZ, S. 423; ähnlich DWB, Sp. 74 und Lexer, Sp. 541.
10) BMZ, S. 423.

'frau des Mannes', die 'ehefrau' ('wîp', 'kone') bezeichnet".[1] Die angeführten Belege lassen dies eher bezwei-
feln. DWB gibt überhaupt keine mhd. Belege an.
Die Belege, die Lexer anführt, stammen aus der epischen
Dichtung und lassen erkennen, daß das Wort diese Bedeutung
erst durch den Kontext bekommen hat.[2]

'wîp'

Etymologie

"Mhd. 'wîp', ahd. 'wīb', mnl. nnl. 'wijf', asächs. afries. ags.
'wīf', engl. 'wife', anord. 'vif', dän. norw. schwed. 'viv'
führen auf gem. '*wiba-', mit neutr. Geschlecht und der Bedeutung des Verhüllens, zu idg. '*u̯eip-' "drehen", got. 'biwaib-
jan' "umwinden", anord. 'veifa' "umwickeln" (die Frau war mit
einem leinenen Kopfputz geschmückt)... . Verhüllt ist bei den
europ. Indogermanen die Braut, zur verheirateten Frau gehört
das Kopftuch.
Die andere Wortsippe für "Frau", mhd. 'kone', ahd. as. 'quena',
ags. cwena', got 'qēns, qinō' ist mit aind. 'gnā' "Götterweib",
griech. 'gynē' verwandt. ...
(abwegig: aus nicht bezeugter Bed. für das erschlossene
'*wība-' "Kopftuch der verheirateten Frau").
Unter den glaubhaften Vergleichen, für die insgesamt keine Sicherheit zu gewinnen ist, ist hier ahd. 'weibōn' "sich hin- und
herbewegen" (s. Weibel) zu nennen, mit dem im Ablaut mnd. 'wip-
pen' "sich auf- und niederbewegen" verwandt ist: die geschäf-
tige Hausfrau der Vorzeit wäre gemeint. Die Männer sind draußen
auf der Jagd und sonstwo".[3]

Die mhd. Wörterbücher machen folgende Angaben über die Bedeutung der Wortes 'wîp':

---

1) BMZ, S. 423.
2) Lexer, Sp. 451. Dasselbe gilt für die Bedeutungen 'nonnen'
   und 'huren', die er noch angibt.
3) Kluge, S. 844; ähnlich DWB, 14. Bd. 1. Abt. 1. Teil, Sp.
   329 f.; auch: der große Duden, S. 757.

1. "eine person weiblichen geschlechts, ohne rücksicht auf vor-
   nehmern oder geringern, verheiratheten oder unverheirathe-
   ten stand; weib im gegensatz zu dem 'manne'".[1]
2. "gegensatz zu 'vrouwe'; frauenzimmer von einem geringern
   stande, oder 'wîp' wieder in allgemeiner bedeutung, so daß
   die 'vrouwen' mit darunter begriffen sind".[2]
3. "gegensatz zu 'maget' (jungfrau)".[3] "daher auch kebs-
   weib, überhaupt die sich einem manne außer der ehe hin-
   gibt".[4]
4. "ehefrau, gattin".[5]

Diese Zusammenstellung zeigt, wie komplex die Begriffsinhalte
von 'frouwe' und 'wîp' sind. Beide Wörter dürfen daher nicht
von vornherein als starre Gegensätze aufgefaßt werden, wie
dies die literarhistorische Forschung allzu leicht tut. Die
Bedeutungen der Wörter 'frouwe' und 'wîp' können sich durchaus überschneiden. Der Inhalt des Begriffs läßt sich jeweils
erst durch den Sinnzusammenhang näher bestimmen. Dies stellt
das Deutsche Wörterbuch klar dar, wenn am Anfang des Artikels
über das Wort "frau" steht: "ein wort von groszem umfang, seinen sinn läszt erst der zusammenhang der rede erkennen".[6]
Ähnliches äußert das Wörterbuch auch zu "weib": "die allumfas-
sende geltung des worts wird vielfach dadurch beleuchtet, dasz
durch die umgebung im satz stillschweigend oder ausdrücklich
einschränkungen vorgenommen werden. an sich gilt 'weib' für
die Frau jedes alters und standes, für die ledige, verheirathe-
te, verwitwete, lebende und tote, für jungfrauen und mütter.
nach jeder dieser richtungen werden einschränkungen nötig".[7]

---

1) BMZ, S. 717 ff.; ähnlich DWB, Sp. 333 ff. und Lexer, Sp.922.
2) BMZ, S. 718; ähnlich DWB, Sp. 354, V. 3.
3) BMZ, S. 718; ähnlich DWB, Sp. 337 ff. und Lexer, S. 923.
4) BMZ, S. 718; ähnlich DWB, Sp. 342 und Lexer, Sp. 923
5) BMZ, S. 718; ähnlich DWB, Sp. 346 f. und Lexer, Sp. 923.
6) DWB, 4. Bd. 1. Abt. 1. Hälfte, Sp. 71.
7) DWB, 14 Bd. 1. Abt. 1. Teil, Sp. 333 f.

Walther Kotzenberg hat in seiner Arbeit "Man, frouwe, juncfrouwe"[1] nicht nur gezeigt, wie umfangreich die Begriffsinhalte von 'wîp' und 'frouwe' sind, sondern auch, wie schwer
es ist, schon allein innerhalb einer Gattung oder einer Epoche allgemeingültige Aussagen über die Wortbedeutungen zu machen.

In Bezug auf die Begriffe 'wîp' und 'frouwe' stellt Kotzenberg für die geistliche Literatur des 12. Jahrhunderts fest:
"die geistliche Literatur des XII. Jahrhunderts steht dem
Weibe gleichgültig gegenüber. ... Dem Ahd. gegenüber ist wie
im Stoffe, so auch im Sprachgebrauch kaum eine Wandlung zu
konstatieren. Dort war 'frouwa' die Herrin, wie es denn auch
in Glossen der 'domina' und 'matrona' gleichstand. Das 'wîp'
als Ausdruck des Geschlechts, der 'femina' entsprechend, über-
wog bedeutend".[2] "Dieser Sprachgebrauch wird im XII. Jahrhundert von den geistlichen Dichtern beibehalten, nur gelegentlich mit dem Stoffe verweltlicht. 'frouwe' bleibt der Ausdruck
für die Herrin".[3] Im Gegensatz zu diesem Begriff steht "als
indifferente Geschlechtsbezeichnung 'wîp'"[4]

Der Begriff 'wîp' war zunächst wertneutral. Dies konnte aus
folgendem Grunde nicht lange dauern: "Da nun 'wîp' das einzige
Wort für niedere Frauen ist gegenüber der doppelten Bezeich-
nungsmöglichkeit für Edeldamen nach Geschlecht und Stand hin,
so ist es natürlich, dass sich schon früh aus dem Geschlechts-
ausdruck eine niedere Nuance entwickelt".[5] Dies wurde erst
vom Satiriker Heinrich von Melk bewußt und energisch betrieben: "Dem asketischen Priester ist das Geschlecht des Weibes

---

1) Walther Kotzenberg, Man, frouwe, juncfrouwe. Drei Kapitel
   aus der mhd. Wortgeschichte. Berliner Beiträge zur germ.
   und roman. Philologie. 33. Germanistische Abteilung 20.
   Berlin 1907.
2) Kotzenberg, Man, frouwe, S. 61.
3) Kotzenberg, Man, frouwe, S. 62.
4) Kotzenberg, Man, frouwe, S. 63.
5) Kotzenberg, Man, frouwe, S. 63.

eine stete Verlockung zur Leidenschaft, gegen die er sich mit
übertriebener Verachtung wehrt. So kommt zur ä u s s e r e n
Minderwertigkeit der 'wîp' die i n n e r e , zur Nuance
des niederen Standes die der Charakterschwäche und Untugend.
Geringschätzig fasst Heinrich von Melk das 'wîp' als das Weib-
chen auf und drückt damit die Geschlechtsbezeichnung zum zweiten Male tief herab. Beide Nuancen stehen einander nicht fern:
das Leben ausserhalb der höfischen Sphäre hat alles Niedrige
nur zu leicht im Gefolge, das ist die Meinung schon seiner
Zeit".[1]

Ob dies allgemeingültig ist, mag dahingestellt sein. Eine Überprüfung wäre interessant. Kotzenberg selbst stößt im Laufe seiner Untersuchung immer wieder auf Stellen, wo statt des erwarteten Begriffs eben der andere verwendet wird. Diese Stellen
will er jedoch nur als Ausnahmen gelten lassen oder er legt
sie so aus, daß sie in seine Auffassung dennoch hineinpassen.
Solche Stellen finden sich z.B. S. 63 f. oder bei der Bespre-
chung des Verses 6243 aus dem Exodus, wo Kotzenberg einräu-
men muß: "Ganz unerwartet begegnet in diesem Zusammenhang (von
Schwangerschaft und Gebähren) einmal das Wort 'frouwe'. ...
Man wird sich ... dazu entschließen müssen, in dem frühen Denk-
mal aus den ersten Anfängen des XII. Jahrhunderts einen Vor-
klang zu erkennen zu der erst viel später vollzogenen Trivia-
lisierung von 'frouwe' zur Geschlechtsbezeichnung".[2]

Trotz dieser Schwankung in der Bedeutung bleibt Kotzenberg bei
seiner These: "Der in der geistlichen Literatur festgestellte
soziale Unterschied zwischen 'frouwe' und 'wîp' wird in der höfisch-idealistischen Dichtgattung natürlich erst recht festgehalten".[3] Dann heißt es aber weiter: "Die junge Königin im
"Grafen Rudolf" und die Königstochter im "König Rother", La-
vinia und Dido und die Damen der älteren Minnesänger heissen

1) Kotzenberg, Man, frouwe, S. 65.
2) Kotzenberg, Man, frouwe, S. 67.
3) Kotzenberg, Man, frouwe, S. 70.

'frouwe' und 'wîp' neben ein ander. Dennoch bildet sich, obwohl von der Einführung niederer Frauen in den Mittelpunkt
einer Dichtung noch kaum die Rede sein kann, auch hier durch
einseitige Betonung der Standesfrage für 'wîp' die Nuance sozialer Minderwertigkeit heraus".[1] Die Beispiele, die Kotzenberg anführt, entstammen hauptsächlich der Epik, Walthers und
Wolframs Werk und vor allem dem nachwaltherschen Minnesang.
Sie entziehen sich somit dem Rahmen dieser Untersuchung.

Kotzenberg bemerkt zu Hartmann, daß er die 'frouwe' "über das
ganze Geschlecht" stellt. "Aber nicht nur flüchtig erraten zu
lassen, sondern geradezu zu betonen, dass 'wîp' auf einer niedrigen sozialen Stufe steht als 'frouwe', die Edeldame, das
war noch keinem höfischen Dichter vor ihm eingefallen".[2] Er
zitiert eine Stelle aus dem Iwein (V. 6626) und kommentiert
dazu, daß "die Bescheidenheit sich mit einem einfachen Weibe
begnügt".[3] Diese Interpretation hat Erika Ludwig zu Recht
zurückgewiesen.[4]

Zum berühmten Unmutslied Hartmanns, aus dem Kotzenberg die
Verse MF. 216,31 f. und MF. 216,39 f. zitiert, schreibt er:
"Noch eine Stufe tiefer führt sein Minnelied, so korrekt er
sich auch sonst gibt. Auf die Aufforderung der Freunde:
>   'Hartman, gên wir schouwen
>   ritterlîche frouwen'
lacht er übermütig und überlegen:
>   'ich mac baz vertrîben
>   die zît mit armen wîben.'
einem aussichtslosen Frauendienst zieht er den Verkehr mit nie-
dern Weiblein vor, die frisches Werben mit rascher Erfüllung

---

1) Kotzenberg, Man, frouwe, S. 70.
2) Kotzenberg, Man, frouwe, S. 71.
3) Kotzenberg, Man, frouwe, S. 71.
4) Erika Ludwig, Wîp und Frouwe. Geschichte der Worte und Begriffe in der Lyrik des 12. und 13. Jahrhunderts. Tübinger
   germanistische Arbeiten. Stuttgart-Berlin 1937. S. 33.

lohnen".[1]

Daß Hartmann es nicht im Sinne Kotzenbergs so grausam, ja fast
vulgär meinte, wollen wir bei der ausführlichen Interpretation
des Gedichts und in Bezug auf Hartmanns Verwendung der Begriffe
'wîp' und 'frouwe' nachweisen. Aufgrund dieser Stelle ist Kotzenberg jedoch keinesfalls berechtigt zu folgern: "Derartig
rücksichtslose Worte zeigen, dass die soziale Herabminderung
des Ausdrucks 'wîp' auf der Wende des XII. zum XIII. Jahrhundert als vollendet anzusehen ist, wenn sie auch nicht überall
durchgeführt ist aus leicht begreiflichem Zartgefühl".[2]

In einer Erörterung über den Gebrauch des Begriffs 'frouwe'
schreibt Kotzenberg: "Schon in der ersten Hälfte des XII.
Jhdts. bemerkten wir einen ersten Ansatz dazu, 'frouwe' als
Geschlechtsnamen zu brauchen. Die höfische Literatur wehrt
sich dagegen in strenger Scheidung zwischen 'frouwe' und 'wîp',
der Edeldame und dem Weibe. Allein die Spielmannsdichtung macht
scheinbar eine Ausnahme".[3] Daß diese Scheidung auf den Minnesang nicht ohne weiteres zu übertragen ist, wird bei der Auseinandersetzung mit den Texten klar. Eine Befragung der epischen Dichtung zu diesem Thema wäre sehr angebracht.

Kotzenbergs Ansichten unterscheiden sich von den gängigen Meinungen der traditionellen Minnesangforschung kaum. Zu Reinmars
Aufruf 'sô wol dir wîp, wie reine ein nam!' findet er, daß dieser "damit bewusst das Geschlecht erhoben (hat). Die übrigen
älteren Minnesänger behandeln die Sexualbezeichnung gleichgültig. Einen tieferen Sinn legen sie dem Worte nicht bei, nur
ihre preisenden Beiworte geben leichte Färbung. Im Vordergrund
aber steht doch immer der Stand der Dame und damit der Name
'frouwe'".[4]

---

1) Kotzenberg, Man, frouwe, S. 71 f.
2) Kotzenberg, Man, frouwe, S. 72.
3) Kotzenberg, Man, frouwe, S. 78.
4) Kotzenberg, Man, frouwe, S. 82.

Bei Kotzenberg bleibt die Auseinandersetzung mit der "höfisch-idealistischen" Literatur hauptsächlich auf die Epik und die späthöfische Lyrik beschränkt. Eine genaue Untersuchung des Minnesangs liegt nicht vor. Pauschale Urteile werden gefällt. Es werden vor allem solche Beispiele herangezogen, die die eigenen Thesen untermauern.

Zum Minnesang wird die Schlußfolgerung gezogen: "Der Minnesang aber wie das höfische Epos hat durch seinen energischen Widerstand gegen ein ausschliessliches Herabdrücken der 'wîp' den Namen des Geschlechts wieder zu Ehren gebracht. Darin wirken Walther und Wolfram nach bis zum Ende des XIII. Jhdts. und weiter, sodass man bei ähnlichen Aeusserungen eigentlich nur vom Sprachgebrauch des beginnenden XIII. Jhdts. reden darf. Alles Uebrige ist Tradition.

Wenn aber auch in der höfisch-idealistischen Dichtung der Geschlechtsname 'wîp' seit Anfang des XIII. Jhdts. in rascher Reaktion gegen seine niedere Nuance noch so sehr erhoben ist, oft sogar die weiblichen Tugenden über die äusseren Vorzüge der Geburt, durch 'frouwe' ausgedrückt, gestellt sind, so gilt dem höfischen Dichter die 'frouwe' im Grunde doch höher. Herabgestiegen bis zur Geschlechtsbezeichnung ist 'frouwe' noch nicht; zuweilen nur wird es hyperhöfisch da eingesetzt wo man nach allem 'wîp' erwarten würde, in der Selbstanrede der Unglücklichen, bei starker Betonung des Geschlechts oder als Bezeichnung niederer Frauen".[1] Diese Art der Anwendung findet Kotzenberg vornehmlich in der Spielmannsdichtung oder bei Neidhart und seinen Nachfolgern. Seine Thesen brauchen daher bei der hier untersuchten Epoche und Gattung nicht berücksichtigt werden.

Erika Ludwig beschränkt sich in ihrer Wortuntersuchung über 'wip' und 'frouwe' auf die Lyrik des 12. und 13. Jahrhunderts. Dabei geht sie mit vorgeprägter, fester Überzeugung vom

---

1) Kotzenberg, Man, frouwe, S. 93.

Bedeutungsunterschied der Begriffe 'wîp' und 'frouwe' an den
Minnesang heran. Für sie sind die Wortverhältnisse "als der
Minnesang beginnt, ziemlich klar und eindeutig wie folgt:
'wîp':
A. allgemeine Gattungsbezeichnung, unabhängig von jeder gesellschaftlichen Einordnung. - Prinzip der Benennung: natürlich-
menschlich.
Lateinisch femina.
in verengter Bedeutung
B. Für die verheiratete Frau (bürgerlich verheiratet oder allgemein: Frau im Gegensatz zu Jungfrau).
Lateinisch mulier.
'vrouwe':
A. allgemeinste, soziologische Einordnung der Frau. Das Ständische steht im Vordergrund. - Prinzip der Benennung: gesellschaftlich.
in verengter Bedeutung
B. im Sinne von Herrin; auch Hausherrin in der Gegenüberstellung zum "wirt".
Lateinisch domina".[1]

Beide Begriffe behalten diese Bedeutung auch im Minnesang:
"Grundlegend verändert sich weder der eine noch der andere.
Aber sie werden beide verstärkt; und zwar beide in der Rich-
tung, nach der sie schon vorher wiesen".[2]

Nun stellt sie aber im Unterschied zu der allgemein herrschenden Meinung fest, daß der Begriff 'frouwe' "ohne Betonung des
Ständischen, oft genau so wie die Gattungsbzeichnung 'wîp' verwendet (wird), obwohl er ursprünglich rein ständischer Begriff
ist".[3] Dies erklärt sie damit, daß der Minnesang als adlige
Dichtungsgattung nur an die Angehörige des adligen Standes gerichtet sein kann. Dadurch erscheinen die Damen dieser Gesell-

---

1) Ludwig, Wîp und Frouwe, S. 8 f.
2) Ludwig, Wîp und Frouwe, S. 9.
3) Ludwig, Wîp und Frouwe, S. 9.

schaft, die 'frouwen', dem Dichter "leicht schlechthin als Vertreterinnen des weiblichen Geschlechts".[1] Sie verfällt jedoch wieder der tradierten Ansicht, daß der Begriff 'frouwe' sowohl adlige Herkunft als auch ethisch-sittliche Untadeligkeit impliziert, wenn sie schreibt: "Als 'vrouwe' war sie gut, rein und schön. ... 'vrouwe' kann also Ehrenname in zweifacher Beziehung sein, kann vornehmen Stand wie auch vornehmen Charakter bezeichnen. Oder aber er kann auch nur in der knappen, rein ständischen Bedeutung stehen".[2]

Dies verwundert umso mehr, weil Erika Ludwig bei der Behandlung des Wortes 'wîp' meint: "Der Minnesang nun braucht vor allem einen Namen für diejenige Frau, die ihm Verkörperung des Guten, Schönen und Edlen, die ihm Ideal in sittlicher Hinsicht ist. ... Daß es nun von den beiden vorhandenen Begriffen der des 'wîp' war, der die ganz starke ethische Erhöhung erfuhr, darf uns nicht wundern".[3] Sie stellt fest: "Nicht die unter ständischen Gesichtspunkten benannte 'vrouwe' stand ... im Mittelpunkt der Dichtung, sondern das 'wîp'".[4] Diese "Tatsache" führt sie als Beweis an "für die Behauptung, daß das Menschlich-Ethische dem Minnesang das Wichtigere war. Denn wollten wir das Ständische als das Wesentliche betrachten, so hätte das Wort 'wîp' seinen ursprünglichen Sinn ganz ändern müssen, um trotzdem Zentralbegriff dieser Dichtung werden zu können".[5] Es will freilich nicht einleuchten, daß sich der Minnesang, der nach Erika Ludwig Standesdichtung ist, einen neuen Begriff suchen sollte für einen Inhalt, der schon in 'frouwe' vorhanden war.

In diese Verwirrung gerät Erika Ludwig, weil sie einerseits wahrscheinlich bemerkt hat, daß der Begriff 'wîp' öfter ge-

---

1) Ludwig, Wîp und Frouwe, S. 9.
2) Ludwig, Wîp und Frouwe, S. 10.
3) Ludwig, Wîp und Frouwe, S. 10.
4) Ludwig, Wîp und Frouwe, S. 17.
5) Ludwig, Wîp und Frouwe, S. 10.

braucht wird als 'vrouwe',[1] andererseits aber mit der Überzeugung an den Minnesang herangeht, daß ein Bedeutungsunterschied zwischen beiden Wörtern existiert.

Aus ihrer Auseinandersetzung mit den Texten ergibt sich, daß es am Ende unmöglich ist, die am Anfang ihrer Arbeit aufgestellten Thesen vom Bedeutungsunterschied zwischen 'frouwe' und 'wîp' aufrecht zu erhalten. Zum donauländischen Minnesang erklärt sie: "die grobe, geläufige Scheidung: 'wîp' = umfassende Geschlechtsbezeichnung für die Frau, 'vrouwe' = Bezeichnung der edelgeborenen, vornehmen Dame des Hofs, der Herrin im Dienstverhältnis der Minne, - diese Scheidung hat wohl ihre Berechtigung, reicht aber nicht aus. Man müßte bei solch enger Fassung der Begriffe massenhaft Unfolgerichtigkeiten feststellen, unzählige Fälle, wo "es nicht stimmt"! Die Begriffe gehen tatsächlich auch hier ganz stark in einander über, so daß man weithin nur subjektive Abtönungen, feine gefühlsmäßige Schattierungen feststellen kann".[2]

Anhand der Beispiele, die Erika Ludwig aus dem rheinischen oder hochhöfischen Minnesang heranzieht, um ihre Thesen zu erläutern, lassen sich ähnliche Ungenauigkeiten nachweisen. Sie sollen bei der Untersuchung über die einzelnen Dichter von "Minnesangs Frühling" ausführlicher besprochen werden. Hier seien zunächst zwei Fälle genannt. Bei Reinmar stellt Erika Ludwig die These auf: "Die Wortbedeutung ist durchaus die übliche des Minnesangs: 'vrouwe' ist gesellschaftliche Benennung. ... Das 'wîp' ist für ihn, genau wie für die früheren Minnesänger, Inbegriff aller guten und edlen Eigenschaften".[3] Später meint sie: "Jede Scheidung unter den Frauen bedeutet ihm eine Beleidigung für

---

1) Dies drückt sie nirgendwo explizit aus. Nur bei Reinmar stellt sie fest: "Reinmar zieht schon rein zahlenmäßig das 'wîp' der 'vrouwe' weitaus vor: 9 Fällen von 'vrouwe' ... stehen 51 Fälle gegenüber, in denen er 'wîp' verwendet. Dieser zahlenmäßige Befund schon ist aufschlußreich". S. 21
2) Ludwig, Wîp und Frouwe, S. 13 f.
3) Ludwig, Wîp und Frouwe, S. 21 f.

44

sie. ... Und eine Scheidung zwischen den beiden Namen dürfen
wir deshalb auch nicht erwarten. Sie verkörpern ihm ja die eine
Idee 'wîp'".[1] Sie kommt dann zu folgendem Schluß: "Oft ist ein
Grund für die Verwendung des einen oder des andern Wortes gar
nicht aufzufinden. So tritt, neben der kritiklosen Gleichsetzung aller Frauen, auch schon die von Walther getadelte Verwirrung der Namen ein".[2]

Auch bei Morungen muß Erika Ludwig widersprüchliche Aussagen
machen, wenn sie ihrer Annahme vom Bedeutungsunterschied treu
bleiben möchte. Auf der einen Seite zieht sie Morungens Lied
MF. 122,1, speziell die Verse 123,4 ff., heran und schreibt:
"Solche ausdrückliche Nebeneinanderstellung der beiden Wörter
muß uns ein sicherer Beweis sein, daß für Morungen wenn nicht
ein Gegensatz, so doch auf alle Fälle ein wesensmäßiger Unterschied zwischen den zwei Begriffen bestand. Und dieser Unterschied muß ihm auch bewußt gewesen sein".[3] Sie stellt weiterhin fest: "Der Unterschied zwischen 'wîp' und 'vrouwe' ist Morungen begrifflich durchaus klar; das zeigt eben unsere obige
Stelle. In der Wertung jedoch stellt er die beiden einander
ganz gleich. Ihm ist, ähnlich wie Reinmar, die Frau als 'vrouwe' wie als 'wîp' gleich verehrungswürdig. Daraus ergibt sich
begreiflicherweise in einzelnen Fällen leicht eine Vermischung
der beiden Wörter. So kommt es, daß neben durchschnittlich ganz
folgerichtiger Benennung doch Stellen genug begegnen, wo er
dem, was er ausdrücken wollte, entsprechend besser oder "richtiger" das andere statt des gebrauchten Wortes verwendet hätte".[4] Zum Schluß meint sie, daß Morungen "die beiden Wörter
ziemlich gleichwertig, ja gleichbedeutend verwandte. An andern
Stellen dagegen scheint ihm der Unterschied, bewußt oder unbe-
wußt, doch so klar, daß er 'wîp' und 'vrouwe' sehr sinnvoll

---

1) Ludwig, Wîp und Frouwe, S. 22.
2) Ludwig, Wîp und Frouwe, S. 23.
3) Ludwig, Wîp und Frouwe, S. 24.
4) Ludwig, Wîp und Frouwe, S. 24 f.

verteilt".[1] Sie gelangt also zu folgendem Ergebnis: "Wenigstens haben wir unter allen Minnesängern aus Walthers unmittelbarer Gegenwart bei keinem eine solche auffallende Gleich-
wertung, ja Gleichsetzung der beiden Begriffe und Namen gefunden".[2]

Anhand dieser Zitate aus Erika Ludwigs Werk läßt sich deutlich
erkennen, welche widersprüchlichen Aussagen gemacht werden müssen, wenn es gilt, einen nicht existenten tiefgreifenden Bedeutungsunterschied dennoch ermitteln zu wollen.

In einer interessanten Studie, der vor allem deswegen große
Bedeutung zukommt, weil sie an Rechtstexten vorgenommen wurde,
kommt Karl Bischoff[3] zu dem Ergebnis, daß 'wîp' im elbostfälischen Raum vor allem die Bezeichnung für die verheiratete
Frau war. Dagegen erscheint 'frouwe' als ehrende Bezeichnung,
die nicht unbedingt auf adlige Damen beschränkt sein muß, was
allerdings im 13. Jahrhundert meistens der Fall ist. Andererseits muß nicht jede adlige Dame als 'frouwe' bezeichnet werden.

Von dieser Auswertung der Rechtstexte ergibt sich also nicht,
daß 'frouwe' als eine Art "Adelsprädikat" aufgefaßt werden
darf.

---

1) Ludwig, Wîp und Frouwe, S. 25 f.
2) Ludwig, Wîp und Frouwe, S. 27.
3) Karl Bischoff, 'wîf','vrowe' und ihresgleichen im mittelalterlichen Elbostfälischen. Eine wortgeschichtliche Studie.
   Akademie der Wissenschaften und der Literatur. Abhandlung
   der geistes- und sozialwissenschaftlichen Klasse. Jg. 1977,
   Nr. 6.

46

3. Zur Bevorzugung des Begriffs 'frouwe' gegenüber 'wîp' in der Minnesangforschung

Der Überblick über die lexikalischen Angaben und die semantischen Untersuchungen zu 'wîp' und 'frouwe' hat ergeben, daß es so gut wie unmöglich ist, die Begriffsinhalte beider Wörter klar gegeneinander abzugrenzen.

Umso erstaunlicher ist es, daß dies in der literarhistorischen Minnesangforschung getan wird. Die Gründe dafür sollen kurz dargelegt werden. Danach erst soll versucht werden, anhand der Überprüfung der Textstellen zu einem Urteil darüber zu gelangen, ob die von der Wortforschung her nahegelegte teilweise Bedeutungsidentität oder die von den Literarhistorikern vermutete Bedeutungsverschiedenheit von den Liedern des "Minnesangs Frühling" bestätigt wird.

Wie oben dargestellt, wird in der literarhistorischen Minnesangforschung 'frouwe' allgemein mit "Dame", "Herrin", "vornehme Frau", "Edelfrau" oder "Fürstin" wiedergegeben. Das Wort gilt also als Bezeichnung für adlige Herkunft und hohen Stand. Es wird angenommen, daß es sich um einen "Gesellschaftstitel"[1] handelt, der zunächst rein ständisch aufzufassen ist. Der äußere Vorzug der Geburt, der nur für die soziale Stellung der Frau ausschlaggebend ist, wird oft durch ethisch-moralische Aspekte ergänzt gesehen, so daß mit dem äußeren Adel der innere verbunden erscheint: "Ihre ritterliche Abkunft verbürgt die menschliche Vollkommenheit, die wahrer Adel besitzen soll".[2]

Somit impliziert der Begriff 'frouwe' neben der hohen Herkunft auch die Festigkeit des Charakters, die innere Vorzüglichkeit, kurz die Vollkommenheit, die die Frau auf den Ritter ausstrahlt, und die zur Erhöhung seines sittlichen Wertes führt.

Dieses Verständnis des Begriffs 'frouwe', das in der literar-

---

1) Kuhn, Die Klassik des Rittertums, S. 160.
2) Brinkmann, Der deutsche Minnesang, S. 124.

historischen Forschung überwiegt, und vor allem für den klassischen Minnesang bis Walther gilt, geht Hand in Hand mit der entgegengesetzten Beurteilung des Begriffs 'wîp'. Da sich die Auffassung durchgesetzt hat, 'frouwe' als Bezeichnung einer Frau adligen Standes zu begreifen, und da ein entsprechender, sich auch auf Frauen einfacher Herkunft beziehender Begriff fehlte, füllte 'wîp' diese Lücke aus und wurde oft nicht mehr als Begriff zur Bezeichnung des Weiblichen überhaupt, sondern als Gegensatz zu 'frouwe' verstanden. Dies führte zur Beschränkung von 'wîp' auf Frauen niederen Standes mit der oft damit verbundenen Vorstellung von sozialer und ethischer Minderwertigkeit.[1] Diese negative Assoziation, die dem Begriff 'wîp' anhaftete, ließ sich mit der Vorstellung der moralisch unantastbaren, vollkommenen Frau des Minnesangs nicht vereinbaren, zumal der Minnesang als Dichtkunst der adligen Gesellschaft galt. Beide Faktoren führten dazu, die Bezeichnung 'frouwe' in den Vordergrund zu stellen und ihr den Vorrang vor 'wîp' zu geben. 'wîp', das gleichsam als nicht "salonfähig" empfunden wurde, wird in der Forschung fast gar nicht als Bezeichnung für die verherrlichte Frau des Minnesangs benutzt.[2]

Dieser Vorgang ist wohl hauptsächlich von bestimmten Liedern Walthers begünstigt worden, in denen er zwischen 'frouwe' und 'wîp' unterscheidet. Er erhebt den Begriff 'wîp', der für ihn die echte Weiblichkeit impliziert, über 'frouwe', die Benennung, die den zufälligen äußeren Vorzug der edlen Geburt ausdrückt. Die Unterscheidung zwischen 'frouwe' als ständischer und 'wîp' als ethischer Bezeichnung[3] wird begleitet von einer

---

1) Kotzenberg, Man, frouwe, S. 63 ff.
2) Burdach, Reinmar der Alte und Walther, S. 150.
3) Dies wurde schon im ersten Teil dieses Kapitels ausführlich dargestellt. Es wäre interessant, in diesem Zusammenhang diese Lieder Walthers einer kritischen Betrachtung zu unterziehen, um überprüfen zu können, inwiefern diese von der Forschung überlieferte Walther-Konzeption auch wirklich stimmt. Dieses wichtige Unternehmen würde die Grenze der vorliegenden Arbeit überschreiten, die sich vorgenommen hat, Fortsetzung nächste Seite!

Trennung zwischen hoher und niederer Minne, einer Trennung,
die von verschiedenen Forschern unterschiedlich interpretiert
und bewertet wird. Mehrere sehen darin zwar sowohl den sozialen als auch den ethischen Aspekt enthalten,[1] einige Forscher
heben jedoch einseitig entweder die eine oder andere Komponente
besonders hervor.[2]

Die Differenzierung Walthers hat zu einer verstärkten Identifizierung von 'frouwe' mit hoher und 'wîp' mit niederer Minne
und der damit assoziierten Vorstellung von innerer Vorzüglichkeit bzw. Minderwertigkeit geführt. Diese Sichtweise wurde
wahrscheinlich dann auf die vorwalthersche Lyrik unbesehen übertragen.

Die allgemeine Meinung ist, daß die Dichter vor Walther von der
hohen Minne, ihrem erzieherischen und sittigenden Ethos gesun-

---

Fortsetzung von Seite 48
den Minnesang bis Walther in Betracht zu ziehen, Forschung
und Texte nach ihrer jeweiligen Auffassung von der Frau
innerhalb dieses Zeitraums zu befragen. Dazu berechtigt
die Minnesangforschung selbst, die bei Walther einen Ein-
schnitt macht.

1) Uhland, Der Minnesang, S. 150; auch Wechssler, Das Kulturproblem des Minnesangs, S. 328 ff.

2) Nur sozial: z.B. de Boor, Geschichte, S. 303: "Der Begriff
der "niederen Minne" ist im Minnesang selber geprägt und
rein ständisch gemeint..."; ähnlich Kienast, deutschsprachige Lyrik, Sp. 52: "Im Normalfalle bedeutet die hohe Stellung
der Dame ('hôhiu minne') in der Gesellschaft für die Minner
erhöhte Ehre, aber auch erhöhte Qual; leichter ist 'ebeniu
minne', etwa gleiche gesellschaftliche Geltung beider; keine
Ehre bringt 'niederiu minne': wenn die Dame an Rang unter
dem Sänger steht".
Eher ethisch:z.B. Ehrismann, Geschichte, S. 188, Anm. 2:
"Der Gegensatz hohe-niedere Minne kann entweder ethisch (a-
mor purus gegen amor mixtus) aufgefaßt werden oder sozial,
aber im allgemeinen fallen beide Unterschiede in höfisch
(Minnedienst,=die ästhetische Kultur) = hohe Minne und bäu-
risch (Buhlschaft, der rohe Trieb) = niedere Minne zusammen".
Neumann stellt in seinem Artikel "Hohe Minne", S. 184 ff.
der Niederen Minne, "der Triebminne, den ungeistigen Umbruch
der Sexualität", die Hohe Minne entgegen, "die gleichsam
ästhetische Liebe" (S. 187). Bei dieser ist "die ethische
Bedeutung der Minne" (S. 186) besonders deutlich.

gen haben und von der vollkommenen Frau als Trägerin dieser
Macht. Die Mehrzahl der Forscher meint in 'frouwe' den ange-
messenen Ausdruck für diese sozial und ethisch hochstehende
Person gefunden zu haben. Nur in der älteren Forschung taucht
der Begriff 'wîp' in neuhochdeutscher Übersetzung oft noch neben 'frouwe' auf. Allmählich wurde er von der Bezeichnung
'frouwe' verdrängt. Erst Walther soll den Begriff 'wîp' sozusagen "rehabilitiert" haben, indem er ihm seine ursprüngliche
umfassende Bedeutung des Weiblichen überhaupt und eine damit
verbundene positive ehtische Komponente zurückgegeben habe. In
der "Deutschen Wortgeschichte" von Maurer und Stroh schreibt
Edmund Wießner: "Ursprünglich ist, wie bekannt, 'wîp' Ge-
schlechts-, 'vrouwe' Standesbezeichnung; um die Wende des 12.
zum 13. Jhdt. läßt sich das soziale und ethische Sinken des
Ausdrucks 'wîp' deutlich verfolgen. Aber um 1200 hemmt diese
Strömung - literarisch mindestens - eine Gegenbewegung in Rit-
terepik und Minnesang, die mit den Namen Wolframs und Walthers
verknüpft ist: 'wîp' wird zum Ehrennamen des Geschlechts erhoben, mit hoher ehtischer Geltung, was durch das ganze Jhdt.
nachwirkt".[1] An einer anderen Stelle fügt Wießner hinzu: "Walthers Eintreten für 'wîp' gegenüber 'vrouwe', das in der Blüte
des Minnesangs vorherrschte, hatte zur Folge, daß 'wîp' zahlenmäßig bis ans Ende des 13. Jhdts. im Minnesang seinen Vorrang
behauptete, ..."[2]

Dieser Ansicht schließen sich mehrere Forscher an. Viele rech-
nen es Walther als besonderer Verdienst an, daß er nun wieder
- wie im donauländischen Minnesang - vom 'wîp' statt von der
'frouwe' singt. Daraus kann man zweierlei erschließen. Zum
einen geht die Forschung davon aus, daß im vorwaltherschen
Minnesang - mit Ausnahme der donauländischen Liebeslyrik -
nur die 'frouwe' von den Dichtern singend umworben wurde;

---

1) Edmund Wießner, Höfisches Rittertum, in: Deutsche Wortgeschichte. Hrsg. von Friedrich Maurer und Fritz Stroh.
   Bd. I. Berlin 1943. S. 176.
2) Wießner, Höfisches Rittertum, S. 203.

daher gilt es als besondere Leistung Walthers, 'wîp' wieder in
den Mittelpunkt des Minnesangs gerückt und sogar über 'frouwe'
erhoben zu haben. Zum anderen hat es den Anschein, als würde
diese Erneuerung Walthers den Forschern als Grund für die Annahme dienen, daß im Minnesang vor Walther nur die 'frouwe'
besungen wurde, denn sonst wäre die Bewertung von Walthers Verdienst unverständlich. Dies wäre ein Zirkelschluß. Um feststellen zu können, ob das tatsächlich der Fall ist, sollte die
Sekundärliteratur über Walther bearbeitet werden, was im Rahmen dieser Arbeit nicht möglich ist.

Die folgende Untersuchung dient dem Ziel, anhand einer gründ-
lichen Analyse der Texte von "Minnesangs Frühling" ein gesi-
chertes Fundament für Aussagen über Verwendung und Bedeutung
der Wörter 'wîp' und 'frouwe' im Minnesang zu gewinnen.

II. Die Verwendung der Wörter 'wîp' und 'frouwe' in "Des Minnesangs Frühling"

1. Zum methodischen Vorgehen

Zunächst soll anhand von "Des Minnesangs Frühling" eine Statistik aufgestellt werden, die die Häufigkeit beider Begriffe in den Texten dokumentiert, um belegen zu können, welche Bezeichnung in welcher Epoche und bei welchen Dichtern überwiegt. Diese Untersuchung soll die Frage beantworten, ob die Forschung vielleicht aus einem zahlenmäßigen Überwiegen des Begriffs 'frouwe' diesem den Vorrang zu geben berechtigt ist.

Dann sollen die Texte herangezogen werden, in denen die Begriffe 'wîp' und 'frouwe' vorkommen. In den einzelnen Textstellen soll die Wortbedeutung bestimmt und die Wortwahl ursächlich erklärt werden.

Der Statistik über die Häufigkeit der Begriffe 'wîp' und 'frouwe' liegt die Ausgabe "Des Minnesangs Frühling"[1] zugrunde. Es werden sowohl die für echt als auch die für unecht erklärten Lieder herangezogen, wobei die Reihenfolge der einzelnen Sänger zugunsten der zeitlichen Anordnung in de Boors Literaturgeschichte[2] aufgegeben wird. Denn eine zeitliche Gliederung des Minnesangs in drei Epochen (einer donauländischen, einer rheinischen und einer hochhöfischen oder klassischen) wird von allen Forschern anerkannt, auch wenn gewisse Abweichungen vorkommen, was die Einordnung des einen oder anderen Dichters in eine Epoche anbelangt.

---

1) Des Minnesangs Frühling, nach Karl Lachmann, Moritz Haupt und Friedrich Vogt, neu bearbeitet von Carl von Kraus. 35. Aufl. (Textausgabe ohne Anmerkungen). Stuttgart 1970 (1. Aufl. Leipzig 1857).
Da die vorliegende Arbeit schon abgeschlossen war, als die neueste Auflage vom "Minnesangs Frühling" erschienen ist, konnte diese nicht berücksichtigt werden.

2) De Boor, Geschichte der deutschen Literatur, 2. Bd. V. und VI. Kapitel.

Der Wortindex von Heffner und Petersen[1] wurde selbstverständlich herangezogen. Er erwies sich jedoch als nicht völlig vollständig. Das wird bei den einzelnen Belegen angemerkt.

---

[1] R-MS Heffner und Kathe Petersen, A Word-Index to Des Minnesangs Frühling. University of Wisconsin. 1942.

2. Statistische Erfassung der Verwendung der Wörter 'frouwe' und 'wîp'

(Verzeichnis der Belege in "Minnesangs Frühling")

'frouwe'

Die frühe donauländische Lyrik

Der von Kürenberg	8,11 9,31 10,3 10,22
Der Burggraf von Regensburg	16,21
Dietmar von Eist	32,3 32,5 32,10 33,24 34,10 35,5 36,34 36,34 37,4 37,15 38,15 38,27 38,33 39,12 39,26 40,33
Meinloh von Sevelingen	11,8 11,15 12,31 13,1 13,29 14,3 14,19 14,37 15,3 15,13
Der Burggraf von Rietenburg	18,21
Kaiser Heinrich	4,30

Die rheinische Lyrik

Heinrich von Veldeke	56,10 57,12 58,11 58,20 61,26 63,10 65,21 V.S.339,1 H.S.259,17
Friedrich von Hausen	44,23 45,4 46,29 47,4 48,13 49,16 49,30 50,7 50,17 51,2 54,31
Bernger von Horheim	113,19
Ulrich von Gutenburg	69,24 72,21 73,10 76,24 78,1 78,20
Rudolf von Fenis	80,17 82,5 85,13[*])
Heinrich von Rugge	105,10 107,27 110,29

---

[*]) fehlt bei Heffner und Petersen.

Engelbert von Adelnburg	148,11			

Die hochhöfische Lyrik

Hartmann von Aue	205,14	208,26	208,35	211,20
	212,26	216,32	216,34	216,35
	216,37	217,7	217,8	214,34
Albrecht von Johansdorf	89,8	89,19*)	89,20	93,16 93,19
	93,22	93,28	93,34	94,13 92,18
	92,21			
Heinrich von Morungen	122,10	122,21	123,6	123,9
	123,34	124,20	126,17	126,37
	127,3	128,30	129,14	130,32
	131,18	132,38	133,2	133,30
	133,32	133,35	136,37	137,7
	137,8	137,10	137,15	137,17
	137,28	138,3	139,2	140,11
	140,18	140,29	141,4	141,11
	142,23	142,32	144,28	145,7
	145,10	145,37	146,8	146,15
	146,20	146,27	147,1	147,7
	147,11	147,22		
Reinmar	151,15	152,24ᴶ	159,5	162,26
	166,17	167,16	170,10	170,26
	173,7	176,12*)	176,15	176,16
	176,27	177,9	177,14	177,20
	177,25	182,15	183,27	190,27
	194,30	195,38	197,14	197,14^(d*)
	197,23	199,26	H.S.309,1^(d*)	
	V.S.435*)			

'frouwelîn'

Namenlose Lieder	6,31
Reinmar	204,13

---

*) fehlt bei Heffner und Petersen.

'unfrouwelîch'

Heinrich von Morungen   133,6

'wîp'

Die frühe donauländische Lyrik

Namenlose Lieder	4,5 6,5 6,17 6,27
Der von Kürenberg	8,16 9,21 10,9 10,16 10,17
Der Burggraf von Regensburg	16,16
Dietmar von Eist	32,1 32,14 33,7 33,36 34,31
	35,4 35,13 35,18 36,26 37,24
	39,7 40,19 40,27 41,6
	H.S.249,V.S.317,7*)
Meinloh von Sevelingen	11,17 12,1 12,9 12,13 12,15
	12,34 13,13
Der Burggraf von Rietenburg	19,4
Kaiser Heinrich	5,6 5,22 6,3

Die rheinische Lyrik

Heinrich von Veldeke	62,13 62,20 H.S.259,8*) 67,23
Friedrich von Hausen	42,9 42,15 42,21 43,14 45,6
	45,24 46,11 47,12 48,24 49,38
	50,31 50,36 50,38 53,10 54,1
	54,15 54,34 55,2
Bernger von Horheim	114,13 114,37 115,19
Bligger von Steinach	119,4
Ulrich von Gutenburg	76,33 78,31
Rudolf von Fenis	81,25 83,28 84,5

---

*) fehlt bei Heffner und Petersen.

Heinrich von Rugge	84,37*)	98,32	99,37	101,4
	101,16	101,33	102,11	103,5
	103,13	103,20	104,4	104,15
	105,3	105,10	105,23	106,14
	106,15	106,32	107,34	108,11
	108,35	109,1	109,28	110,2
	110,35			
Hartwig von Rute	116,22	117,26		
Engelhart von Adelnburg	148,1	148,14	148,25	

Die hochhöfische Lyrik

Hartmann von Aue	206,16	206,19	211,36	211,38
	212,25	212,30	213,14	214,1
	215,10	216,3	216,24	217,1
	217,12	217,21	217,27	
	V.S.449,15*)			
Albrecht von Johansdorf	86,28	87,29	88,9	88,38	89,18
	90,14	90,17	92,20	93,31	94,35
	95,6	95,7			
Heinrich von Morungen	122,1	122,9	122,11	122,18
	123,6	123,11	124,8	124,18
	130,31	134,26	135,10	137,5
	137,20	137,27	138,6	142,25
	142,27	142,28	145,14	145,25
	147,7	147,16	V.S.395,1*)	
Reinmar	150,5	151,17	152,8	153,3
	153,24	153,32	154,15	154,22
	154,26	155,8	157,16	156,34
	159,3	159,21	160,11	160,17
	160,33	162,31	163,10	163,24
	163,31	163,37	165,4	165,6
	164,17	164,10	165,20	165,28

---

*) fehlt bei Heffner und Petersen.

$$166,3 \quad 167,23 \quad 167,29 \quad 167,20$$
$$168,6 \quad 170,13 \quad 171,3 \quad 171,9$$
$$171,36 \quad 173,27 \quad 174,36 \quad 176,5$$
$$177,34 \quad 177,37 \quad 178,32 \quad 179,17$$
$$181,6 \quad 181,11 \quad 183,16 \quad 183,24$$
$$184,5 \quad 184,12 \quad 186,6 \quad 186,9$$
$$186,22 \quad 187,23 \quad 188,29 \quad 189,30$$
$$191,2 \quad 191,9 \quad 192,3 \quad 192,36$$
$$193,6 \quad 194,26 \quad 194,28 \quad 195,3$$
$$195,27 \quad 195,28 \quad 196,1 \quad 196,6$$
$$196,27 \quad 197,4 \quad 198,10 \quad 198,11$$
$$200,20 \quad 200,36 \quad 201,8 \quad 201,32$$
$$202,3 \quad 202,19 \quad 202,35 \quad 203,11$$
$$203,16 \quad V.S.425,6^{*)} \quad V.S.431^{*)}$$
$$H.S.309,5^{d*)} \quad H.S.313,1^{*)}$$
$$H.S.313,16^{*)} \quad H.S.314^{b*)}$$

'wîplîch'

Heinrich von Morungen	122,10 124,8 140,37
Reinmar	159,8
Hartmann von Aue	215,16

'wîpheit'

Reinmar	H.S.313,12$^{*)}$

---

*) fehlt bei Heffner und Petersen.

Die Häufigkeit der Begriffe 'frouwe' und 'wîp' in Zahlen

	'frouwe'	'wîp'
Die frühe donauländische Lyrik		
Namenlose Lieder	–	4
Der von Kürenberg	4	5
Der Burggraf von Regensburg	1	1
Dietmar von Eist	16	15
Meinloh von Sevelingen	10	17
Der Burggraf von Rietenburg	1	1
Kaiser Heinrich	1	3
	33	46
Die rheinische Lyrik		
Heinrich von Veldecke	9	4
Friedrich von Hausen	11	18
Bernger von Horheim	1	3
Bligger von Steinach	–	1
Ulrich von Gutenburg	6	2
Rudolf von Fenis	3	4
Heinrich von Rugge	3	24
Hartwig von Rute	–	2
Engelhart von Adelnburg	1	3
	34	61
Die hochhöfische Lyrik		
Hartmann von Aue	12	16
Albrecht von Johansdorf	11	12
Heinrich von Morungen	46	23
Reinmar	28	87
	97	138

Die Auswertung der Tabelle

Bei einer Gesamtbetrachtung der Dichter "Des Minnesangs Frühling" ergibt sich, daß die Bezeichnung 'frouwe' 164 mal vorkommt, während 'wîp' 81 mal mehr, also 245 mal vertreten ist.
Das Verhältnis 'frouwe' : 'wîp' ist 67 : 100, das heißt, die
'wîp'-Belege überwiegen die 'frouwe'-Belege fast um die
Hälfte (=49%).

Bemerkenswert ist noch die Tatsache, daß der Begriff 'wîp' bei
allen Dichtern vorhanden ist, 'frouwe' jedoch in den Namenlo-
sen Liedern, bei Bligger von Steinach und bei Hartwig von Rute
fehlt.

Auf die verschiedenen Epochen verteilt sieht das Verhältnis
von 'frouwe' : 'wîp' wie folgt aus:
- in der donauländischen Lyrik 33: 46 mal, also 72:100 (39%)
- in der rheinischen Lyrik   34: 61 mal, also 56:100 (79%)
- in der hochhöfischen Lyrik   97:138 mal, also 70:100 (42%).

Auffallend ist, daß gerade dort, wo die Forschung im allgemeinen von der 'frouwe' spricht, nämlich in der rheinischen und
hochhöfischen Lyrik, die Bezeichnung 'wîp' bei weitem überragt.

Nur bei vier Dichtern im "Minnesangs Frühling" wird der Begriff 'frouwe' bedeutend häufiger angewandt, und zwar bei Meinloh von Sevelingen ('frouwe':'wîp'=10:7, also 100:70), bei Heinrich von Veldeke ('frouwe':'wîp'=9:4, also 100:44), bei Ulrich
von Gutenburg ('frouwe':'wîp'=6:2, also 100:33) und bei Heinrich von Morungen ('frouwe':'wîp'=46:23, also 100:50).

Die Fälle aber, in denen 'wîp' den Begriff 'frouwe' zahlenmäßig
übertrifft, sind zahlreicher. Gerade die berühmtesten Vertreter des Minnesangs scheinen eher 'wîp' den Vorzug zu geben. So
begegnet 'frouwe' bei Friedrich von Hausen 10mal, 'wîp' 18mal,
also 56:100 ('wîp' überwiegt um 80%), bei Hartmann von Aue
'frouwe' 12mal, 'wîp' dagegen 18mal, also 67:100 ('wîp' überwiegt um 50%), und bei Reinmar kommt 'frouwe' 28mal vor, 'wîp'

87mal, also 32:100 ('wîp' überwiegt um 210%). Auch Heinrich von Rugge stellt ein Extrembeispiel für das Überwiegen des Begriffs 'wîp' dar; bei ihm ist 'frouwe' nur 3mal vertreten, 'wîp' dagegen 24mal, also 12:100 ('wîp' überwiegt um 700%).

Diese Statistik beweist, daß - da der Begriff 'wîp' im Minnesang die Bezeichnung 'frouwe' zahlenmäßig so deutlich übertrifft - es zunächst aus diesem äußeren Grund nicht richtig ist, 'frouwe' schlechthin für die Bezeichnung der Frau im Minnesang zu erklären.

3. 'wîp' und 'frouwe' bei den einzelnen Dichtern

Anhand der Texte von "Minnesangs Frühling" soll untersucht werden, wie die einzelnen Dichter die Begriffe 'frouwe' und 'wîp'
verwenden. Dabei soll vor allem geklärt werden, ob das bei der
statistischen Ermittlung festgestellte zahlenmäßige Überwiegen
des einen oder anderen Begriffs bei einigen Dichtern inhaltlich
begründet ist, oder ob beide Wörter austauschbar sind. Welchen
Kriterien entstammt eine - wenn vorhandene - Bevorzugung? Spielen möglicherweise stilistische, metrische oder gar lautliche
Faktoren eine gewisse Rolle bei der Wortwahl, was den Inhalt
jedoch nicht beeinflußt?

Diese Überlegungen sollen in die Auseinandersetzung mit den
Texten einbezogen werden. Dabei werden vor allem solche Stellen einer näheren Betrachtung unterzogen, die für die inhaltliche Bestimmung der Wörter besonders relevant sind und solche,
die in der Forschung für besonders problematisch gehalten werden.

Heinrich von Veldeke

In den Heinrich von Veldeke zugeschriebenen Liedern überwiegt
der Begriff 'frouwe' mit 9:4 Belegen über 'wîp'.

Sowohl 'frouwe' als auch 'wîp' kommen bei Veldeke als Bezeichnung für das weibliche Geschlecht vor. 'wîp' begegnet dabei
nur in der Pluralform und bezieht sich auf die Frauen im allgemeinen.

Im Spruch 62,11 wo das Wort 'wîp' zweimal vorkommt, ist die
Rede von den 'wîben', die graues Haar hassen, d.h. alte Männer
nicht mögen:

V. 62,11ff.   'Men seget vorwâr   nû manech jâr,
               dî wîp dî hâten grâwe hâr.
               dat is mich swâr
               ende is here misprîs
               dî lîver hebben heren amîs
               dump dan wîs.'

Diese oben genannten Frauen werden vom Dichter getadelt, weil
sie ihre Freunde lieber 'dump dan wîs' haben wollen. In der
zweiten Strophe fährt der Dichter mit seiner negativen Beurteilung solcher 'wîben' fort:
V.62,19ff.   'des mêre noch min   dat ich grâ bin,
               ich hate ane wîven cranken sin,
               dî nouwe tin
               nemen vore alt golt.'
Ihre Unvernunft, die der Sprecher - selbst ein Grauhaariger -
an ihnen verurteilt, veranlaßt sie, neuen Zinn altem Gold,
wertloses Glänzendes, altem Wertvollen vorzuziehen. Solchen
Frauen fehlt das richtige Urteilsvermögen. Sie lassen sich vom
äußeren Schein verleiten.

Die Verwendung des Begriffs 'wîp' in diesem Zusammenhang impliziert zwar keine positive Bewertung. Dennoch wäre es voreilig,
aus dieser Stelle folgern zu wollen, Veldeke würde 'wîp' ab-

63

schätzig gebrauchen. Schon aus rhythmischen Gründen würde das
zweisilbige Wort 'frouwe' an dieser Stelle nicht in Frage kommen, wie dies später dargestellt wird. Außerdem wird der Begriff erst durch seine Umgebung in seinem positiven oder negativen Wertgehalt geprägt, wie folgende Stellen - zwei für unecht erklärten Strophen entnommen - klar erkennen lassen.

Im Gedicht H.S.[1]285 setzt Veldeke den Begriff 'wîp' zwar auch
im Plural ein, hier wird aber - im Unterschied zu den oben zi-
tierten Stellen - die geliebte Frau mit den anderen 'wîben' in
Beziehung gesetzt:
H.S.259,7f.   'ir vil minneclîcher lîp
               der liebet mir für elliu wîp.'
Sie, die er 'für elliu wîp' liebt, wird im ersten Vers des
Liedes, H.S.258, als 'vil hôhgemuot' - ein Zentralbegriff des
Minnesangs - dargestellt. Von ihr schreibt er weiter:
V.S.[2]346,2ff.'si hât betwungen allen mînen sin;
               ich bin ir dienstes iemer undertân.
               sô wol mich des daz ich si ie gesach,
               sît sî mir wendet sorge und ungemach.'
Eine Frau mit solchen Attributen hätte Veldeke unmöglich mit
'wîp' im letzten Vers der Strophe in Verbindung bringen können,
wenn der Begriff einen negativen Bedeutungsaspekt haben sollte.
Vielmehr läßt die Terminologie deutlich die erziehende Überord-
nung des 'wîp' gegenüber dem Manne erkennen, so wie das im hohen Minnesang üblich ist.

Dies wird an einer anderen Stelle noch deutlicher. Im Lied 67,9
- auch für unecht gehalten - in der Frauenstrophe 67,17ff.,
entschließt sich die Frau, den Mann nicht zu erhören, obwohl
sie ihn gern hat:
V.67,17ff.   'Durch sînen willen, ob er wil,
               tuon ich einz und anders niht.
               des selben mac in dunken vil,

_____

1) H.S. = Haupt, Sievers.
2) V.S. = Vogt, Sievers.

64

daz niemen in sô gerne siht.
ich wil behalten mînen lîp.
ich hân vil wol genomen war
daz dicke werdent schoeniu wîp
von solhem leide missevar.'

Sie entscheidet sich im Konflikt, der 'schoeniu wîp' - zu denen sie sich offenbar zählt - so oft verwirrt, 'zu behalten
mînen lîp', d.h. sich zu bewahren und rein zu erhalten; sie
entscheidet sich also für Ehre und Ansehen.

Die beiden eben besprochenen Lieder H.S.258 und 67,9 enthalten
für den Minnesang charakteristische Motive und Wendungen, z.B.
die Umschreibung der geliebten Frau mit 'vil hôhgemuoten'
(H.S.258), Ausdrücke wie 'betwungen' (V.S.346,2), 'dienst'
(H.S.259); oder im Lied 67,9 der die Frau belastende Konflikt,
ob gewähren oder verweigern (V.67,17ff.). Wenn der Begriff
'wîp' einen so niedrigen Wertgehalt haben sollte, wie dies mehrere Forscher behaupten, wäre er bestimmt nicht in einem solchen Zusammenhang verwendet worden. Vielmehr erscheint 'wîp'
hier in derselben Funktion wie 'frouwe'.

Von den neun Anwendungen des Begriffs 'frouwe' erscheint dieser fünfmal in der Pluralform.

Im Spruch 61,18 wird das Pflegen 'rechter Minne' (V.61,18) mit
dem der 'êre' (V.61,19) gleichgesetzt. Dabei wird die Befürchtung ausgesprochen, daß diese guten Sitten schlechten weichen,
daß sich Tugenden in Untugenden verkehren könnten.

In der zweiten Strophe wird von den unklugen, nicht fein ge-
sitteten Männern berichtet, die die Frauen schmähen; ein Fall
von 'undoget' (V.61,23[a]) also:
V.61,25ff.   'Dî man dî sîn nû nîwet vrût
               dat sî dî vrouwen schelden.
               ouch sîn sî dâr integen gût
               dat sî't hen wale gelden.'

65

Im Spruch 65,21 wird das Problem der 'huote' angeschnitten:
V.65,21ff.   'Sô wê den vrouwen settet hûde,
               dê dût ovele dicke steit.
               vele manech man dê dreget dî rûde
               dâ hê sich selven mede sleit.'

In einem dritten, für unecht gehaltenen Spruch H.S.259,17
geht es um Frauendienst und -lob:
H.S.259,17ff. 'Wan sol den vrowen dienen unde sprechen
               sô man aller beste kan,
                  mit zorne niemer niht an in gerechen.
               des wirt saelic lîhte ein man.'

Allen drei Sprüchen ist – abgesehen von der Verwendung des Begriffs 'frouwe' in der Pluralform – die Behandlung zentraler
Themen des Minnesangs gemeinsam. Zudem fällt noch die Entgegenstellung von 'frouwen' zu 'man', nicht zu 'ritter', wie sonst
in der Forschung oft angenommen, auf. Diese Entgegenstellung
unterstreicht das weite Bedeutungsspektrum des Wortes. Hier
muß erwähnt werden, daß wenn man nicht von der Annahme ausgeht,
es handele sich um eine adlige Kunst, das enge Verständnis von
'frouwe' als "adlige Dame" nicht zwingend ist. 'frouwe' kann
bei Veldeke durchaus "Frau schlechthin" bedeuten. Ein Beleg dafür, daß die Bezeichnung 'frouwe' ausschließlich und unbedingt
die Bedeutung "Frau hoher Abstammung" hat, fehlt.

Einen weiteren Beleg für die Bedeutung "Frauen schlechthin"
liefert das Lied H.S.339,1. In diesem für unecht gehaltenen
Lied kommt der Begriff zweimal in der Pluralform vor:
H.S.339,1ff.   'Swer den frouwen an ir êre
                  gerne sprichet âne nôt
                  seht der sündet sich vil sêre
                  unde ist ouch der sêle tôt,
                  wande wir sîn alle
                  von den frouwen komen,
                  swie wir setzen sie ze schalle,
                  manger wirt von in ze vromen.'

Im Aufgesang dieser Strophe wird eine Verwünschung desjenigen ausgesprochen, der die 'frouwen' unnötig beleidigt. In diesem Zusammenhang könnte man die Bedeutung "adlige Damen" gelten lassen, wenn dieses enge Verständnis des Wortes nicht durch den weiteren Verlauf und den Gebrauch in einer sinngemäßen Beziehung erschwert würde, nämlich im Vers V.S.339,5, dem zweiten Vers des Abgesangs. Hier wird die Verurteilung des Aufgesanges begründet; wir stammen ja alle von den Frauen. Mit Sicherheit ist die weibliche Gattung gemeint und nicht die Dame adliger Herkunft.

Einen anderen Befund bieten die nächsten zwei Lieder 56,1 und 57,10, wo die Bedeutung von 'frouwe' in singularer Verwendung nicht eindeutig zu erkennen ist.

Das Lied 56,1 setzt mit einem Natureingang ein. Trotz schöner Natur trauert der Berichtende, und zwar aus eigenem Verschulden. Die zweite Strophe läßt einiges über den Hintergrund erfahren:

V.56,10ff. 'Dî scôneste ende dî beste vrouwe
tuschen Roden ende der Souwen
gaf mich blîtscap hî bevoren.
dat is mich komen al te rouwen:
dore tempheit, nîwet van untrouwen,
dat ich here hulde hebbe verloren
dî ich ter bester hadde erkoren
ofte in der werelt îman scouwe.
noch dan vorchte ich heren toren.'

Daß ein Liebhaber seine Geliebte über alle anderen Frauen erhöht und mit allen möglichen Superlativen beschreibt - hier ist sie die schönste und beste Frau in einem landschaftlichen Raum - ist allgemein bekannt und begegnet oft in anderen Liedern. Ob Veldeke eine adlige Dame meint, ist aus dem Inhalt des Liedes nicht eindeutig zu erkennen. In den nächsten Strophen tauchen lediglich Motive und Wendungen auf, die für den Minnesang allgemein charakteristisch sind, z.B. 'al te hôge

gerende minne' (V.56,19), 'dumper wân' (V.57,3) oder in der
ersten Strophe des Gedichtes der Natureingang und der Gedanke
des Selbstverschuldens am Verlust der Gunst der Frau nach
glücklicher Zweisamkeit (V.56,10ff.).

Ähnlich ist die Verwendung in der nächsten Strophe 57,10, wo
die Frau von sich sagt:

V.57,10ff.   'Ich bin blîde, sint dî dage
             lîchten ende werden lanc',
             sprac ein vrouwe al sunder clage
             vrîlîke ende âne al gedwanc.'

Daß sie sich freuen kann, verdankt sie folgendem Umstand:

V.57,15ff.   'dat ich ein sulic herte drage
             dat ich dore negeinen bôsen cranc
             ane mîner blîtscap nîne verzage.'

Die nächsten vier Strophen erläutern, was damit gemeint ist.
Wiederum handelt es sich um die typische Problematik der Frau
in der höfischen Dichtung. Sie muß die Bitte des ihr sicherlich nicht gleichgültigen Mannes (V.57,20 und V.58,7), der sie
'al umbevân' möchte (V.57,33), abweisen, damit ihre 'êre' unbe-
fleckt bleibt (V.58,10). Seine Forderung war 'dorperlîke'
(57,31); er, den sie für 'hovesch' (V.57,34) hielt, verlangte
'lôse minne' (V.58,3).

Die oben zitierten Stellen widerlegen die Meinung, daß die
Wörter 'wîp' und 'frouwe' von vornherein eine "begriffsnotwendige" Bedeutung enthalten. Bei Heinrich von Veldeke sind beide
Wörter ihrem Inhalt nach austauschbar. Sie dienen als Geschlechtsbezeichnung und werden in der Minne-Terminologie in
gleicher Weise zur Bezeichnung der verehrten Frau, der Minnedienst entgegengebracht wird, verwendet.

Und dennoch scheint Veldeke seine Wortwahl nach gewissen Kriterien getroffen zu haben. Diese liegen aber nicht auf der
inhaltlichen Ebene, sondern auf der formalen, stilistisch-
metrischen. Oft entscheiden gewisse Redewendungen, der Reim,

der Rhythmus oder auch lautliche Gründe darüber, ob 'wîp' oder 'frouwe' verwendet wird. Manchmal wirken mehrere Faktoren zusammen. Dies soll nun im einzelnen untersucht werden.

Die Begriffe 'frouwe' und 'wîp' begegnen wiederholt in Verbindung mit bestimmten Pronomen, Adjektiven, als Selbstnennung oder als Anrede.

Die Formel 'mîn frouwe' kommt bei Veldeke zweimal vor, in den Versen 58,11 und 63,10. Damit ist die verehrte, umworbene Frau gemeint.

Auch in der Anrede wird die Bezeichnung 'frouwe' benutzt, so bei Veldeke im Vers 58,20:

V.58,20ff.   'genâde, vrouwe, mich.
               der sunnen an ich dich,
               sô schîne mich der mâne.'

Dagegen erscheint der Begriff 'wîp' in der Selbstnennung. Ein Beispiel dafür bietet das Lied 67,9, wo sich im Vers 67,23 die Frau als eine unter anderen schönen Frauen verstanden wissen will.

Zudem kommt 'wîp' oft in Verbindung mit dem Indefinitum 'all', wie z.B. im Vers H.S.259,7f.:

H.S.259,7f.   'ir vil minneclîcher lîp
               der liebet mir für elliu wîp'.

Auch der Reim kann eine Rolle bei der Wortwahl spielen. Je nachdem, ob eine stumpfe oder klingende Kadenz erforderlich ist, erscheint 'wîp' oder 'frouwe' im Reim. So reimt bei Veldeke 'wîp' zweimal auf 'lîp', in den Strophen H.S.258,1, in den Versen H.S. 259,7f. und 67,9 in den Versen 67,21 und 23, wo die Kadenz durchgehend stumpf ist.

'frouwe' kommt einmal im Reim vor. In der zweiten Strophe des Liedes 56,1 reimt das Wort auf 'Souwen' (V.56,11), 'rouwen' (V.56,13), 'untrouwen' (V.56,14) und 'scouwe' (V.56,17). Die vier Strophen des Liedes sind bezüglich Reim und Kadenz parallel aufgebaut. Dabei kommen Verse mit stumpfer und klingender Kadenz vor. Eine Ausnahme bildet die zweite Strophe, wo die Kadenz durchgehend klingend ist. 'frouwe' und die darauf reimenden Wörter schließen die sonst in den anderen Strophen stumpf endenden a-Verse klingend. Hier würde 'wîp' das Kadenzschema der Strophe stören.

Anders ist es im Lied 58,11, wo 'vrouwen' (D.Sg.) auf 'trouwen' (V.58,14) reimt. Das Reimschema dieses Gedichtes würde sich durch das Einsetzen des D.Sg. 'wîbe' nicht ändern, da die klingende Kadenz nicht beeinflußt würde. Hier war wohl die feste Formel 'mîn frouwe' maßgebend für die Wortwahl.

Die Versfüllung einer Strophe kann auch ihrerseits die Wortwahl beeinflussen. 'wîp' besteht im N. und A. Sg. und Pl. aus einer Silbe, 'frouwe' dagegen immer aus zweien, und je nachdem, ob der Takt ein- oder zweisilbig gefüllt sein soll, setzt der Dichter 'frouwe' oder 'wîp' ein. Dies wird an folgenden Beispielen deutlich.

In den Liedern 58,11 (V.58,20) und 61,18 (V.61,26) kommt nur die Bezeichnung 'frouwe' des rhythmischen Schemas wegen in Frage. Im ersten Fall handelt es sich überdies um eine Anrede, in der, wie schon erwähnt, fast immer der Begriff 'frouwe' gebraucht wird.

Der Aufgesang dieses Liedes konstituiert sich aus zweimal drei Versen, je viertaktig gefüllt. Der Abgesang besteht wiederum aus je zweimal drei Versen, jedoch dreitaktig gefüllt. Die letzten drei Verse des Abgesangs beinhalten eine Bitte des leidenden Mannes an die 'frouwe' um 'genâde'. 'vrouwe', hier im N.Sg. füllt den zweiten Takt des ersten Verses in der zweiten Versgruppe des Abgesangs. Sollte 'wîp' stattdessen verwendet werden, würde es bedeuten, daß der Takt einsilbig gefüllt wäre. Dadurch wäre das ganze Liedschema, in dem alle Takte zweisilbig gefüllt sind, gestört.

In der zweiten Strophe des Liedes 61,18 steht der Begriff
'frouwe' im A.Pl.. An dieser Stelle kann 'frouwe' unmöglich
durch 'wîp' ersetzt werden, weil das Wort im A.Pl. einsilbig
ist, während der Takt hier eine zweisilbige Füllung erfordert.

Auch die Strophe 62,11 liefert ein Beispiel für die durch den
Versrhythmus beeinflußte Verwendung des Begriffs 'wîp'. Dieser füllt die Hebung des ersten Taktes im zweiten Vers. Die
Einsetzung von 'frouwe' würde eine unnötige, das metrische
Schema störende Spaltung der Hebung erfordern, da der Takt
dann dreisilbig wäre. Zudem spielt wohl die lautliche Umgebung eine Rolle bei der Wortwahl; sie besteht hier vorwiegend
aus hellen Vokalen, denen sich 'wîp' angleicht.

Es scheint, daß sich der Dichter aus lautlichen Gründen mehrfach veranlaßt sah, den einen oder den anderen Begriff zu wäh-
len. 'frouwe' wird verwendet, wenn dumpfe Vokale vorwiegen,
'wîp' dagegen bei hellen. Im oben genannten Gedicht, 62,11 paßt
'wîp' (V.62,12) besser in die Umgebung von 'e' und kurzem und
langem 'i'.

Anders ist es in den Sprüchen 65,21 und V.S.339,1, wo das Vorwiegen der dumpfen Vokale und Diphthonge 'o', 'ô', 'ou' und
'û' eher die Verwendung der Bezeichnung 'frouwe' begünstigt.

In Vers 57,12 der ersten Strophe des Liedes 57,10 und im ersten
Vers des Spruchs H.S.259,17 wird 'frouwe' in einer lautlichen
Umgebung von überwiegend hellen Vokalen gebraucht. Dies könnte
vom Dichter als Kontrastwirkung beabsichtigt sein. Wesentlicher
aber erscheint, daß hier die Kombination der Wörter 'frouwe'
und 'man' vorkommt. Veldeke verwendet dieses Wortpaar viermal:
in den schon besprochenen Liedern 57,10 (V.12 und V. 20) und
H.S.259,17 und in den Sprüchen 61,17 und 65,21, wobei in allen
vier Fällen beide Begriffe sich inhaltlich sehr eng aufeinan-
der beziehen.

Bei der Behandlung der Lieder Veldekes fällt auf, daß eine gewisse Diskrepanz in der Anwendung beider Begriffe in den für

echt und den für unecht erklärten Liedern besteht.

In den für echt erklärten Liedern werden die Begriffe nicht
parallel gebraucht. Die Bezeichnung 'wîp' kommt nur zweimal
vor im Lied 62,11. Sie weist hier zwar sicherlich keinen negativen Wertgehalt auf, sie taucht aber auch nicht in einem
für den Minnesang typischen Zusammenhang auf wie in den für
unecht gehaltenen Liedern H.S.258 und 67,9. Erst diese zwei
Lieder erlauben es, von einer prinzipiellen inhaltlichen Austauschbarkeit der Begriffe bei Veldeke zu sprechen.

Der Begriff 'frouwe' kommt lediglich im unechten Lied
V.S.339,1 in der eindeutigen Bedeutung "Frauen schlechthin"
vor. Ansonsten wird er in Gedichten mit Motiven und Ausdrücken verwendet, die für die höfische Lyrik charakteristisch sind. Dies bedeutet, daß eine inhaltliche Gleichsetzung beider Begriffe vorerst fraglich bleibt, sollten
nur die "echten" Lieder Veldekes herangezogen werden.

Friedrich von Hausen

In den Liedern Friedrichs von Hausen überwiegt die Bezeichnung
'wîp' mit 18 Anwendungen gegenüber 10. Inhaltlich läßt sich
kein Unterschied zwischen den beiden Begriffen feststellen.
Sowohl 'wîp' als auch 'frouwe' bedeuten "eine weibliche Person schlechthin" und werden erst durch die Adjektiva oder den
Kontext der Strophen näher bestimmt. Beide Begriffe können
parallel angewandt werden, ob im Singular oder im Plural, wie
folgende Beispiele erkennen lassen.

In der Strophe 48,23 wird die Frau, die dem Mann im Traum erschienen ist, als 'ein harte schoene wîp' bezeichnet:
V.48,23ff.   'In mînem troume ich sach
               ein harte schoene wîp
               die naht unz an den tach:
               do erwachete mîn lîp.'

In einer anderen Strophe, der zweiten des Liedes 52,37, ist
sie nicht nur 'diu guote', sondern auch das beste 'wîp' in der
Welt:
V.53,7ff.   'Wâfen, waz habe ich getân sô zunêren
               daz mir diu guote niht gruozes engunde?
               sus kan si mir wol daz herze versêren.
               deich in der werlt bezzer wîp iender funde,
               seht dêst mîn wân.   dâ für sô wil ichz hân.
               und dienen nochdan   mit triuwen der guoten,
               diu mich dâ bliuwet vil sêre âne ruoten.'

Als 'ein saelic wîp' wird die Frau im Lied 45,19 beschrieben.
Dieses Epitheton kommt häufiger in Verbindung mit dem Begriff
'wîp' vor, wie dies später noch gezeigt wird.
V.45,19ff.   'Ich sage ir nu vil lange zît
               wie sêre si mîn herze twinget.
               als ungeloubic ist ir lîp
               daz si der zwîvel dar ûf dringet
               daz si hât alselhen nît

den ze rehte ein saelic wîp
niemer rehte vollebringet,
daz si dem ungelônet lât
der si vor al der werlte hât.'

Die oben zitierten Stellen, die um einige Beispiele erweitert
werden könnten, liefern unwiderlegbare Beweise gegen die traditionelle Vorstellung, daß die Bezeichnung 'wîp' sich nur auf
die Frau niederer Herkunft und minderwertiger Moralität bezie-
he. Denn an jeder dieser Stellen steht der Begriff in Verbindung mit einer der Kerntugenden des Minnesangs und jedesmal in
einem Zusammenhang, der zentrale Fragen der höfischen Lyrik
behandelt.

Um die These von der potentiellen Austauschbarkeit der Begriffe
mit weiteren Belegen zu festigen, sollen nun Stellen herangezogen werden, wo der Begriff 'frouwe' mit denselben Epitheta beschrieben wird.

In mehreren Liedern wird die 'frouwe' als 'schoen' beschrieben,
so z.B. im Lied 49,13, V.30; 49,37, in den Versen 49,37ff. und
in vielen anderen, wie im folgenden Lied 45,1:
V.45,1ff.   'Gelebete ich noch die lieben zît
               daz ich daz lant solt aber schouwen,
               dar inne al mîn fröide lît
               nu lange an einer schoenen frouwen,
               sô gesaehe mînen lîp
               niemer weder man noch wîp
               getrûren noch gewinnen rouwen.
               mich dûhte nu vil mangez guot.
               dâ von ê swaere was mîn muot.'

Im Lied 48,3 ist die Rede von 'guoten frouwen':
V.48,13ff.   'Ich gunde es guoten frouwen niet
               daz iemer mêre quaeme der tac
               dazs ir deheinen heten liep
               der gotes verte alsô erschrac.

                    wie kunde in der gedienen iet?
                    wan ez waere ir êren slac!

In anderen Liedern werden beide Begriffe abwechselnd verwendet,
so z.B. in MF.50,19. Das Gedicht setzt mit dem Lobe Gottes und
'sîner güete' (V.50,19) ein, der dem Sprechenden 'die sinne'
verlieh , 'si' zu lieben (V.50,20f.), 'wan sie ist wol wert
daz man si minne' (V.50,22). In der zweiten Strophe wird 'si'
zunächst mit den 'wîben' in Beziehung gebracht:
V.50,31   'Ich hâns erkorn ûz allen wîben:'

In der dritten Strophe wird 'si' als das liebe 'wîp' bezeichnet, dann als eine 'der besten frouwen' dargestellt:
V.50,35ff.   'Mîn lîp was ie unbetwungen
                 und ungemuot von allen wîben:
                 alrêrste hân ich rehte befunden
                 waz man nâch liebem wîbe lîde.
                 daz ich muoz ze mangen stunden
                 der besten frowen eine mîden,
                 des ist mîn herze dicke swaere,
                 als ez mit fröiden gerne waere.'

Im Lied 45,37 kommen wiederum beide Begriffe vor. Sie beziehen
sich auf die Geliebte, die hier oft mit dem Personalpronomen
'si' umschrieben wird. Es handelt sich um 'daz aller beste wîp',
das den Mann so verwirrt hat, daß er 'den liuten guoten morgen
bôt engegen der naht' (V.46,3ff.) und diejenigen, die ihn be-
grüßten, nicht wahrnahm (V.46,6ff.); so sehr war er in Gedanken an sie verloren.

In der zweiten Strophe schildert er seine Lage etwas ausführlicher und beschreibt seine geliebte Frau näher:
V.46,9ff.   'Mîn herze unsanfte sînen strît
                 lât, den ez nu mange zît
                 haldet wider daz aller beste wîp,
                 der ie mîn lîp
                 muoz dienen swar ich iemer var.
                 ich bin ir holt: swenn ich vor gote getar,

so gedenke ich ir.

daz ruoche ouch er vergeben mir:

ob ich des grôze sünde solde hân,

zwiu schuof er si sô rehte wol getân?'

Die geliebte Frau ist nicht nur 'daz aller beste wîp', sondern auch noch schön, also vollkommen in jeglicher Hinsicht.

Dieselbe Frau, die der Dichter oben als 'wîp' bezeichnet hat,
nennt er in der vierten Strophe 'frouwe':

V.46,29ff.   'Einer frouwen was ich undertân,

diu âne lôn mîn dienest nam.

von der enspriche ich niht wan allez guot,

wan daz ir muot

zunmilte wider mich ist gewesen.'

Und in der letzten Strophe des Liedes wird diese Frau in die
Nennung anderer eingeschlossen:

V.46,39   'Ich quam von minne in kumber grôz,

des ich doch selten ie genôz.

swaz schaden ich dâ von gewunnen hân,

sô friesch nie man

daz ich ir spraeche iht wan guot,

noch mîn munt von frouwen niemer tuot

doch klage ich daz

daz ich sô lange gotes vergaz:

den wil ich iemer vor in allen haben,

und in dâ nâch ein holdez herze tragen.'

Diese Strophe enthält Hausens Lösung eines der zentralen Konflikte der höfischen Lyrik, ja der höfischen Dichtung überhaupt, nämlich des Problems, ob und wie Gottesdienst und Got-
tesliebe mit Frauendienst und Frauenminne zu vereinbaren sind.
Die Spannung wird hier noch harmonisch gelöst.

In einem derartigen Zusammenhang hätte Hausen sich wohl gehü-
tet, den Begriff 'wîp' zu gebrauchen, wenn dieser irgendwelche
negativen Nuancen enthalten würde.

76

In Verbindung mit demselben Problem, Gottesdienst-Frauendienst, ist es wiederum die Bezeichnung 'wîp', und nicht 'frouwe', wie man im Sinne der traditionellen Forschung erwarten würde, die im Mittelpunkt des Liedes 47,9 steht:

V.47,9ff.   'Mîn herze und mîn lîp diu wellent scheiden,
diu mit ein ander varnt nu mange zît.
der lîp wil gerne vehten an die heiden:
sô hât iedoch daz herze erwelt ein wîp
vor al der welt. daz müet mich iemer sît,
daz si ein ander niene volgent beide.
mir habent diu ougen vil getân ze leide.
got eine müeze scheiden noch den strît.'

Zuletzt sollen noch zwei Stellen herangezogen werden, die ein interessantes Beispiel für die Austauschbarkeit beider Wörter liefern, eines aus dem Lied 49,37, eines aus dem Lied 44,22.

V.49,37   'Ich sihe wol daz got wunder kan
von schoene würken ûzer wîbe.
daz ist an ir wol schîn getân:
wan er vergaz niht an ir lîbe.
den kumber den ich des irlîde,
den wil ich iemer gerne hân,
zediu daz ich mit ir belîbe
und al mîn wille süle ergân.
mîn frowe sehe waz si des tuo:
dâ stât dehein scheiden zuo.'

V.44,22ff.   'Swes got an güete und an getât
noch ie dekeiner frowen gunde,
des gihe ich im daz er daz hât
an ir geworht als er wol kunde.
waz danne, und arne i'z under stunden?
mîn herze es dicke hôhe stât.
noch möhte es alles werden rât,
wolden si die grôzen sunde
geriuwen dies an mir begât.'

In den beiden zitierten Strophen ist Gott der Urheber der Vollkommenheit der geliebten Frau. Im ersten Fall, wo die Frau als 'wîp' bezeichnet wird, hat er Wunder gewirkt, im zweiten hat er 'an ir', die nun 'frouwe' benannt wird, 'geworht als er wol kunde'. 'schoene' im Vers 49,38 braucht nicht nur auf die äußere Erscheinung der Person beschränkt zu bleiben, sondern umfaßt das ganze Wesen der Frau. Dies ist eine grundlegende Konzeption des Minnesangs und der höfischen Dichtung. Im Vers 50,2 wird dies noch unterstrichen mit den Worten: 'wan er vergaz niht an ir lîbe', denn 'lîp' bezeichnet bekanntlich auch die Gesamtheit der Person und nicht nur den Körper.[1])

Im zweiten Beispiel wird sowohl die äußere als auch die innere Makellosigkeit der dargestellten Frau im Vers 44,22 durch das Begriffspaar 'güete' und 'getât, das äußere Beschaffenheit, Gestalt[2]) bedeuten kann, ausgedrückt.

In beiden Strophen leidet der Mann wegen dieser Vollkommenheit, die ihn angezogen hatte:
V. 50,3   'den kumber den ich   d e s   irlîde,'
V.44,26   '..., und arne i'z under stunden'; hier drückt das enklitisch dem Personalpronomen 'ich' - seinerseits proklitisch - verbundene Demonstrativum 'daz' aus, was im Vers 50,3 mit 'des' wiedergegeben wird.

In beiden Strophen erträgt der Mann sein Leid zwar mit viel Geduld:
50,4   'den (kumber) wil ich iemer   g e r n e   hân,'
V.44,26.   'w a z   d a n n e ,   und arne i'z under stunden?
              mîn herze es dicke hôhe stât.'
jedoch mit der Hoffnung, daß die Frau ihn erhören und von seinem Kummer befreien sollte:

---

1) BMZ, Bd. I. S. 1003: "häufig bezeichnet 'lîp' den ganzen menschen"; ähnlich Lexer, Bd. I. Sp. 1931: "häufig bezeichnet 'lîp' geradezu person".
2) Zu 'getât' vgl. BMZ, Bd. III, S. 147: "beschaffenheit... besonders äußere beschaffenheit, gestalt, ansehen"; ähnlich Lexer, Bd. I, Sp. 942: "gestalt, geschöpf, beschaffenheit".

V.50,5f.   'zediu daz ich mit ir belîbe
und al mîn wille süle ergân.'

V.44,28ff.   'noch möhte es alles werden rât,
wolden si die grôzen sunde
geriuwen dies an mir begât.'

Diese Stellen weisen Parallelen bis zur Verwendung gleicher
Ausdrücke und Motive auf. Dabei wird einmal die Bezeichnung
'wîp', das andere Mal 'frouwe' verwendet. Das beweist, daß die
Begriffe 'wîp' und 'frouwe' auch in Friedrichs von Hausen Wortschatz austauschbar sind.

Die inhaltliche Austauschbarkeit der beiden Begriffe ermöglicht
es dem Dichter, seine Wortwahl nach formalen Kriterien vorzu-
nehmen, was nun im Einzelnen gezeigt werden soll.

Wie bei Veldeke begegnen also auch bei Hausen die Begriffe
'frouwe' und 'wîp' in bestimmten Redewendungen immer wieder.

Die Formel 'mîn frouwe' kommt bei Hausen nur einmal vor, im
Refrain des Liedes 49,37.

Im Frauenmonolog 54,1 spricht die Frau von sich selbst als
'wîp'. Einmal bezeichnet sie sich als 'senedez wîp' (V.54,15).
Zweimal berichtet sie von einem 'saelic wîp', mit dem sie ihre
unglückliche Situation vergleicht (V.54,1 und V.55,2).

Die Wendung 'saelic wîp' begegnet außer an den oben genannten
zwei Stellen an einer dritten, nämlich im Vers 45,24 dem sechsten Vers des Liedes 45,19.

Die bekannte Redewendung 'weder man noch wîp', die soviel wie
"die ganze Menschheit, alle Menschen" bedeutet, gebraucht Hausen nur einmal in der Strophe 45,1.

Umso interessanter erscheint die Zusammensetzung von 'frouwe'
und 'man' in Vers 54,31, in der vierten Strophe des Frauenmonologs 54,1, wo die Frau sagt:

V.54,28ff.   'Ich wil tuon den willen sîn.
                  und waere ez al den friunden leit diech ie gewan,
                  sît daz ich im holder bin
                  danne in al der werlte ie frouwe einem man
                  und ich daz herze mîn von im gescheiden niht
                                                              enkan.'

Hier war offenbar der Rhythmus entscheidend, wie noch zu zeigen
sein wird.

Von der gängigen Verbindung des Indefinitum 'all' mit dem Begriff 'wîp' macht Hausen sehr oft Gebrauch, so z.B. im Vers
50,31, Vers 50,36, in den Versen 42,9, 42,15, 42,21 und 43,15
(alle diese Verse gehören dem Lied 42,1 an), sowie im Vers
54,34 (MF.54,1).

Es ist auffallend, wie oft der Begriff 'wîp' bei Hausen im
Reim steht: in 16 von insgesamt 18 Anwendungen, wobei er in
13 Fällen auf 'lîp' reimt, bzw. der D.Sg. 'wîbe' auf 'lîbe'.
Dies hängt wahrscheinlich davon ab, daß das Reimpaar 'wîp'-
'lîp' dort eingesetzt wird, wo eine stumpfe Kadenz erforderlich ist. Folgende Strophen liefern einige Beispiele für den
Gebrauch des Wortes 'wîp' im Reim.

In der Strophe 48,23 stehen 'wîp' und 'lîp' im zweiten und
vierten Vers des Aufgesangs und passen somit in das Schema
der durchgehend stumpfen Kadenz hinein.

Die fünf Strophen des Liedes 45,37 haben durchweg stumpfe Kadenz. Hier ist die Bezeichnung 'wîp' sicherlich angemessener
als 'frouwe', die das Schema stören würde.

Das Lied 42,1 stellt einen Extremfall dar in der Verwendung
des Begriffspaares 'wîp⌣lîp' im Reim. In den sechs Strophen
des Liedes erscheinen beide Wörter viermal im Reim, und zwar
immer die Pluralform des Begriffs 'wîp' in Verbindung mit dem
Indefinitum 'elliu', reimend auf die Singularform von 'lîp',
die jeweils in anderer Kombination vorkommt. Die Verse aller

sechs Strophen haben stumpfe Kadenz, wobei in einigen wenigen
Versen die Spaltung der letzten Hebung unerläßlich ist, weil
die zweite Silbe des jeweiligen Wortes ein unbetontes 'e' enthält (vgl. z.B. in der zweiten Strophe V.42,13 'pflegen', Verse
42,16 und 42,18 'bekomen' - 'genomen' oder in der fünften Strophe V. 43,17 'schaden' u.v.a.).

Auch in dem für unecht erklärten Lied 54,1 steht der Begriff
'wîp' im Reim. Er reimt dreimal auf 'lîp' und einmal auf 'leit-
vertrîp'.

In anderen Liedern Hausens erscheint 'wîp' in unreinem Reim,
wie im Lied 45,19 'zît', 'lîp', 'nît' und 'wîp'.

Andere Lieder, die unreinen Reim haben, sind MF.49,37 wo 'wîbe'
auf 'lîbe', 'irlîde' und 'belîbe' reimt. In MF.50,19 reimt
'mîde', 'nîde' und 'allen wîben' in der zweiten Strophe, und
'wîben', 'lîde', 'mîden' in der dritten. Die Kadenz dieses
Liedes ist klingend. Es wäre also die Anwendung des Begriffs
'frouwe' in dieser Hinsicht nicht ausgeschlossen. Hier ist die
Wortwahl wahrscheinlich aus stilistischen Erwägungen erfolgt;
beide Male steht 'wîben' in Verbindung mit dem Indefinitum
'all', eine Wendung, die sehr oft begegnet.

Die Bezeichnung 'frouwe' kommt bei Hausen nur zweimal im Reim
vor. In der dritten Strophe des Liedes 49,13 reimt das Wort
auf 'beschouwen', 'rouwen', 'voltrouwen'.

Im Lied 45,1, wo 'frouwen' im D.Sg. steht, würde der Begriff
'wîp', im D.Sg. zweisilbig, 'wîbe', den Wechsel von klingender
und stumpfer Kadenz zwar nicht stören; hier spielt die lautliche Umgebung jedoch eine gewisse Rolle. 'frouwen' reimt auf
'schouwen' und 'rouwen'. Außerdem wollte Hausen vielleicht die
Wiederholung desselben Wortes in derselben Strophe vermeiden,
denn 'wîp' kommt in der Wendung 'weder man noch wîp' zwei Verse
später vor.

Ein anderes Kriterium, das bei der Entscheidung zwischen den

Worten 'wîp' und 'frouwe' eine wichtige Rolle spielt, ist auch bei Hausen das Versmaß.

In Vers 49,16 wird die Bezeichnung 'frouwe' im A.Sg. verwendet. Wegen des metrischen Schemas kommt das einsilbige Wort 'wîp' nicht in Frage, denn die Strophe weist eine sehr ausgeglichene Taktfüllung mit Hebung und Senkung auf. 'frouwe' füllt den zweiten Takt des vierten Verses.

Das gilt auch für die vierte Strophe des Liedes 54,1. 'frouwe' (N.Sg.) füllt dort einen zweisilbigen Takt; ebenso in MF. 49,37, V.50,7 bzw. V.50,17.

Die Verse des Liedes 52,37 sind nach provenzalischem Vorbild elfsilbig gefüllt. Um viertaktige Füllung zu erhalten, ist eine Spaltung der Senkung unerläßlich, auch wenn dies mitunter gegen das deutsche Sprachgefühl verstößt.

'wîp', das in der zweiten Strophe des gleichmäßig gebauten Liedes 52,37 vorkommt, füllt die Hebung des dritten Taktes im vierten Vers. 'frouwe' wäre hier unvorstellbar, da sich damit die Elfsilbigkeit des Verses nicht herstellen ließe.

Wie schon bei Veldeke festgestellt, ist die Wortwahl auch von der lautlichen Umgebung abhängig. Wenn dunkle Vokale in einem Vers oder einer Strophe überwiegen, paßt der Begriff 'frouwe' besser, bei hellen Vokalen ist 'wîp' in der Klangfarbe entsprechender. Dieses Phänomen erscheint mitunter in offenbar bewußter Umkehrung zwecks Kontrastierung. Auch die Konsonanten können maßgebend sein, etwa bei Einsatz der Alliteration, das ist der Gleichlaut des Wortanlautes in mehreren aufeinanderfolgenden Wörtern.

In der ersten Strophe des Liedes 44,22 steht die Bezeichnung 'frowen', obwohl 'wîbe' - im D.Sg. zweisilbig - an dieser Stelle auch passen würde. In dieser Strophe überwiegen jedoch die dumpfen Vokale 'o', 'ô' und 'u' ('got', 'noch', 'gunde' etc.), und dazu stimmt in der Klangfarbe 'frowen'.

Dies gilt ebenso für die Verwendung des Wortes 'frouwen' im
Vers 47,4, dem sechsten Vers der Strophe 46,39. Fünf der sieben Wörter, aus denen der Vers besteht, enthalten die Vokale
'o' und 'u': 'noch mîn munt von frouwen niemer tuot'.

In einer anderen Strophe, der zweiten des Liedes 48,3, besteht
der erste Vers, in dem der Begriff 'frouwen' verwendet wird,
zwar überwiegend aus dunklen Vokalen: 'Ich gunde es guoten
frouwen niet', die Strophe hat jedoch vorwiegend helle Vokale.
Dieser Kontrast könnte durchaus beabsichtigt sein.

Die Bezeichnung 'wîp' harmonisiert klangmäßig wiederum im zweiten Vers der Strophe 50,35 mit ihrer Umgebung, die vorwiegend
aus Wörtern mit den Vokalen 'î', 'e' und 'a' besteht. Umso weniger verständlich ist die Verwendung des Begriffs 'frouwe'
zwei Verse weiter, es sei denn, daß die helle Vokalqualität
durchbrochen und der Begriff 'wîp', der in der gleichen Strophe
zweimal erscheint, nicht noch ein drittes Mal wiederholt werden
sollte.

Ein interessantes Beispiel von Alliteration zeigt die Strophe
49,37. In den ersten vier Versen fangen sechs Wörter mit dem
Konsonanten 'w' an. Zwei davon enthalten dumpfe Vokale ('wol',
'wunder'), zwei helle Vokale ('würken', 'wîbe').

In manchen Fällen, wo dieser oder jener Begriff benutzt wird,
reichen die oben angeführten Kriterien nicht aus, um die Entscheidung des Dichters eindeutig überzeugend zu erklären. Es
handelt sich hier um Stellen, in denen sowohl die Bezeichnung
'wîp' als auch 'frouwe' möglich wäre. Die Entscheidung des Dichters für den jeweils eingesetzten Terminus könnte nur vermu-
tungsweise begründet werden, so z.B. im Vers 46,29 oder im Vers
51,2, wo 'frouwen' steht, 'wîp' aber auch passend wäre.

Die angeführten Beispiele haben demonstriert, daß in den Texten Hausens kein inhaltsmäßiger Unterschied zwischen den Begriffen 'wîp' und 'frouwe' besteht.

Bernger von Horheim

Im wenig umfangreichen Werk, das von Bernger von Horheim überliefert ist, kommt der Begriff 'wîp' dreimal, 'frouwe' nur einmal vor.

Die drei Lieder 113,33, 114,21 und 115,7, in denen das Wort
'wîp' verwendet wird, befassen sich mit einem für die höfische
Lyrik zentralen Thema: Treue und Beständigkeit in der Minne
trotz erlittenem Leid und Kummer. Dabei ist der Gedankenaufbau
in allen drei dreistrophigen Liedern fast identisch. Die beiden ersten Strophen beschreiben den großen Kummer, das uner-
trägliche 'leit' (V.113,33ff.), die 'swaere' (V.114,21ff.) das
'sende herzeleit' (V.115,9ff.), von dem keiner schlimmer betroffen sein kann (V.115,14). Dadurch wird das Ausmaß der
'staete' - jeweils in den dritten Strophen dargestellt - umso
größer, denn trotz seines übermäßigen Leidens beharrt der Mann
in seiner Liebe und kehrt seinen 'muot' keiner anderen Frau zu:
V.114,12ff.   'Si darf des niht denken daz ich mînen muot
               iemer bekêre an dehein ander wîp.
               des selben hân ich mich her wol behuot,
               sît ich ir gap beidiu herz unde lîp
               ûf ir genâde. swie wê ez mir tuot,
               doch wil ich langer noch halden den strît.
               ich hoffe des daz mîn reht sî sô guot
               daz si ein vil liebez ende mir gît
               der grôzen swaere, sô sis dünket zît.'

Nicht einmal die aufgezwungene Trennung vermag ihn von ihr 'gescheiden':
V.114,35ff.   'Nu muoz ich varn und doch bî ir belîben,
               von der ich niemer gescheiden enmac.
               si sol mir sîn vor al anderen wîben
               in mînem herzen naht unde tac.
               alse ich gedenke wiech ir wîlent pflac,
               owê daz Pülle sô verre ie gelac!
               daz wil mich leider von fröiden vertrîben.'

84

Die dritte Strophe des Liedes 115,2 ist etwas anders gestaltet. Nachdem der leidende Mann in den beiden ersten Strophen des Liedes sein 'sendez herzeleit' (V. 115,8) ausführlich ausgebreitet hat, geht er Anfang der letzten Strophe von seinen persönlichen Erlebnissen zu allgemeinen Aussagen über und konstatiert:

V.115,19ff.   'Zer werlte ist wîp   ein fröide grôz:
                bî den sô muoz man hie genesen.'

An dieser allgemeinen Feststellung mißt er seine Situation und erkennt den Unterschied:

V.115,21ff.   'doch es mîn lîp   noch nie genôz
                mîn herze deist in bî gewesen:
                ich hete ie zuo der werlte muot.
                daz mîn munt in iemer sprichet guot,
                die triuwe lân nu werden schîn:
                belîbe ich, sô gedenken mîn.'

Der Sprechende erklärt also, daß obwohl er nie in den Genuß der 'fröide', die die 'wîp' im Leben bereiten, gekommen ist, er den Frauen dennoch weiterhin treu bleiben und sie fortwährend loben wird.

Nur in diesem Lied wird die Tugend der 'triuwe' expressis verbis erwähnt. In den anderen Liedern 113,33 und 114,21 kommt der Zustand der Treue und Beständigkeit allein durch die Darstellung und den Sinnzusammenhang zum Ausdruck.

In den oben besprochenen Liedern kann der Begriff 'wîp' unmöglich negative Werte implizieren, seien diese nun sozial oder ethisch. In den beiden ersten Beispielen wäre der Begriff an sich wertneutral, wenn ihm nicht durch den Bezug zu der geliebten Frau eine eindeutig positive Nuance zugekommen wäre. Im dritten Fall wird das Wort ausdrücklich positiv bewertet: das 'wîp' wird als Quelle von Freude und Glückseligkeit empfunden (V.115,19f.), so daß dessen Nähe trotz Kummer und Schmerz erstrebenswert bleibt.

Die Bezeichnung 'frouwe' kommt bei Bernger nur einmal vor, und zwar in Verbindung mit dem Possesivpronomen 'mîn', eine Wendung, die uns von anderen Dichtern geläufig ist. Bernger beschreibt diese 'frouwe' als 'rîche' und 'guot':

V.113,17ff. 'Ich mache den merkaeren truoben den muot.
          ich hân verdienet ir nît und ir haz,
          sît daz mîn vrouwe ist sô rîche unde guot.
          ê was mir wê: nust mir sanfter dan baz.'

'mîn frouwe' wird in mehreren Übersetzungen zwar als 'meine Geliebte' wiedergegeben, oft aber auch als "meine Herrin, meine Gebieterin"; das Ständische wird also in den Vordergrund gestellt. Daß der Begriff jedoch edle Herkunft nicht notwendigerweise impliziert und daß er ein breiteres Bedeutungsspektrum hat, zeigt nicht nur die Übersetzungsvariante "meine Geliebte", sondern auch die Beschreibung im Text von Bernger. Die geliebte 'frouwe' wird ausdrücklich als 'rîch'[1] bezeichnet. Damit könnte auf die hohe Abkunft verwiesen sein. Da das Adjektiv 'rîch' aber auch "mächtig gewaltig" oder auch bildlich "freudenreich und beglückt"[2] bedeuten kann, muß es nicht auf diese spezielle Bedeutung eingeschränkt werden. Der Dichter könnte meinen, seine Geliebte sei mächtig und gewaltig, weil sie ihn durch ihre Minne bannt, oder aber auch freudenreich.

Weiterhin ist festzuhalten, daß das Wort 'wîp' in allen drei Fällen seiner Verwendung im Reim steht: zweimal reimt es auf 'lîp', in der dritten Strophe des Liedes 113,33, V. 114,13 und 15 und in der dritten Strophe des Gedichtes 115,3. Hier handelt es sich um einen Binnenreim in den Versen 115,19 und 21. In der dritten Strophe des Liedes 114,21 reimt die Pluralform im Dativ 'wîben' auf 'belîben'.

Auch wenn von Bernger nur eine schmale Textbasis überliefert ist, läßt sich mindestens eines feststellen: seine Anwendung

---

1) BMZ, Bd. II/1, S. 686: "vornehm, fürstlich, von hohem stande"; ähnlich Lexer, Bd. II: "von hoher abkunft, vornehm, edel".

2) BMZ, Bd. II/1, S. 686; auch Lexer, Bd. II.

des Begriffs 'wîp' widerlegt die Ansicht der Forschung, daß
diesem Wort negative Werte anhaften. Ansonsten lassen sich
keine weiteren Aussagen über das Verhältnis der Begriffe
'wîp' und 'frouwe' machen, weil sich bei den wenigen Texten
keine Vergleichsmöglichkeiten bieten.

Bligger von Steinach

In den dreißig Versen, die uns von Bligger von Steinach erhalten sind, kommt nur der Begriff 'wîp' vor, und zwar in der Pluralform, im Vers 119,4, in der zweiten Strophe des Liedes 118,19. In diesem Gedicht beklagt sich der Dichter über seine 'âne vröide' verlorenen Jahre, und darüber, daß er 'âne reht ie sîner triuwe engalt'.

In der zweiten Strophe fährt er mit seiner Klage fort:
V.118,26ff.　　'Befünde ich noch waz für die grôzen swaere,
　　　　　　　　die ich nu lange an mînem herzen hân,
　　　　　　　　bezzer danne ein staeter dienest waere,
　　　　　　　　des wurde ein michel teil von mir getân.
　　　　　　　　hulf ez mich iht, sô waere daz mîn wân,
　　　　　　　　swer alliu wîp durch eine gar verbaere,
　　　　　　　　daz man in des geniezen solte lân.'

Die geliebte Frau wird hier durch das Indefinitum 'eine' umschrieben. Diese 'eine' wird mit den anderen 'wîp' in Verbindung gebracht; ihretwegen wird auf 'alliu wîp' verzichtet. Insofern kann der Begriff unmöglich für minderwertige Frauen stehen, denn mit solchen wird der Dichter seine Geliebte sicherlich nicht vergleichen wollen.

Daß an dieser Stelle der Begriff 'wîp' und nicht 'frouwe' steht, kann zweifach formal begründet werden. Zum einen kommt aufgrund des Versmaßes nur ein einsilbiges Wort in Frage; 'wîp' füllt nämlich die zweite Hebung des fünftaktigen Verses; 'frouwen' würde eine Spaltung erfordern, was mit dem metrischen Schema der Strophe nicht harmonisieren würde. Zum anderen wird 'wîp' vom Indefinitum 'all' begleitet, eine Zusammensetzung, die oft im Minnesang begegnet und als stehende Wendung gilt.

Ulrich von Gutenburg

Vom Werk Ulrichs von Gutenburg ist etwas mehr als von Bernger
von Horheim und Bligger von Steinach erhalten: ein Leich und
ein Lied. Zahlenmäßig übertrifft bei ihm die Bezeichnung
'frouwe' mit 6:2 den Begriff 'wîp'. Dabei lassen sich die
schon gewonnenen Erkenntnisse über Inhalt und Anwendung beider
Begriffe bestätigen, nämlich daß der Sinngehalt beider Wörter
der gleiche ist, während sich gewisse Präferenzen bei der Anwendung ergeben.

Ulrich verwendet die Bezeichnung 'wîp' zweimal, einmal im Singular, einmal im Plural, in der Bedeutung von "weiblicher Person". In keinem der beiden Fälle ist der Begriff negativ ge-
färbt, eher umgekehrt, wie folgende Stellen demonstrieren.

Im **V.** Teil des Leiches sagt der Dichter:
V.76,28ff.   'Ich wil iu mînen willen sagen,
          mac ich der guoten minne
          mit mîme dienste niht bejagen,
          daz ich niemêr die sinne
          noch mînen lîp
          bekêre an kein ander wîp.'
als dasjenige 'wîp', das ich minne, könnte man hinzufügen. Insofern wird 'ander wîp' sicherlich nicht "Frau minderwertigen
Charakters und Herkunft" bedeuten. So eine kann sich nicht mit
der 'guoten', die er liebt, messen.

Im Mittelpunkt des Liedes 77,36 steht eine der Kardinaltugen-
den der höfischen Lyrik, die 'triuwe', die Treue, die Beständigkeit. Der Liebende beschreibt immer wieder das große Leid
und den unerträglichen Kummer, die ihn bedrängen, weil seine
Geliebte ihn nicht erhört; und immer wieder beteuert er, daß
er trotzdem in seiner Minne mit 'triuwe' beharren will. Fast
in jeder Strophe dieses sechsstrophigen Liedes wird dies zum
Ausdruck gebracht, so auch in der vierten, wo die Bezeichnung
'wîp' verwendet wird:

V.78,24ff.   'Ich wil iemer mit gnâden belîben.
              sîn müeze âne schulde an mir sünde begân,
              si kan mich niemer von ir vertrîben,
              ichn welle haben gedingen und wân,
              daz hôher diu triuwe solte gân
              dan unstaete, der ich guotes verban.
              swâ man weste einen valschaften man,
              den solten alliu wîp gerne vermîden:
              sô möhte man in an ir prîse gestân.'

In diesen Versen kommt dem Begriff 'wîp' ein eindeutig positiver ethischer Gehalt zu: wen man als einen 'valschaften man'
entlarvt, den sollten alle - man möchte ergänzen 'guotiu' oder
'êrenrîchiu' - 'wîp' meiden. Dies steht ihrer Herrlichkeit besser und läßt sich mit ihrer Ehre und ihrem Ansehen vereinbaren.
Die semantische Umgebung des Begriffs modifiziert ihn und beeinflußt somit seinen sonst wertneutralen Charakter.

Ähnlich steht es auch um die Bezeichnung 'frouwe'. Die Auffassung dieses Begriffs als "adlige Dame" im Sinne der Forschung
ergibt sich nicht zwangsläufig aus dem Begriffsinhalt. Erst der
Sinnzusammenhang entscheidet über die endgültige Bedeutung. Folgende Beispiele lassen erkennen, daß das enge Verständnis des
Wortes keineswegs zwingend ist, vor allem, da formale Kriterien
- hier der Rhythmus - die Entscheidung für das zweisilbige Wort
'frouwe' begünstigt haben könnten. Beide Stellen sind aus dem
Leich zitiert.

Die erste Stelle berichtet vom mächtigen Alexander, der ohne
seinen Willen der Minne unterlag:
V.73,5ff.   'Alexander der betwanc
              diu lant von grôzer krefte:
              doch muoste er sunder sînen danc
              der minne meisterschefte
              sîn undertân
              umb eine frouwen wolgetân,

90

die er erkôs:

ern wart ouch nie mê sigelôs.'

Dieser Zusammenhang legt zwar nahe, an eine Adlige zu denken,
vor allem da später im Vers 73,14 von 'sîns herzen küniginne'
gesprochen wird. Jedoch ist auch eine andere Auslegung möglich,
denn der Ausdruck des 'herzen küniginne', der übrigens auch bei
Johansdorf, Morungen und Reinmar vorkommt, bei letzterem sogar
in derselben Zusammensetzung 'sînes herzen küniginne' (vgl.
V.150,27), betont hauptsächlich den Grad der Liebe. Es handelt
sich um eine metaphorische Wendung: Wie ein Oberhaupt eines
Reiches steht seine Geliebte an höchster Stelle in seinem Herzen.

V.76,24ff.   'Ir veret mite der frouwen site   de la Roschi
                                                  bîse:
              die gesach nie man,   er scheide dan   frô rîche
                                                     unde wîse:
              ich waene wol ir sî alsam.
              wer möhte ir danne wesen gram?'

Es ist einleuchtender, 'frouwen site' als "weibliche Gepflogen-
heit" überhaupt aufzufassen und sie nicht in verengter Bedeutung auf die adligen Damen zu beschränken.

In der dritten Strophe des Liedes 77,36 spricht der Sänger von
ihr, nach deren 'minne' sein 'muot' strebte:

V.78,15ff.   'Ich wil iemer sîn holt mînem muote
              daz er ie sô nâch ir minne geranc.
              hete ich funden deheine sô guote,
              dâ nâch kêrt ich gerne mînen gedanc.
              si schuof daz ich fröiden mich underwant,
              die ich mir hân zeiner frouwen erkant.'

Das Lied, aus dem diese Stelle zitiert wurde, ist ein typisches
Minnelied, d.h. es enthält Gedanken und Motive, die für den
Minnesang charakteristisch sind. Die Rolle, die der Frau in
dieser Dichtungsgattung zukommt, ist bekanntlich eine erzie-

hende und läuternde. Dabei sind die ethisch-sittlichen Werte
der Frau entscheidend nicht ihre soziale Zugehörigkeit. Der
Mann umwirbt und besingt die ihn als 'guot' und 'schoen' anzie-
hende Frau ungeachtet des sozialen Verhältnisses, in dem sie
beide stehen. Deswegen ist die enge Auffassung von 'frouwe' als
sozial hoch über dem Mann situierte Herrin und Gebieterin irre-
führend, vor allem weil sie weder vom Text nahegelegt wird,
noch vom Begriffsinhalt her zwingend erscheint.

Auch bei Ulrich läßt sich konstatieren, daß gewisse formale
und stilistische Kriterien die Verwendung dieses oder jenes
Begriffs beeinflußten.

In Ulrichs Werk handelt es sich in drei Fällen beim Gebrauch
des Begriffs 'frouwe' um stehende Wendungen: Im Leich, im Vers
72,21, wo er in der Anrede vorzufinden ist, in der zweiten Person des Singulars, und in den Versen 69,24 und 78,1 wo die inzwischen wohlbekannte Formel 'mîn frouwe' verwendet wird.

Auch die im Minnesang verbreitete Wendung 'alliu wîp' begegnet
einmal bei Ulrich, im Vers 78,31.

In den beiden Fällen, in denen die Bezeichnungen 'wîp' und
'frouwe' - jeweils einmal - im Reim stehen, sind sie vom Kadenzschema her erforderlich; wo 'wîp' verwendet ist, verlangt
das Schema einen stumpf endenden Vers, bei 'frouwe' einen klingend endenden, was noch gezeigt werden soll.

Im ersten Teil des Leiches steht 'frouwe' im Reim im Vers 69,24
und reimt auf 'touwe' (V.69,22). Dieser erste Teil besteht aus
sieben Versgruppen, die gleichmäßig gebaut sind und jeweils
vier Verse umfassen. 'frouwe' und 'touwe' füllen die letzten
Takte der klingend ausgehenden Verse der sechsten Gruppe.

Das Reimpaar 'wîp' 'lîp' kommt wiederum im Leich, im fünften
Teil (V.76,28-76,40), vor. Es steht in der ersten Gruppe dieses jeweils aus acht Versen bestehenden viergliedrigen Teils,
in den Versen 76,32, die stumpf enden.

In den beiden oben genannten Fällen war der Reim von maßgeblichem Einfluß auf die Begriffswahl.

Auch der Rhythmus spielt bei Ulrich – wie bei den schon besprochenen Dichtern – eine gewisse Rolle bei der Entscheidung für den einen oder anderen Begriff. Im Vers 78,31, wo die Bezeichnung 'wîp' im N.Pl. verwendet wird, käme das zweisilbige Wort 'frouwe' schon des rhythmischen Flusses wegen nicht in Frage, denn dies hieße, den dreisilbig gefüllten Takt viersilbig zu füllen, was das metrische Schema des Liedes stören würde.

Umgekehrt würde das Einsetzen des Wortes 'wîp' statt 'frouwe' die Einsilbigkeit des sonst zweisilbig gefüllten Taktes bedeuten und somit das rhythmische Schema beeinflussen, wie z.B. im Leich in den Versen 72,21, im N.Sg., – abgesehen davon, daß es sich hier zusätzlich noch um eine Anrede handelt, wo die Benennung 'frouwe' ohnehin meistens verwendet wird – und 73,10, hier im A.Sg.

Wie bei Hausen stellen wir auch bei Ulrich fest, daß die formalen Kriterien nicht immer ausreichen, um die Entscheidung des Dichters für eine gewisse Bezeichnung überzeugend zu erklären. Ein objektiver Grund für die Wortwahl ist jedoch nicht immer erforderlich. An folgenden zwei Stellen gebraucht der Dichter den Begriff 'frouwe', wo 'wîp' grammatikalisch und metrisch ebenso geeignet wäre. Im Vers 76,24 des Leichs ist die Rede von 'der frouwen site'. 'frouwe' steht hier im G.Sg. oder Pl.; 'wîp' ist sowohl im G.Sg. als auch Pl. zweisilbig und würde daher das metrische Schema nicht ändern. Hier könnten eventuell lautliche Gründe die Entscheidung des Dichters beeinflußt haben.'frouwen' kommt nämlich in der fünften Versgruppe des aus fünf Gliedern bestehenden vierten Teils des Leiches vor. Jede Versgruppe umfaßt zwei Langzeilen – ihrerseits aus zweimal zweitaktigen und einmal dreitaktigen Kurzversen bestehend – und zwei viertaktige Verse. In allen fünf Versgruppen überwiegen die hellen Vokale bei weitem, jedoch ist fast in jedem Vers ein Wort mit dunklem Vokal oder Diphtong vorhanden (vgl. V. 76,8–76,27 des Leichs), was eine interessante Abwechslung im Lautbild bewirkt.

Wiederum könnten lautliche Kriterien bei der Wortwahl in der
dritten Strophe des Liedes 77,36 im Vers 78,20 eine gewisse
Rolle gespielt haben, wobei hier die meisten sinntragenden
Wörter dunkle Vokale oder Diphthonge haben, weswegen dem Dichter die Bezeichnung 'frouwe' vielleicht geeigneter erschienen
ist. Er erzählt von ihr, 'die ich mir hân zeiner frouwen erkant'. In Verbindung mit dem Verb 'erkennen' könnte der Begriff 'wîp' möglicherweise Mißverständnisse hervorrufen, denn
eine ähnlich klingende Redewendung 'sîn wîp erkennen' bedeutet
soviel wie "seine Frau beschlafen".[1]

Man kann sagen, daß Ulrichs Werk - auch wenn ziemlich knapp -
die in dieser Arbeit aufgestellten Thesen dahingehend bestätigt, daß der Begriff 'wîp' an sich keinen minderwertigen Wertgehalt aufweist oder sich auf ethisch-sittlich fragwürdige
Frauen bezieht, denn sonst könnte er nicht dauernd mit der umworbenen und geliebten Frau in Verbindung gebracht werden. Erst
der Sinnzusammenhang modifiziert seinen sonst wert- und ständisch-neutralen Inhalt. Die Bezeichnung 'frouwe' wird von Ulrich zwar öfter als 'wîp' verwendet, jedoch nicht, weil letzteres Wort nicht "salonfähig" ist. In allen Fällen, in denen die
Benennung 'frouwe' vorkommt, geschieht dies, wie gezeigt wurde,
eher aus metrischen und stilistischen Erwägungen. Zwar lassen
sich wegen des geringen Umfangs des Werkes keine klaren parallelen Anwendungen beider Begriffe nachweisen, weswegen wir bei
Ulrich auch nicht von einer Austauschbarkeit sprechen wollen.
Dennoch können wir festhalten, daß, falls überhaupt ein Unterschied zwischen beiden Wörtern bestehen sollte, dieser nicht
substantiell ist, d.h. beide Begriffe keineswegs als Gegensätze
aufzufassen sind. Zwar könnte es sich bei der Benennung 'frouwe'
um eine adlige Dame von ethisch-sittlicher Makellosigkeit handeln, an keiner Stelle wird jedoch darauf hingewiesen, daß dieses enge Verständnis des Wortes begriffsnotwendig ist.

---

1) Lexer, Bd. I., Sp. 640.

Rudolf von Fenis

Die Anzahl der Belege für 'wîp' und 'frouwe' bei Rudolf von
Fenis ist ungefähr gleich ('wîp':'frouwe' = 4:3), so daß man
bei ihm kaum von einer Bevorzugung des einen oder anderen Begriffs sprechen darf. Unsere bisherigen Beobachtungen werden
bestätigt. Ein inhaltlicher Unterschied ist nicht nachzuweisen.

Die Pluralform des Wortes 'wîp' kommt in zwei Liedern vor, im
unechten MF.84,37 und im Lied 80,25.
V.84,37ff.   'Ich was ledec vor allen wîben.
                alsus wânde ich frô belîben,
                daz mich keiniu mê betwunge
                noch von mînen freuden drunge.'

In der letzten Strophe des Liedes 80,25 wird der Begriff durch
das Adjektiv 'guot' modifiziert:
V.81,22ff.   'Mîne sinne durch daz niht von ir wellent schei-
                                                        den,
                swie si mich bî ir niht wil lân belîben.
                si enkan mir doch daz niemer geleiden,
                in diene ir gerne und durch si guoten wîben.
                lîd ich dar under nôt, daz ist an mir niht
                                                        schîn:
                diu nôt ist diu meiste wunne mîn.
                si sol dar umbe ir zorn lâzen sîn,
                wan sin kan mich niemer von ir vertrîben.

Die Rede ist hier also nicht allgemein von den Frauen, sondern
speziell von den 'guoten' unter ihnen. Daß der Begriff 'wîp'
keinesfalls mit einer negativen Vorstellung verknüpft, sondern
eher wertneutral ist, wurde oft genug demonstriert. An der oben
zitierten Stelle wird er durch das Adjektiv 'guot' näher bestimmt und "gewertet". Diese Verse befassen sich mit einem Kern-
motiv der höfischen Lyrik, der 'staete' im 'dienest' trotz Ausbleiben vom 'lôn'. Der Dienst an 'guoten wîben' steht im Mittelpunkt, die Geliebte steht stellvertretend für ihre Geschlechtsgenossinnen.

Im Lied 83,25 bezieht sich der zweimal im Singular verwendete
Begriff 'wîp' auf eine gewisse Frau, auf die Geliebte:

V.83,25ff.   'Daz ich den sumer alsô maezlîchen klage
             (walt unde bluomen die sint gar betwungen),
             daz ist dâ von daz sîn zît
             mir noch her hât gefrumt harte kleine umb ein
                                                      wîp'.

V.83,36ff.   'Diu heide der walt noch der vogele sanc
             kan ân ir trôst mir niht vröude bringen;
             diu mir daz herze und den lîp
             hât betwungen, daz ich ir vergezzen niht mac.
             swie vil si gesingent, mich dunket ze lanc
             daz bîten, verzage ich an guoten gedingen.
             dâ von muoz ich lân durch ein wîp
             mînen sanc, wan mir nôt nie sô nâhe gelac.
             swenne si wil, sô bin ich leides âne.
             mîn lachen stât sô bî sunnen der mâne.
             doch was genuoc grôz her mîn vröude von wâne.'

Von diesem geliebten 'wîp' hängen 'trôst' (V.83,37), 'vröude'
(ebd.), Befreiung von 'swaere' (V.83,34) und 'leit' (V.84,7),
alles Kernbegriffe der höfischen Dichtung.

In den oben zitierten Stellen ist der Begriff 'wîp' stets im
Reim vorzufinden. Die Singularformen im Lied 83,25 reimen - wie
meistens - auf 'lîp'. Es sind immer Verse, die stumpf enden
müssen, um in das Reimschema zu passen. 'wîp'-'lîp', bzw. 'lîp'
-'wîp' füllen die Hebungen des letzten Taktes im vierten und
achten Vers der ersten Strophe und im dritten und siebten
Vers der zweiten.

Im Lied 84,37 reimt die Pluralform 'wîben' auf 'belîben'. Das
Wort steht im D.Pl., ist also zweisilbig und füllt den letzten
Takt des ersten Verses, der in allen anderen Strophen klingend
endet. Unter diesen Bedingungen hätte auch das zweisilbige Wort
'frouwen' gebraucht werden können; hier handelt es sich aber

noch zusätzlich um die schon bekannte Zusammensetzung mit dem
Indefinitum 'allen wîben'.

Die Bezeichnung 'frouwe', die von Fenis dreimal gebraucht wird,
begegnet zweimal in der immer wiederkehrenden Wendung 'mîn
frouwe':

V.80,17ff. 'Mîn vrouwe solde nu lân den gewin
            daz ich ir diene, wan ich mac ez mîden.
            iedoch bit ich si daz siz ruoche gelîden:
            sô wirret mir nôt niht diech lîdende bin.
            wil aber si mich von ir vertrîben,
            ir schoener gruoz scheid et sich von ir lîbe.
            noch dannoch fürhte ich mê dan den tôt
            daz si mich von al mînen freuden vertrîbe.'

In diesem Zusammenhang ist die Formel 'mîn frouwe' sicherlich
eher als "verehrte geliebte Frau" aufzufassen und nicht als
"Herrin" im ständischen Sinne, vor allem weil in den ersten
beiden Strophen dieses Liedes 80,1 nur von der Minne gesprochen wird. Diese weckt im Sprechenden 'guoten wân', schenkt
ihm jedoch 'weder trôst noch gedingen' (V.80,1f.). Sie verführt ihn wie 'ein boeser geltaere', der dauernd vom Zahlen
spricht, dies jedoch nicht ernsthaft meint oder vorhat
(V.80,14ff.).

Wiederum kreist das nächste Lied, MF.81,30, um die Minne, die
den liebenden Mann 'in solhen wân' (V.81,34) bringt, daß er
ihm nicht leicht entweichen kann. Auch in diesem Gedicht, in
dem die Minne als Betrügerin entlarvt wird, deutet die Wendung
'mîn frouwe' auf die umworbene, besungene Frau, die nicht unbedingt sozial höher stehen muß als der Mann, der sie besingt:

V.82,5ff.   'Mich wundert des wie mich mîn vrouwe twinge
            sô sêre swenne ich verre von ir bin:
            so gedenke ich mir und ist daz mîn gedinge,
            mües ich si sehen, mîn sorge waere hin.'

Die dritte Anwendung des Begriffs 'frouwe' bei Fenis befindet

sich an einer ziemlich schwer verständlichen Stelle des von
Lachmann als unecht bezeichneten Liedes 84,37:

V.85,7ff.   'Man sagt mir daz liute sterben
                der sî wunder die verderben,
                sô si minnen alze sêre.
                wâfen hiute und immer mêre!
                wie behalte ich lîp und êre?
                ja ist si mir ein teil ze hêre.
                sol si denne ein frouwe sîn?
                jâ si, weiz got, immer mîn.'

Man braucht wegen des Adjektivs 'hêr' in Verbindung mit der
Benennung 'frouwe' nicht unbedingt an eine ständisch höher ge-
stellte Dame zu denken. Der Begriff bezieht sich eher auf die
geistig-seelische Beschaffenheit der Frau;[1) sie ist "erhaben",
dem Mann in ethisch-sittlicher Hinsicht überlegen. Aber wie
kann in diesem Zusammenhang die Fragestellung im darauffolgenden Vers 85,13 aufgefaßt werden? Auch wenn man mit der traditionellen Forschung 'frouwe' im Sinne von "Herrin", "Gebieterin" auffaßt, bleibt der Vers unklar. Sollte jedoch eine kleine
textkritische Änderung dahingehend vorgenommen werden, so daß
im vorhin erwähnten Vers statt 'ein frouwe' 'mîn frouwe' gesetzt wird, so könnte der Vers etwas verständlicher werden.

Die Frage des Mannes hat rhetorischen Charakter. Sie drückt
seine Verunsicherung aus. Die darauffolgende Strophe verrät
den Grund dieser Unsicherheit.

V.85,15f.   'Wer hât ir gesaget maere
              daz mir ieman lieber waere?'

Die Frau hat vernommen, daß ihm, dem sie liebenden und ihr dienenden Mann, 'ieman lieber waere', d.h. daß er 'unstaete' ist.
Darüber scheint sie erzürnt zu sein, weswegen er ihr versichert,
daß es sich lediglich um ein 'maere' handelt. Damit und eben
durch die Fragestellung im V.85,13 und dem darauffolgenden

---

1) 'hêr': "hoch, erhaben, vornehm, gewaltig, herrlich; stolz,
   übermütig; freudig". BMZ, Bd.I. S. 663. Ähnlich Lexer, Bd.I.
   Sp. 1251.

V.85,14 'ja si, weiz got, immer mîn' beteuert er ihr seine
'staete'. Die Verse 85,12ff. sind also wie folgt zu verstehen:
Obwohl und gerade weil sie 'mir ein teil ze hêre' ist, ist und
soll sie 'mîn frouwe' sein und es immer bleiben. Es ist ein
Bekenntnis des Mannes zur 'staete' im Minnedienst.

Aus den Liedern von Fenis lassen sich keine neuen Erkenntnisse
über Inhalt und Anwendung der Begriffe 'wîp' und 'frouwe' gewinnen. Inhaltlich werden beide erst durch den Zusammenhang
näher bestimmt. Was die Anwendung anbelangt, so wiederholt
sich, was bei der Betrachtung vorangegangener Texte konstatiert wurde, nämlich daß stilistische und metrische Erwägungen
die Entscheidung zwischen den beiden Wörtern merklich beeinflussen.

Heinrich von Rugge

Heinrich von Rugge[1] stellt einen Extremfall dar für die Bevorzugung des einen Begriffs vor dem anderen, und zwar verwendet er die Bezeichnung 'wîp' 24mal, 'frouwe' dagegen nur 3mal. Schon dieser gewaltige zahlenmäßige Unterschied ist ein Beweis dafür, daß dem Begriff 'wîp' eine negative Nuance nicht beigemessen werden kann.

Das Wort wird von Rugge in allen möglichen Varianten, die wir aus den Liedern anderer Dichter herausgearbeitet haben, gebraucht. Es ist nicht erforderlich, alle Belegstellen des Begriffes 'wîp' heranzuziehen. Einige aufschlußreiche Beispiele werden genügen, um unser Anliegen zu verdeutlichen und die traditionelle Meinung der Forschung zu widerlegen.

Die Bezeichnung 'wîp' kommt in der Pluralform vor und bedeutet "Wesen weiblichen Geschlechts" im allgemeinen, wie in den folgenden Beispielen:

V.108,30ff.   'Diu werlt hât sich alsô von fröiden gescheiden
daz ir der vierde niht rehte nu tuot.
juden unde cristen, in weiz umbe heiden,
die denkent alle ze verre an daz guot,
wie sis vil gewinnen. doch wil ich in sagen
ez muoz hie belîben. daz niemen den wîben
nu dienet ze rehte, daz hoere ich si klagen.

Swer nu den wîben ir reht wil verswachen,
dem wil ich verteilen ir minne und ir gruoz.
ich wil ir leides von herzen niht lachen,
swer sô nu welle, der lâze oder tuoz.
wan ist ir einiu niht rehte gemuot,

---

1) Da mehrere Lieder aus Rugges Werk für unecht gehalten werden, ist es einfacher, auf die echten ausdrücklich hinzuweisen, die in dieser Arbeit behandelt werden. Diese sind 101,15; 102,1; 107,27; 108,35 und 108,22. Alle anderen Beispiele sind aus für unecht gehaltenen Liedern zitiert.

dâ bî vind ich schiere   wol drî oder viere
die zallen zîten sint höfsch unde guot.'

Diese zwei Strophen entstammen dem "echten" Lied 108,22, das
von Frauen und Frauendienst überhaupt handelt, dem zentralen
Thema des Minnesangs. In diesem Zusammenhang sollte man im
Sinne der Forschung eher 'frouwen' erwarten. Rugge setzt jedoch 'wîben' ein, sogar zweimal.

Im Lied 109,9 werden die 'wîp' den 'mannen' entgegengestellt,
somit als Geschlechtsbezeichnung:
V.109,27ff.   'Missebieten tuot mir niht
              von wîben noch von boesen mannen wê,
              ob si mich eine gerne siht:
              waz darf ich guoter handelunge mê?'

Das Adjektiv 'boese' ist hier wohl auch auf 'wîp' zu beziehen,
denn böse Menschen beiderlei Geschlechts stehen hier zur Debat-
te. Kaum dürfte 'wîp' allein den negativen Inhalt bezeichnen.
Dagegen sprechen die vielen anderen hier angeführten Belege.

In der vierten Strophe sind ausdrücklich 'guotiu wîp' erwähnt:
V.109,36ff.   'Ich hân nâch wâne dicke wol
              gesungen des mich anders niht bestuont,
              und lobe doch, wan ich nu sol,
              swâ guotiu wîp bescheidenlîche tuont.'

Im folgenden Lied 103,3 wird die Frau in der ersten Strophe nur
durch Pronomina umschrieben, wie des öfteren im Minnesang:
V.103,3ff.   'Hân ich iht vriunt, die wünschen ir
              dazs iemer saelic müeze sîn,
              dur die ich alliu wîp verbir.
              si mêret vil der fröide mîn
              und kan mit güete sich erwern
              daz man ir valsches niht engiht.'

Ihretwegen, die so tugendhaft ist, gibt der Sprechende 'alliu
wîp' auf und meidet sie.

In der zweiten Strophe wird sie nun 'ein wîp' genannt und mit mannigfachen Tugenden versehen:

V.103,11ff.   'Mir gap ein sinnic herze rât,
               dô ichs ûz al der werlte erkôs,
               ein wîp diu mange tugent begât
               und lop mit valsche nie verlôs.'

In der dritten Strophe ist sie gar 'daz aller beste wîp', dessen Lob ihn 'ertoben' läßt:

V.103,19ff.   'Mîn lîp vor liebe muoz ertoben,
               swenn ich daz aller beste wîp
               sô gar ze guote hoere loben,
               diu nâhe an mînem herzen lît
               verholne nu vil mangen tac.
               si tiuret vil der sinne mîn.
               ich bin noch staete als ich ie pflac
               und wil daz iemer gerne sîn.'

Diese Frau, 'daz aller beste wîp', die 'saelic' (V.103,4), ist, 'fröide' verbreitend (V.103,6), 'güete' besitzend (V.103,7), 'valsch' vermeidend (V.103,8), 'mange tugent begât' (V.103,13), 'lop mit valsche nie verlôs' (V.103,14), 'der schoenen' (V. 103,17) - ein ganzer Tugendkatalog höfischen Verhaltens wird hier aufgestellt - wirkt auf den Minnenden so positiv, wie es im Idealfall nur möglich sein kann: sie 'tiuret vil der sinne mîn', verhilft ihm dazu, 'staete' zu sein und darin verharren zu wollen (vgl. V. 103,24ff); sie veredelt seine Gesinnung, was als das höfische Ziel der Hohen Minne betrachtet wird.

Im Lied 107,35 geht es um das höchste Ziel, das der Mann im Idealfall von der Minne erreichen, und das zu erreichen die Frau als "Trägerin der veredelnden Aufgabe in der Minne"[1] helfen könnte, den 'hôhen muot'. Wiederum ist es das 'wîp', das mit diesen Kernvorstellungen in Verbindung gebracht wird:

---

1) De Boor, Geschichte, S. 219.

V.108,6ff.   'Ich gerte ie wunneclîcher tage.
               uns wil ein schoener sumer komen.
               al deste senfter ist mîn klage.
               der vogele hân ich vil vernomen;
               der grüene walt mit loube stât.
               ein wîp mich des getroestet hât
               daz ich der zît geniezen sol.
               nu bin ich hôhes muotes: daz ist wol.'

In den beiden letztgenannten Strophen bezieht sich 'wîp' zweifelsohne auf die geliebte Frau. Das ist bei Rugge sehr oft der
Fall, so z.B. in den "echten" Liedern 101,15, in den Versen
101,16 und 33; in den Gedichten 102,1, V.11, MF.99,29 V.37 oder
MF.105,24 V.106,14.

Um Rugges Gebrauch der Begriffe genauer zu erfassen, sollen nun
die Stellen untersucht werden, an denen er die Bezeichnung
'frouwe' verwendet. Obwohl das nur an drei Stellen der Fall
ist, handelt es sich um einen ziemlich aufschlußreichen Zusammenhang, der den Begriffsinhalt klar zum Vorschein bringt. Dabei
ergibt sich eine gute Gelegenheit, Erika Ludwigs Thesen an kon-
kreten Beispielen zurückzuweisen, da sie sich intensiv mit Rugge
auseinandersetzt.

Der Spruch 107,27, der zum echten Werk Rugges gezählt wird,
liefert ein interessantes Beispiel für den Begriff 'frouwe' in
der Bedeutung von "Frau", "weibliche Person schlechthin":
V.107,27ff.   'Nâch vrouwen schoene nieman sol
               ze vil gevrâgen. sint si guot,
               er lâzes im gevallen wol
               und wizze daz er rehte tuot.
               waz obe ein varwe wandel hât,
               der doch der muot vil hôhe stât?
               er ist ein ungevüege man,
               der des an wîbe niht erkennen kan.'

In diesem Spruch soll nach Erika Ludwig 'frouwe' für Rugge

103

"allgemeine Gattungsbezeichnung" sein: "Und vor allem: 'vrouwe' verwendet er hier, wo es sich um eine äußere Eigenschaft, die Schönheit handelt".[1] Zu den beiden letzten Versen, wo dann die Benennung 'wîp' benutzt wird, bemerkt sie: "nachdem er aber die Frau dem Beurteiler in den natürlich-menschlichen Gesichtswinkel gerückt hat, nennt er sie 'wîp' (V.107,34), neben das folgerichtig das Wort 'man' gestellt wird".[2]

Erika Ludwig erkennt richtig, daß 'frouwe' hier "allgemeine Gattungsbezeichnung" ist und nicht nur auf adlige, vornehme Damen beschränkt bleibt. Dabei revidiert sie ihre Ausgangsthese von der ständisch-ethischen Bedingheit des Begriffs; dies wurde schon bei der Auseinandersetzung mit ihrer Arbeit ausführlich besprochen (vgl. S. 41ff. dieser Arbeit). Dabei geht sie jedoch auf den vermeintlichen Bedeutungsunterschied zu 'wîp' nicht ein. Indem sie das Nebeneinanderstellen von 'man' im Vers 107,33 und 'wîp' im Vers 107,34 als "folgerichtig" bezeichnet, bestätigt sie nur, daß 'wîp' schlicht "Frau" bedeutet, ohne jegliche ethische Werturteile, die sie im Begriff 'wîp' sonst enthalten sieht (vgl. S. 42f. dieser Arbeit).

Demgegenüber muß festgehalten werden: in diesem Spruch wird davor gewarnt, sich vom Äußeren, von der 'schoene' der Frauen im allgemeinen, verleiten zu lassen. Entscheidend ist, ob sie 'guot' sind. Im letzten Vers des Spruchs wird - parallel zu 'vrouwen' im ersten - 'wîbe' gesetzt, wiederum im Sinne von "Frau schlechthin", losgelöst von sämtlichen Werturteilen, seien sie nun positiv oder negativ.

Wo Erika Ludwig im Spruch 107,27 den Bedeutungsunterschied zwischen den Begriffen 'wîp' und 'frouwe' sieht, bleibt unklar. Da sie aber einen annimmt und davon ausgeht, muß sie ein anderes Gedicht, MF.110,26, unrichtig und umständlich interpretieren: V.110,26ff.   'Ich suoche wîser liute rât,
                     daz si mich lêren   wie ich si   behalde

---

1) Ludwig, Wîp und Frouwe, S. 19.
2) Ludwig, Wîp und Frouwe, S. 20.

diu wandelbaeres niht begât
und ie nach êren   vrouwen prîs bezalde.
mîn heil in ir genâden stât.
si kan verkêren   sorge der ich walde.
ir güete mich gehoehet hât:
daz sol si mêren   nâch ir êre manicvalde.'

Zu den ersten vier Versen schreibt Erika Ludwig: "Hier könnte
leicht ein Vers Mißverständnisse hervorrufen und den Anschein
erwecken, als mache Rugge unfolgerichtigerweise nun plötzlich
den Namen 'vrouwe' ausdrücklich von einer ethischen Qualität
abhängig, wenn er sagt:
    'und ie nâch êren   vrouwen prîs bezalde.' (110,29)
Dies soll nicht heißen: sie hat sich durch ehrenhafte Gesinnung
den Preis, d.h. den Ehrennamen 'vrouwe' erworben. Der Dichter
spricht vielmehr von ihr im Rahmen eines minnesängerischen
Dienstverhältnisses. ... Erst in der zweiten Strophe kommt er
auf ihre ethischen Qualitäten zu sprechen, auf Grund deren er
sie einst zu seiner Herrin erwählt hat; und hier sagt er bezeichnenderweise 'wîp'".[1]

Abgesehen davon, daß der Inhalt des Verses 110,29 wie ihn Erika
Ludwig auslegt, nicht verständlich ist, bleibt es völlig unbegreiflich, warum sie die unübersehbaren positiven ethischen
Aussagen in der ersten Strophe so ignorieren kann, um sie erst
in der zweiten Strophe in Verbindung mit 'wîbe' zu bemerken,
wo - zwar nicht nur, jedoch eher - die äußere Gestalt der Frau
beschrieben wird:
V.110,34ff.   'Ich hôrte wîse liute jehen
                von einem wîbe   wunneclîcher maere.
                mîn ougen sâ begunden spehen
                ob an ir lîbe   diu gevuoge waere.
                nu hân ichz wol an ir gesehen,
                si kan vertrîben   senelîche swaere;

_____
1) Ludwig, Wîp und Frouwe, S. 20.

und ist mir sô von ir geschehen
daz ich belîbe   frô des ich unsanfte enbaere.'

In der ersten Strophe dieses Liedes wird eine Frau dargestellt,
'diu wandelbaere niht begât' (V.110,28), 'güete' (V.110,32)
und 'êre' (V.110,29 und 34) besitzt. Wegen ihrer Ehrenhaftigkeit erwarb sie den 'vrouwen prîs' (V.110,29), d.h. in ihrer
Ehrenhaftigkeit übertrifft sie alle anderen Frauen.

In der zweiten Strophe wird wiederum von jener Frau gesprochen;
hier wird aber nicht nur von ihrem guten Ruf und ihrer Untadeligkeit berichtet (V.110,34f.), sondern auch von ihrem Äußeren,
das genauso vollkommen ist. Dies geschieht in den Versen
111,1ff., der zweiten Hälfte dieser Strophe, wobei der Inhalt
jedoch nicht lediglich auf die äußere Erscheinung beschränkt
bleibt, sondern auch auf die Ganzheit der Person bezogen werden kann.

Rugge macht eigentlich keinen inhaltlichen Unterschied zwischen
den Wörtern 'wîp' und 'frouwe'. Da aber Erika Ludwig durch ihre
These voreingenommen ist, übersieht sie manches und gerät somit
in Widersprüche.

Eine andere interessante Stelle liefert ein weiteres Beispiel
für die inhaltliche Austauschbarkeit beider Begriffe. Die dritte Strophe des Liedes 104,24 lautet:
V.105,10ff.   'genâde, frouwe, saelic wîp,
               und troeste sêre mînen lîp,
               der sich nâch dir gesenet hât.
               du enwellest des ein ende lân,
               der sorgen wirdet niemer rât.'

Die Wendung 'genâde frouwe' in der Anrede ist uns schon bei anderen Minnesängern, z.B. bei Veldeke (V.58,20) oder Gutenberg
(V.72,21) begegnet. Rugge nennt die Frau, die er um 'genâde'
bittet zudem noch 'saelic wîp'. Die Aufreihung beider Wörter
'frouwe' und 'wîp' ist eher als eine Parallelsetzung zu empfinden und nicht wie Erika Ludwig meint, als "eine Steigerung von

der Abstand haltenden, rein gesellschaftlichen Benennung der
Frau mit 'vrouwe' zu der menschlich näher rückenden Bezeichnung
'wîp'".[1] Die Reihenfolge ist wahrscheinlich durch den Reim
'wîp'-'lîp' bedingt. Die Wiederholung des gleichen Inhalts
durch verschiedene Wörter und das Adjektiv 'saelic' verstär-
ken die Anflehung des Dichters um Gnade und Erhörung; 'saelic'
kann nämlich auch bei "beschwörender Bitte"[2] gebraucht werden.

Ebenso, wie es bei anderen Sängern beobachtet wurde, werden
auch bei Rugge formale Kriterien die Wortwahl mehr oder weniger
beeinflußt haben, wie dies im Einzelnen dargelegt werden soll.

Die uns inzwischen vertrauten Wendungen, in denen der eine oder
andere Begriff immer wiederkehrt, begegnen auch bei Rugge. Die
Bezeichnung 'frouwe' erscheint im Vers 105,10 in der Anrede,
auch in Verbindung mit 'genâde', eine Wendung, die bis jetzt
schon zweimal vorkam.

Die Selbstbenennung 'wîp' wird ihrerseits im Frauenmonolog
106,15 von der Sprechenden verwendet:
V.106,15ff.   'Ein rehte unsanfte lebende wîp
               nâch grôzer liebe daz bin ich.
               ich weiz getriuwen mînen lîp
               noch nieman staeter danne mich.'

Die Zusammensetzung mit dem Indefinitum fehlt auch bei Rugge
nicht; dreimal macht er davon Gebrauch, in den Versen 103,5,
105,3 und 106,32.

Vom Adjektiv 'saelic' wird der Begriff 'wîp' im Vers 105,10
begleitet, eine Kombination, die schon bei Hausen dreimal be-
gegnete.

Von 24 Anwendungen des Begriffs 'wîp' erscheint dieser zehnmal

---

1) Ludwig, Wîp und Frouwe, S. 15.
2) BMZ, Bd. II/2, S. 38: "lobend, wünschend, bittend und be-
   schwörend"; ähnlich Lexer, Bd. II, Sp. 581f. zu 'saelic';
   "auch bei lobpreisung, beschwörender Bitte".

im Reim, siebenmal auf 'lîp' reimend, immer da, wo stumpfe Kadenz erforderlich ist, z.B. V.101,31 und 33; 102,10 und 11; 99,37 und 39; V.105,10 und 11, u.a.m. Einmal reimt der D.Pl. 'wîben' auf 'belîben' (End- und Binnenreim, V.108,35); einmal der D.Sg. 'wîbe' auf 'lîbe' (Binnenreim V.110,35 und 37).

In der dritten Strophe des Liedes 103,3 bildet 'wîp' mit 'lît' eine Assonanz.

Wie schon mehrmals erwähnt, bedingt der rhythmische Aufbau einer Strophe je nach Versart eine ausgewogene Taktfüllung, um in sich harmonisch zu wirken. Bei den Begriffen 'wîp' und 'frouwe' sind solche Erwägungen von besonderer Bedeutung im N. und A.Sg. und Pl., da das Wort 'wîp' in diesen Fällen nur einsilbig ist. Dies gilt für V.105,10, wo 'frouwe' im N.Sg. steht. Im Vers 101,16 würde das Einsetzen des zweisilbigen Wortes 'frouwe' statt 'wîp', das hier im N.Sg. steht, die Spaltung der Hebung erfordern, wodurch das rhythmische Schema des Liedes gestört wäre. Ähnliches kann im Lied 103,3 für die Verse 103,5 ('wîp' steht im A.Pl.) und 103,13 (N.Sg.) geltend gemacht werden, ebenso für MF.109,9 V.110,2, wo 'wîp' im N.Pl. gebraucht wird.

Zu den eben genannten metrischen Kriterien kann auch die Vokalqualität auf die Entscheidung für die eine oder andere Bezeichnung einwirken. Dies ist in Liedern anderer Sänger des öfteren bemerkt worden und spielt ebenso bei Rugge eine gewisse Rolle.

Im Spruch 107,27, wo in den ersten sechs Versen hauptsächlich Wörter mit dunklen Vokalen überwiegen, wird die Bezeichnung 'frouwe' verwendet. In den letzten zwei Versen wechselt das Lautbild zugunsten von Wörtern mit überwiegend hellen Vokalen, und da setzt der Dichter 'wîbe' ein.

Auch in der zweiten und dritten Strophe des Liedes 108,22, wo der Begriff 'wîben' zweimal im D.Pl. vorkommt, ist die Vorherrschaft der hellen Vokale besonders auffällig.

An drei Stellen gebraucht Rugge die Benennung 'wîp' im G.Sg.:

im Lied 103,35 spricht er einmal von 'des wîbes minne' (V. 104,4) und im V.104,15 vom 'spaehen wîbes sin'. Im Gedicht 105,15, V. 23 schließt er die Strophe mit der Feststellung: 'ezn lebt niht wîbes alse guot'. Betrachtet man die lautliche Umgebung dieser drei Fälle, dann stellt sich heraus, daß die Vokale 'a', 'e', 'î' in der Überzahl vorhanden sind.

Umgekehrt scheint es bei der Einsetzung des Begriffs 'frouwe' in der ersten Strophe des Liedes 110,26 zu sein. In der Nachbarschaft von überwiegend hellen Vokalen tritt die Zusammensetzung 'vrouwen prîs' im V.110,29 besonders hervor durch den Kontrast des Diphthongs 'ou' und verleiht der Aussage somit ziemliches Gewicht.

Die Auseinandersetzung mit den Liedern Rugges bestätigt also, daß die Begriffe 'wîp' und 'frouwe' inhaltlich austauschbar sind; weder hat der eine einen so hohen noch der andere einen so niederen Wertgehalt, wie oft angenommen wird. Dies wird durch die Tatsache gefestigt, daß der Dichter seine Wortwahl nach äußeren, formalen Kriterien richtet, was er bei einem Inhaltsunterschied schwerlich hätte tun können.

Wegen der gewaltigen zahlenmäßigen Diskrepanz in der Verwendung der Begriffe bei Rugge könnte man dennoch von einer Bevorzugung der Bezeichnung 'wîp' sprechen. Diese ist subjektiver Natur und eventuell "klangbedingt". Rugge scheint nämlich eine gewisse Neigung für helle Vokale zu empfinden, was bei seinen Liedern bei der Wortwahl seinen Niederschlag gefunden haben könnte. In seinem Werk scheinen Wörter mit heller Vokalqualität die Vorherrschaft zu haben.

Hartwic von Rute

Von Hartwic von Rute sind uns vier Lieder überliefert, in denen
nur der Begriff 'wîp', und zwar zweimal, vorkommt, einmal in
allgemeiner Bedeutung in der Pluralform, das andere Mal im Singular bezogen auf eine bestimmte Frau, auf die geliebte Person.

In der vierten Strophe des Liedes 116,1 erscheint das Wort in
einer typisch minnesängerischen Situation:
V.116,22ff.   'Ich sihe wol daz dem keiser und den wîben
              gedienen mit ein ander niemen mac.
              des wil ich in mit saelden lân belîben:
              er hât mich zin versûmet mangen tac.'

Wenn dem Wort 'wîp' irgendeine Spur negativer Bedeutung anhaften sollte, wäre es unmöglich in diesem Zusammenhang gebraucht.
Das wird an dieser Stelle in seltener Eindeutigkeit klar, weil
der 'keiser' und die 'wîben' auf gleicher Ebene in Bezug auf
ein Dienstverhältnis stehen.

In der Strophe 117,26 bezieht sich 'wîp' eindeutig auf die eine
geliebte Person:
V.117,26ff.   'Als ich sihe daz beste wîp,
              wie kûme ich daz verbir
              daz ich niht umbevâhe ir lîp
              und twinge si ze mir.'
Der Sänger läßt seinen Wunschvorstellungen freien Lauf. Wenn
seine geliebte Frau ihm 'sô suoze vor gestêt' (V.117,31), will
er sie am liebsten umarmen und an sich ziehen. Auch wenn die
Welt dies wahrnehmen sollte, würde er es nicht unterlassen,
wenn er hoffen könnte, 'durch disen unsin' (V.117,36) oder 'minnend unsin' (V.117,35) 'bî ir hulde ... bestân' (V.117,36f.).

In beiden Fällen, wo die Benennung 'wîp' bei Rute gebraucht
wird, steht sie im Reim. Die Kadenz des Liedes 117,26, wo 'wîp'
auf 'lîp' reimt, ist durchweg stumpf mit Ausnahme der zwei Wai-
sen 117,30 und 117,36, die auch hinsichtlich der Kadenz vom
Schema abweichen; sie enden nämlich klingend.

In der vierten Strophe des Liedes 116,1 reimt der D.Pl.,
'wîben' auf 'belîben'. Dabei schließt die klingende Kadenz der
Verse die Verwendung des zweisilbigen Wortes 'frouwe' nicht
aus. Auch der Sinnzusammenhang der Strophe könnte - nach Auffassung der traditionellen Forschung - eher letztere Bezeichnung erfordern. Daß Rute trotzdem 'wîben' einsetzt, kann als
Beweis dafür gesehen werden, daß zwischen beiden Begriffen
kein wesensmäßiger Unterschied besteht. Hier haben wahrscheinlich lautliche Erwägungen des Dichters die Entscheidung zugunsten der Bezeichnung 'wîp' beeinflußt. In den vier zitierten
Versen dieser Strophe übertreffen die Wörter mit hellen Vokalen diejenigen mit dunklen bei weitem; von 30 Wörtern sind es
nur zwei, die die Vokale 'o' ('wol' im Vers 116,22) und 'û'
('versûmet' im Vers 116,25) haben.

Trotz Kürze des Werkes von Rute und Mangel an Vergleichsmöglichkeiten in der Verwendung der beiden Begriffe kann man bei
ihm insofern der Klischeemeinung entgegentreten, als die Bezeichnung 'wîp' eindeutig ethisch positiv bewertet in einem
für den Minnesang charakteristischen Zusammenhang erscheint.

Engelhart von Adelnburg

Von Engelhart von Adelnburg sind insgesamt nur einunddreißig
Verse überliefert. In ihnen wird die Bezeichnung 'wîp' dreimal, 'frouwe' lediglich einmal verwendet. Ob man hier schon
von einer gewissen Bevorzugung reden darf, bleibt dahingestellt.

Engelharts Anwendung der Begriffe ist dennoch sehr aufschlußreich. Der Begriff 'wîp' wird in drei verschiedenen, uns schon
von anderen Dichtern bekannten Varianten gebraucht.

Im Sinne von "Frau, weibliches Wesen schlechthin" kommt das
Wort in der Singularform im einstrophigen Lied 148,25 vor. Die-
ses Lied beschäftigt sich mit einer zentralen Problematik des
Minnesangs, nämlich ob der Minnedienst gottgefällig sei:

V.148,25ff.   'Swer mit triuwen umbe ein wîp
                 wirbet, als noch manger tuot,
                 waz schadet der sêle ein werder lîp?
                 ich swüere wol, ez waere guot.
                 ist aber ez ze himele zorn,
                 sô koment die boesen alle dar
                 und sint die bederben gar verlorn.'

In diesen Versen, wo nach traditioneller Vorstellung wahrscheinlich der Begriff 'frouwe' hätte gebraucht werden müssen, kommt
der Benennung 'wîp' unmißverständlich ein positiver Charakter
zu, und zwar vom inhaltlichen Zusammenhang der Strophe her. Es
sind 'die biderben', die 'umbe ein wîp', 'ein werder lîp', 'mit
triuwen' werben.

In der zweiten Strophe des Liedes 148,1 bezieht sich die Pluralform im Vers 148,14 'elliu wîp' auf die Frauen im allgemeinen,
die der Minnende stellvertretend durch die eine geliebte Person
ehren will:

V.148,13ff.   'ich wil iemer dur iuch êren   elliu wîp.
                 nieman kan mîn leit verkêren
                 âne got wan iuwer lîp.'

Daß der Begriff 'wîp' sich oft auf die eine Frau, auf die Geliebte, beziehen kann, auch wenn er mit dem indefiniten Artikel oder gar ohne steht, ist uns mittlerweile schon bekannt; dementsprechend ist 'wîp' in folgenden Versen aufzufassen:

V.148,1ff.   'Wart ich ie von guotem wîbe
               wol gemuot, dêst gar ein niht.
               ine weiz wiech die zît vertrîbe,
               sît diu hôchgemuote giht
               daz si welle nien verdriezen   mîner nôt.
               owê, sol ich niht geniezen
               guotes willen, dêst der tôt.'

Im vierten Vers dieser Strophe wird dieses 'guote wîp' als 'diu hôchgemuote' bezeichnet, die seine 'nôt' 'nien verdriezen' will. Es sind wiederum typische und zentrale Minnesang-Motive, mit denen "eine Frau niederer Herkunft und minderwertigen Charakters" unmöglich in Verbindung gebracht werden kann.

Die Bezeichnung 'frouwe' begegnet ihrerseits in einer gewohnten Verwendung, in der Anrede, hier in der zweiten Pluralform, im Vers 148,11:

V.148,8ff.   'Saelden fruht, der ougen süeze,
               gunnet mir der arebeit
               daz ich, frowe, iu dienen müeze.
               daz wirt mir ein saelikeit.'

Der Dichter tituliert seine geliebte Frau, die er 'saelden fruht', 'der ougen süeze' nennt, mit 'frouwe', wie bei anderen Minnesängern auch vorwiegend in der Anrede.

In allen drei Fällen, wo die Bezeichnung 'wîp' vorkommt, steht sie im Reim. Zweimal reimt die einsilbige Form des Wortes auf 'lîp', einmal steht sie im A.Pl. in Verbindung mit dem Indefinitum 'elliu' (V.148,14), das andere Mal im A.Sg. (V.148,25). In den Versen 148,1ff. reimt die zweisilbige D.Sg.-Form 'wîbe' auf 'vertrîbe'. Hier setzt Engelbert die Bezeichnung 'wîp' statt den Begriff 'frouwe', obwohl dieser von der Metrik her

- die Kadenz ist zweisilbig klingend – geeignet wäre und der
Sinnzusammenhang – den herkömmlichen Klischees entsprechend –
ihn erfordert hätte. Die gemeinte Frau ist 'guot', 'hôchgemuot'
und bewirkte, daß der sie Minnende 'wol gemuot' war. Indem Engelhart also 'wîp' benutzt, demonstriert er, daß kein wesensmäßiger inhaltlicher Unterschied zwischen den beiden Begriffen
besteht.

Trotz der Knappheit von Engelharts Werk werden die bis dahin
gewonnenen Erkenntnisse über Inhalt und Anwendung der Wörter
'wîp' und 'frouwe' bestätigt. Dadurch wird die von uns in dieser Arbeit vertretenen These von der potentiellen inhaltlichen
Austauschbarkeit der Begriffe untermauert.

Hartmann von Aue

Im folgenden sollen die Lieder der Dichter des hochhöfischen
Minnesangs herangezogen werden, um zu untersuchen, ob die aus
den Liedern der rheinischen Sänger gewonnenen Erkenntnisse über
Inhalt und Anwendung der Begriffe 'wîp' und 'frouwe' auch bei
den sogenannten "Klassikern der höfischen Lyrik" ihre Gültig-
keit behalten. Dabei wird Walther von der Vogelweide aus schon
mehrfach erwähnten Gründen weggelassen.

Dem Werk Hartmanns von Aue gebührt besondere Aufmerksamkeit.
Sein berühmtes Gedicht, MF. 216,29, das sog. "Unmutslied", wird
in der Forschung wiederholt herangezogen, um den angeblichen
Unterschied zwischen den Begriffen 'wîp' und 'frouwe' zu erweisen. Erika Ludwig zum Beispiel sieht darin, daß "die Gegensätzlichkeit der Namen stark zum Ausdruck kommt".[1] Das Gedicht
soll nicht nur den Beweis für die "Gegensätzlichkeit" der Begriffsinhalte erbringen, sondern darüber hinaus auch für die
in diesen Bezeichnungen enthaltenen ethischen und ständischen
Aussage: hier die 'frouwe', die adlige Herrin der hohen Minne,
dort das 'wîp', die Frau einfacher Herkunft; hier die hochmütige, verweigernde, dort die entgegenkommende, gewährende Frau.
De Boor sieht in diesem Lied "das erste Aufklingen des Motivs
der 'niederen Minne'",[2] wobei er diese rein ständisch auffaßt.[3] Andere Forscher beziehen zudem ethisch-ständische Aspekte mit ein.[4] Dieses Lied erinnert eigentlich an einige der
bekannten Lieder Walthers, in denen er das Problem 'wîp'-
'frouwe', niedere-hohe Minne ausbreitet. Zusammen mit gewissen
Liedern Wolframs könnte es solche Konsequenzen für das Verständnis der Begriffe hervorgerufen haben, wie wir sie im
ersten Kapitel dieser Arbeit darlegten.

---

1) Ludwig, Wîp und Frouwe, S. 30.
2) De Boor, Geschichte, S. 273.
3) De Boor, Geschichte, S. 303.
4) Vgl. Anm. 2, S. 49 dieser Arbeit.

Bevor wir dieses Gedicht einer genaueren Untersuchung unterziehen, soll zunächst überprüft werden, in welcher Sinnkonstellation Hartmann die Begriffe sonst verwendet und wie oft. Bei Hartmann sieht der zahlenmäßige Befund wie folgt aus: 16:12 zugunsten von 'wîp'. Dies ist zwar aufschlußreich, braucht dennoch keinen endgültigen Aussagewert zu haben.

Bei Hartmann sind die Wörter - wie sonst bei seinen Vorgängern - an sich wert- und ständisch neutral und werden erst durch den Textzusammenhang in ihrem endgültigen Sinn geprägt.

Beide Begriffe erscheinen in fast allen uns bekannten Varianten, im Singular und im Plural, die geliebte Frau meinend, wie allgemein Frauen als weibliche Wesen schlechthin umfassend; mit Adjektiven und ohne Adjektive, in der Anrede wie in Frauenmonologen. Für all die aufgezählten Möglichkeiten sollen nun Beispiele erbracht werden.

Die Bezeichnung 'frouwe' kommt in der Bedeutung von "Frau schlechthin" in der Strophe 211,20 vor:
V.211,20ff.   'Swelch vrowe sendet lieben man
               mit rehtem muote ûf dise vart,
               diu koufet halben lôn dar an,
               ob sî sich heime alsô bewart
               daz sî verdienet kiuschiu wort.
               sî bete für sî beidiu hie,
               sô vert er für sî beidiu dort.'

Der Zusammenhang - es ist die Rede von einer Fahrt ins Heilige Land, um an einem Kreuzzug teilzunehmen - könnte die Auffassung von 'frouwe' als "Herrin, Gebieterin" nahelegen. Die Gegenüberstellung von 'liebem man' jedoch, den die 'frouwe' 'mit rehtem muote uf dise vart' schickt, lassen die Frau näher rücken, betonen eher das Menschliche an ihr und nicht das Ständische, vor allem auch dadurch, daß sie sich Sorgen um den geliebten Mann macht und 'für sî beidiu hie' betet. Dabei braucht es sich nicht um "die Ehefrau" zu handeln, "deren Mann auf den

Kreuzzug geht", wie Erika Ludwig als Alternative für "Herrin"
nicht zulassen will;[1] in dieser Bedeutung ist das Wort auch
an dieser Stelle nicht klar zu erweisen.

Die Benennung 'wîp' begegnet mehrmals in der umfassenden Bedeutung "Frau". In der dritten Strophe des Liedes 212,12 fragt
sich der Dichter:
V.212,29ff.   'Ist ez wâr, als ich genuoge hoere jehen,
              daz lôsen hin zen wîben sî der beste rât,
              wê waz heiles mac dan einem man geschehen
              der daz und allen valsch durch sıne triuwe lât?'

In diesem Zitat bezieht sich 'wîben' auf die Gattung, auf die
weiblichen Wesen schlechthin. Das Wort ist hier eindeutig positiv wertend. Frauen als Wissende und Leitende werden hier mit
dem Wort 'wîp' bezeichnet.

In der zweiten Strophe verwendet Hartmann 'wîp' und 'frouwe'
synonym; nur wird 'frouwe' in der Anrede gebraucht:
V.212,21ff.   'Niemen lebt der sînen friunt sô dicke siht,
              ern müeze an in gedenken sunder sînen dank.
              daz erzeiget herzeclîcher liebe niht:
              so ist unser sumelîcher beiten alse lanc
              daz ein wîp ir staete an uns erzeigen mac.
              gedenke ein vrowe daz unstaete sî ein slac.
              gewinne ich nâch der langen vremde schoenen
                                              gruoz,
              wie sêre ich daz mit dienste iemer mê besorgen
                                              muoz.'

Die Benennung 'wîp' wird in mehreren Liedern Hartmanns mit
Kerntugenden des Minnesangs gekoppelt, wie in dem typischen
Minnelied 206,19. Es beginnt mit einer allgemeinen Feststel-
lung:
V.206,19ff.   'Swes vröide an guoten wîben stât,
              der sol in sprechen wol

---

1) Ludwig, Wîp und Frouwe, S. 28.

```
                und wesen undertân.
                daz ist mîn site und ist mîn rât,
                als ez mit triuwen sol.'
```

Sie, die sicherlich zu diesen 'guoten wîben' gehört, verleiht
weder 'genâde' (V.206,24ff. und V. 207,1ff.) noch Linderung für
'leit' (V.207,1ff.) und 'kumber' (V.207,7ff.; sie verweigert
fortwährend.

Auch das Lied 211,27 handelt von einer Zentraltugend der höfischen Lyrik, der 'staete'. In der zweiten Strophe ist die Rede
von den 'staeten wîben' und wie man sie zu gewinnen vermag:

```
V.211,35ff.   'Swer anders giht, der misseseit,
              wan daz man staetiu wîp mit staetekeit erwerben
                                                        muoz.
              des hât mir mîn unstaetekeit
              ein staetez wîp verlorn. diu bôt mir alse schoe-
                                                        nen gruoz
              daz sî mir erougte lieben wân.'
```

Im obigen Zitat bezieht sich die Pluralform auf die 'staeten'
Frauen im allgemeinen, die Singularform im vierten Vers auf
die eine geliebte Frau, die er durch seine 'unstaetekeit' verloren hat. Der umfassende Bedeutungsbereich des Wortes wird
also erst durch das Epitheton eingeschränkt, denn gemeint sind
speziell die 'staeten' unter den Frauen.

In den schon besprochenen Stellen aus dem Werk Hartmanns bedeutet weder die Bezeichnung 'frouwe' ausschließlich "adlige Dame",
noch stellt der Begriff 'wîp' "Frauen niederer Herkunft" dar.
Diese Tatsache läßt das "Unmutslied", MF.216,29, umso mehr an
Bedeutung gewinnen, weil es die angebliche Gegensätzlichkeit
der beiden Wörter stärker zum Ausdruck bringen soll.

Allein in diesem dreistrophigen Lied verwendet Hartmann die Begriffe 'frouwe' achtmal, 'wîp' zweimal. Die Schlüsselstellung
des Gedichtes sind die Verse 216,31f. und 216,39f., jeweils die
beiden letzten Verse im Aufgesang der ersten und zweiten Strophen.

In der ersten Strophe wird Hartmann aufgefordert:

V.216,31f.   'Hartman, gên wir schouwen
                  ritterlîche frouwen.'

Demgegenüber stellt er seine Alternative in der zweiten
Strophe dar:

V.216,39f.   'wan ich mac baz vertrîben
                  die zît mit armen wîben.'

In diesen Versen sind zwei verschiedene Arten der "Freizeitbe-
schäftigung" beschrieben, das Anschauen 'ritterlîcher frouwen'
und das Zusammensein mit 'armen wîben'. Die Epitheta 'ritterlîch' und 'arm' sind eigentlich die sinntragenden Kernbegriffe
der beiden Aussagen. Erst diese modifizieren die an sich wert-
und ständisch-neutralen Begriffe und bringen jene Gegensätzlichkeit zustande, die das ganze Lied hindurch bewahrt bleibt.
In dem Kontext, in dem die Adjektiva stehen, bewirken sie, daß
die Bezeichnung 'frouwe' ausdrücklich auf die Frauen der höheren Gesellschaftskreise beschränkt bleibt, 'wîp' dagegen die
weiblichen Personen der niedereren, nicht adligen Schichten umfaßt.

In der ersten Strophe wird Hartmann aufgefordert, sich die Zeit
in der Gesellschaft 'ritterlîcher' Frauen zu verkürzen. Dies
interessiert ihn jedoch nicht; er möchte lieber in Ruhe gelas-
sen sein:

V.216,33f.   'mac er mich mit gemache lân
                  und île er zuo den frowen gân!'

Der Grund für seine Gleichgültigkeit diesen 'frouwen' gegenüber
– und hier bezieht sich der Begriff eindeutig auf die adligen
Frauen – ist, was der Sinnzusammenhang erst verrät, folgender:

V.216,35f.   'bî frowen triuwe ich niht vervân,
                  wan daz ich müede vor in stân.'

Wenn er bei ihnen ist, fühlt er sich 'müede', d.h. "müde, ver-
drossen, abgemattet; elend, unglückselig".[1]

---

1) Lexer, Bd. I., Sp. 2212.

In der zweiten Strophe wird seine Absage an jene 'ritterlîchen'
Damen ausgeführt und erläutert:

V.216,37f.　　'Ze frowen habe ich einen sin:
　　　　　　　　als sî mir sint als bin ich in;'

Wie sie ihm gegenüber sind, stellt er erst in der dritten Strophe anhand eines selbst erlebten enttäuschenden Vorfalls dar:

V.217,6ff.　　'In mîner tôrheit mir geschach
　　　　　　　　daz ich zuo zeiner frowen sprach
　　　　　　　　'frow, ich hân mîne sinne
　　　　　　　　gewant an iuwer minne.'
　　　　　　　　dô wart ich twerhes an gesehen.'

Daß in diesen Versen 'frowe' sich auf eine bestimmte adlige
Dame bezieht, steht außer Zweifel. Der Dichter schildert nämlich ein Erlebnis, das ihn den Entschluß fassen ließ, sich von
jenen 'ritterlîchen frouwen' zu distanzieren. Er ist "ein ge-
branntes Kind". Als er einer 'frowe' seine Minne gestand, sah
diese ihn 'twerhes', d.h. schief, an. Seine Alternative, um
nicht mehr in eine solche Situation zu geraten, stellte er
schon in der zweiten Strophe dar:

V.216,39ff.　　'wand ich mac baz vertrîben
　　　　　　　　die zît mit armen wîben.
　　　　　　　　swar ich kum dâ ist ir vil,
　　　　　　　　dâ vinde ich die diu mich dâ wil;
　　　　　　　　diu ist ouch mînes herzen spil:
　　　　　　　　waz touc mir ein ze hôhez zil?'

Der letzte Vers bezieht sich auf die Minne zu den 'ritterlîchen
frouwen'. Im Gegensatz zu dieser Art Minne, die als 'ein ze hôhez zil' empfunden wird, besteht die Liebe zu den 'armen wîben',
zu vermutlich nicht adligen Frauen des Bauern- und Bürgerstan-
des.[1]

---

1) BMZ, Bd. I, S. 57f.: "'arm' steht dem 'rîche' entgegen, und
so wie das letzte nicht nur "reich", sondern auch "vornehm,
mächtig" bedeutet, so 'arm' nicht nur "arm", sondern auch
"von geringerm stande; arm, dürftig; nicht vornehm noch mächtig". Ähnlich Lexer, Bd. I, Sp. 92: "dem 'rich' entgegengesetzt; ärmlich, armselig, elend; von geringem stande".

In der letzten Strophe wird dies noch einmal mit allem Nachdruck vertreten. Nach dem Vorfall mit der ihn schroff zurück-
weisenden 'frowe', die ihn nach seinem Liebesbekenntnis 'twerhes' ansah, nimmt er sich vor:

V.217,11ff.   'des wil ich, des sî iu bejehen,
              mir wîp in solher mâze spehen
              diu mir des niht enlânt geschehen.'

Er wendet sich also von den 'ritterlîchen' Frauen ab, bei denen
er nur schmerzliche Erfahrungen gesammelt hatte, den 'armen' zu,
in deren Nähe er auf Gegenliebe und Verständnis stoßen kann.
Dabei muß ausdrücklich betont werden, daß die beiden Adjektive
zwar die Herkunft bezeichnen, jedoch nicht unbedingt den sittlichen Wert. Es wird der soziale Stand und nicht die ethisch-
sittliche Beschaffenheit durch die Epitheta 'ritterlîch'[1] und
'arm' verraten.

Ebensowenig sagt der Inhalt des Gedichtes über die Moral der
vorgestellten, aus den sozial unterschiedlichen Schichten stam-
menden Frauen.

Dennoch schimmert ein wertmäßiger Unterschied zwischen den beiden Bezeichnungen durch, der jedoch keineswegs begriffsnotwendig ist, sondern sich aus dem Sinnzusammenhang des Liedes ergibt. Dieser führt nicht in die von der Forschung wiederholt
angenommene Richtung. Mit der sozial hohen oder niederen Herkunft ist nicht die moralische Makellosigkeit bzw. Minderwertigkeit verbunden. Das Lied läßt eher einen Tadel der 'ritterlîchen frouwe' und ein Lob des 'armen wîp' verspüren: hier die
'ritterlîche frouwe', die adlige Herrin, dort das 'arme wîp',
die Frau einfacher Herkunft; hier die hochmütige, verweigernde
dort die entgegenkommende, Liebe gewährende Frau.

---

1) BMZ, Bd. II/1, S. 742: "einem ritter geziemend, ritterlich,
   herrlich". Ähnlich Lexer, Bd. II, Sp. 465: "einem ritter
   geziemend oder eigen, ritterlich; stattlich, herrlich,
   schön".

Dieses Lied, in dem die Begriffe 'wîp' und 'frouwe' sichtlich
different verwendet werden, was nicht an einer vermeintlichen
Begriffsnotwendigkeit liegt, sondern durch die Beschreibung
und den Gesamtinhalt des Gedichtes bedingt ist, berechtigt unter keinen Umständen zu allgemeingültigen Schlußfolgerungen
für Hartmanns Werk und erst recht nicht für den Minnesang ge-
nerell. Die Analyse seiner Lieder zeigt, daß er die Begriffe
wie die anderen Dichter verwendet. Eine bewußte Kontrastierung
der Wörter 'wîp' und 'frouwe' wie in diesem Lied Hartmanns, und
nur in diesem Lied, und die Verknüpfung gewisser Vorstellungen
mit ihnen - seien sie nun soziale, ethisch-sittliche oder nor-
mative - ist sonst bei keinem der von uns in Betracht gezogenen Sängern begegnet. Die Gegenseitigkeit, die Hartmann in diesem Gedicht nur bei den 'armen wîben' zu finden glaubt, und
die die traditionelle Forschung im allgemeinen mit dem Begriff
'wîp' allein assoziiert, kann auch von der 'frouwe' gewährt
werden. Das soll später gezeigt werden.

In der Verwendung der Begriffe weicht Hartmann von den bei den
rheinischen Sängern herausgearbeiteten Prinzipien nicht ab.
Auch bei ihm beeinflussen formale Erwägungen die Entscheidung
für die eine oder andere Bezeichnung, wobei subjektive, für
uns nicht immer faßbare Gründe auch eine Rolle spielen können.

Die Bezeichnung 'frouwe' in Verbindung mit dem Possessivpronomen verwendet Hartmann zweimal, einmal mit vor-, das andere Mal
mit nachgestelltem Pronomen, in den Versen 205,14 und 208,35.
In beiden Fällen bezieht sich 'mîn frouwe' auf die geliebte
Frau, wie bei den anderen Dichtern auch. Es bleibt deswegen
unbegreiflich, warum Erika Ludwig diese Formel bei Hartmann
ausschließlich mit "Herrin" wiedergibt[1] und die Bedeutung "Geliebte" ausklammert, die sie sonst bei anderen Sängern gelten
läßt.[2]

---

1) Ludwig, Wîp und Frouwe, S. 28.
2) Ludwig, Wîp und Frouwe, S. 21.

Die Anrede der Frau mit 'frouwe' ist uns von den Sängern der rheinischen Gruppe wohl vertraut. Auch bei Hartmann fehlt diese Gebrauchsweise nicht: im V.217,8 des sog. "Unmutsliedes", wobei in diesem Zusammenhang 'frouwe' vor allem auch inhaltsbedingt ist, und im ersten Vers des "unechten" Botenliedes 214,34, wo der Bote die Frau in der zweiten Singularform anredet.

In Frauenmonologen wird ausschließlich die Bezeichnung 'wîp' von den Sprecherinnen in Anspruch genommen, ganz gleich ob sie sich selbst oder andere Frauen meinen. Im einzigen von vier Frauenstrophen für echt gehaltenen Lied 216,1 offeriert die Frau eine Alternative für die mit dem Sommer, den Blumen und dem Vogelsang verbundene und deswegen im Winter schwindende 'fröide':

V.216,1ff.   'Swes fröide hin zen bluomen stât,
              der muoz vil schiere trûren gegen der swaeren
                                                         zît.
              iedoch wirt eines wîbes rât
              diu die langen naht bî liebem manne lît:
              sus wil ouch ich den winter lanc
              mir kürzen âne vogelsanc.'

Die Frau entschließt sich, dem Mann entgegenzukommen und sich ihm hinzugeben, nicht nur, um sich die 'swaere zît', den Winter, zu kürzen, sondern auch weil er dies 'wert' ist:

V.216,19ff.   'wande ich wâgen wil durch in
              den lîp die êre und al den sin;
              sô muoz mir gelingen, obe ich saelic bin.

              Er ist alles des wol wert,
              obe ich mîne triuwe an im behalten wil,
              des ein man ze wîbe gert:
              dêswâr dekeiner êren ist im niht ze vil.'

In beiden Zitaten bedeutet 'wîp' "Frau schlechthin, weibliche Person" im Gegensatz zu 'man' im V. 216,24. Mit diesem 'wîp' steht die Sprechende selbst in Verbindung; es entsteht der Eindruck, als würde sie von sich in der dritten Person reden, um etwas diskret zu bleiben.

In den anderen Frauenstrophen bezeichnet sich die Redende als
'wîp' oder als eins unter anderen, so z.B. im Lied 212,37 im
V.213,14, wo das Wort im Plural verwendet wird. Auch im Boten-
lied 214,34, in dem die Frau den Boten beauftragt,seinen Herrn
zu bitten:

V. 215,9f.   'und bite in daz er wende sînen stolzen lîp
               dâ man im lône: ich bin im ein vil vremdez wîp
               zenpfâhen sus getâne rede.   swes er ouch anders
                                            danne gert,
               daz tuon ich, wan des ist er wert.'

Andere Beispiele sind MF.217,14, V.21 und 27, beide Male im
Singular gebraucht und auf eine weibliche Person schlechthin
bezogen.

Die Bezeichnung 'frouwe' steht einmal im Reim; in der ersten
Strophe des "Unmutsliedes" reimt sie auf 'schouwen'. Demgegenüber kommt 'wîp' dreimal im Reim vor; einmal reimt der N.Sg.
auf 'lîp' in den Versen 215,9 und 10 der für unecht gehaltenen
Strophe 214,34, deren Kadenz durchweg stumpf ist, zweimal der
D.Pl. auf 'vertrîben' im V.216,39f. und 'schrîben', 'belîben'
in den Versen 213,14ff. in einer wiederum für unecht erklärten
Strophe, MF.212,37. Die Verse, in denen die zweisilbige Pluralform des Wortes 'wîp' verwendet ist, enden klingend, d.h. 'frouwen' wäre von der Silbenzahl zwar möglich, jedoch aus inhaltlichen - es wird von den 'armen wîben' in den Versen 216,39f. gesprochen - bzw. lautlichen Gründen - Im Lied 212,37 überwiegen
die hellen Vokale - auszuschließen.

Der Rhythmus spielt eine bedeutende Rolle dort, wo die Wörter
unterschiedliche Silbenzahl aufweisen, wie schon des öfteren
erwähnt, z.B. in der Strophe 206,10, in der alle Verse fünf-
taktig gefüllt sind. Im Vers 206,16 - dem siebenten der Strophe
- steht die Benennung 'wîp'; sie füllt die zweite Hebung, die
durch die Verwendung des zweisilbigen Wortes 'frouwe' gespalten
werden müßte. Dies gilt ebenso für die Verse 211,36 und 38

- in beiden wird der A.Pl. von 'wîp' gebraucht - des Liedes
211,27, wo der Rhythmus ein einsilbiges Wort erfordert, wie
V.217,21 und 27 des "unechten" Gedichts 217,14 und im ebenfalls
"unechten" Lied H.S. 318 V.S.449,15.

Umgekehrt ist das zweisilbige Wort 'frouwe' unentbehrlich für
das metrische Schema in den folgenden Versen: 212,26 im Lied
212,12, 211,20 der Strophe 211,20 und überall da, wo die Formel 'mîn frouwe' vorkommt oder 'frouwe' in der Anrede steht.

Vor allem in einem Fall könnte das Überwiegen heller Vokale
den Gebrauch des Begriffs 'wîp' begünstigt haben, und zwar
im Vers 212,30, im Lied 212,12. In der vierten Strophe des
Frauenmonologs 216,38 überwiegen die hellen Vokale zwar ebenso, wo 'wîbe' im V. 216,24 vorhanden ist, aber hier handelt
es sich zudem noch um den Monolog einer Frau, wo ohnehin die
Benennung 'wîp' erfahrungsgemäß den Vorzug hat.

Wie wir schon aus der Auseinandersetzung mit Hartmanns Werk
gesehen haben, wendet er die Begriffe 'wîp' und 'frouwe' inhaltlich wie formal nicht anders an als seine Vorgänger. An
sich besteht auf inhaltlicher Ebene kein wesensmäßiger Unterschied zwischen den beiden Wörtern, die erst aufgrund näherer
Bestimmung durch Adjektiva oder durch den inhaltlichen Kontext der Gesamtstrophe in ihren umfassenden Bedeutungen einge-
grenzt werden. Vor allem dies läßt das berühmte Lied 216,29,
das "Unmutslied", erkennen, in dem die besagte Gegensätzlichkeit erst durch die Adjektiva und durch den Sinnzusammenhang
des ganzen Gedichts bewirkt wird und keinesfalls begriffsnotwendig ist.

Albrecht von Johansdorf

Albrecht von Johansdorf scheint beide Begriffe gleich gern zu gebrauchen. In seinen Liedern sind beide Wörter zahlenmäßig gleich vertreten, je 12mal. Sie bedeuten -wie bei anderen Dichtern auch - grundsätzlich "Frau, weibliche Person" und werden erst durch den Zusammenhang näher bestimmt.

Dies gilt z.B. für die Bezeichnung 'wîp' in der Strophe 88,33, einer Erörterung über die reine Minne 'âne valschen muot' (V.88,34), die zur Tilgung der Sünden führt (V.88,35). Durch das Epitheton 'rein' bekommt das Wort 'wîp' eine wertende Bedeutung:

V.88,33ff.   'Swer minne minneclîche treit
              gar âne valschen muot,
              des sünde wirt vor gote niht geseit.
              si tiuret unde ist guot.
              man sol mîden boesen kranc
              und minnen reiniu wîp
              tuo erz mit triuwen, sô hab iemer danc
              sîn tugentlîcher lîp.'

In anderen Fällen bezieht sich die Benennung zwar auch auf die Frauen im allgemeinen, die Geliebte wird aber mit ihnen in Beziehung gesetzt und dabei besonders hervorgehoben; er liebt sie vor ihnen allen:

V.88,9ff.   'ich minne si vür alliu wîp
             und swer ir des bî gote.
             alle mîne sinne und ouch der lîp
             daz stêt in ir gebote.'

Ähnlich äußert sich der Dichter im Lied 90,16:

V.90,16ff.   'Ich wil gesehen die ich von kinde
              her geminnet hân für alliu wîp.
              und ist daz ich genâde vinde,
              sô gesach ich nie sô guoten lîp.'

Johansdorf spricht auch dann vom 'wîp', wenn er sich an die von

126

ihm geliebte Frau wendet; dies ist uns ebenso bei anderen Dichtern oft begegnet. Dabei wird das Wort vom indefiniten Artikel begleitet oder steht ganz ohne Artikel. In den Kreuzzugsliedern MF.86,25 und MF. 89,21 schließt er sie in ein Gebet an Gott ein:

V.86,27ff.   'nu helfe er mir, ob ich her wider kome,
            ein wîp diu grôzen kumber von mir hât,
            daz ich si vinde an ir êren:
            sô wert er mich der bete gar.'

V.90,14f.   'ich minne ein wîp vor al der werlte in mînem
                                        muote.
            got herre, daz vervâch ze guote.'

In diesen zwei Beispielen kommt dem Wort ein eindeutig positiver Charakter zu und zwar durch den Zusammenhang, in dem es verwendet ist. Es ist die Rede von der Frau, die der Mann so sehr liebt, die ehrenvoll ist und die wegen der ihnen beiden bevorstehenden, durch den Kreuzzug bedingten Trennung, genauso leidet wie er.

Dieser Gedanke kommt in einem anderen Kreuzzugslied, MF.94,15, erneut vor. In der dritten Strophe stellt die verzweifelte Frau – ein 'wîp' genannt (V.94,35) – ihre qualvolle Situation dar. In der darauffolgenden Strophe wird sie – wiederum als 'wîp' bezeichnet – mit mehreren positiv-wertenden Attributen versehen:

V.95,6ff.   'Wol si saelic wîp
            diu mit ir wîbes güete daz gemachen kan
            daz man si vüeret über sê.
            ir vil guoten lîp
            den sol er loben, swer ie herzeliep gewan,
            wand ir hie heime tuot sô wê,
            swenne si gedenket stille an sîne nôt.'

Im Lied 89,9 werden beide Begriffe wertneutral und parallel angewandt:

V.89,15ff.   'Wie der einez taete,
               des frâg ich, ob ez mit fuoge müge geschehen,
               waerez niht unstaete,
               der zwein wîben wolte sich für eigen jehen,
               beidiu tougenlîche? sprechet, vrouwe, wurre ez
                                                          iht?
               'man sol ez dem man erlouben und den vrouwen
                                                         niht.'

In dieser Strophe fragt der um seinen 'lôn' (V.89,12) gebrachte
Mann, ob es sich gebühre und nicht 'unstaete' wäre, heimlich
zwei Frauen 'sich für eigen jehen'. Er leitet diese Frage an
eine Frau weiter; vielleicht handelt es sich um die von ihm
verehrte Dame, was jedoch unklar bleibt. Ihre Antwort lautet,
dies könne 'dem man', nicht aber 'den vrouwen', erlaubt werden.
In diesem Vers wird 'vrouwen' dem 'man' entgegengestellt und zugleich zu 'wîben' im Vers 89,18 parallel gesetzt. Dadurch wird
die Bedeutung des Wortes im Sinne von "Wesen weiblichen Geschlechts" ohne jegliche Bewertung unterstrichen. Das heißt,es
schimmern weder soziale noch ethisch-sittliche Wertungen durch.

Daß sich bei der Anwendung der Begriffe gewisse Präferenzen ergeben, wurde des öfteren festgestellt und dargelegt. Diese Tatsache ist jedoch mehr von statistischer Relevanz, denn der Begriffsinhalt beider Wörter bleibt davon unberührt.

An einigen Stellen ist nicht auszuschließen, daß lautliche
Gründe Johansdorf dazu bewegt haben könnten, sich für den Begriff 'wîp' zu entscheiden, vor allem dort, wo der Ausdruck
'wîbes güete' vorkommt, in der vierten Strophe des Liedes
94,15 im V.95,7 und in der ersten Strophe des "unechten"Liedes
92,14. Der Mann, dessen 'gemüet' trostlos ist und dessen Herz
nach 'der vil schoenen' sich verzehrt, fleht diese an:
V.92,18ff.   'scheide, frouwe, disen strît,
               der in mînem herzen lît,
               mit reiner wîbes güete.'

Es ist nicht so sehr die lautliche Umgebung der ganzen Strophe,

128

die auf die Wortwahl entscheidend gewirkt hat, wie immer wieder bei anderen Minnesängern festgestellt wurde, denn in diesen Strophen sind die hellen Vokale nicht unbedingt überwiegend. Es ist eher die gute Klangwirkung zweier Wörter, wie wir sie schon kennen in Wendungen wie 'saelic wîp', z.B. im V.95,6, oder 'reiniu wîp' im V.88,38, oder auch die Verbindung mit dem Indefinitum 'alliu wîp', wie in den Versen 88,9 und 90,17. Diese eben aufgezählten Zusammensetzungen, die bei allen Dichtern "des Minnesangs Frühling" begegnen und sich als feste Wendungen konstituieren – mit Ausnahme von 'wîbes güete', die außer bei Johansdorf nur noch einmal bei Morungen vorhanden ist (vgl. V.124,18) – klingen harmonischer als 'saelic frouwe' oder 'reiniu frowe'. Hier "prallen" zwei völlig verschiedene Lautqualitäten aneinander. Da dem Dichter keinerlei inhaltliche Zwänge obliegen, d.h. da er nicht durch einen inhaltlichen Unterschied zwischen den beiden Begriffen 'wîp' und 'frouwe' genötigt ist, diesen oder jenen unbedingt zu benutzen, besteht für ihn die Möglichkeit, sich auch nach stilistischen, metrischen und klanglichen Erwägungen zu richten.

Dabei können diese formale Kriterien sehr kunstvoll verwendet werden, z.B. im berühmten "Dialoggedicht" MF. 93,12. Es enthält die beiden Begriffe, 'frouwe' sechsmal, 'wîp' jedoch nur einmal, und beide kommen in den uns schon vertrauten formalen Konstellationen vor: 'frouwe' in der Anrede, in der zweiten Person Plural, z.B.:

V.93,16   'frouwe, ez ist alsô geschehen.'
V.93,22   'frouwe, ichn mac ir niht enbern.'
V.93,28   'frouwe, iur haz tuot mir den tôt.'
in Verbindung mit dem Possessivpronomen 'mîn':
V.93,18f.   'Mînen senden kumber
              klage ich iu, vil liebe frouwe mîn.'
und 'wîp' im Reim auf 'lîp':
V.93,30ff.   'Daz hât iuwer schoene
              die ir hât, vil minneclîchez wîp.'
              'iuwer süezen doene
              wolten krenken mînen staeten lîp.'

Was den Inhalt der beiden Bezeichnungen anbelangt, ist dieses kunstvoll aufgebaute Lied besonders aufschlußreich, denn es bekräftigt die häufig festgestellte Tatsache, daß die an sich wertneutralen Begriffe erst durch ihren Kontext spezifiziert werden. Deswegen soll das Gedicht einer näheren Betrachtung unterzogen werden.

Die Bezeichnung 'frouwe' leitet den Abgesang in den ersten vier Strophen ein. Die Wiederholung desselben Wortes an der gleichen Stelle ist ein beliebtes Kunstmittel; es klingt fast wie ein Refrain und verleiht dem Aufbau der Strophe einen künstlerischen Charakter. Es kann auch einen Aussagewert haben, wenn es an den erwarteten Stellen fehlt, wie in den letzten drei Strophen, was gezeigt werden soll. In den ersten vier Strophen klagt der Mann über den Kummer und die 'nôt', die er in seiner Liebe erleidet, und mahnt seine verehrte Geliebte liebevoll, ihn zu erhören. Seine zärtliche Haltung drückt sich aus in Wendungen wie:
'die vil minneclîchen' (V.93,13), 'diu guote' (V.93,14),
'vil liebe frouwe mîn' (V.93,19), 'küniginne' (V.93,24),
oder 'vil minneclîchez wîp' (V.93,31).

In den letzten drei Strophen fehlt die Anrede 'frouwe' am Anfang des Abgesangs und deutet damit schon eine Änderung an. Auch formelhafte Wendungen wie die oben angeführten fehlen. Der Dichter engagiert sich gefühlsmäßig, verleiht seinen durch die ablehnende Haltung der Frau enttäuschten Emotionen Ausdruck, indem er seinen künstlerischen gleichmäßigen Aufbau und seine zärtliche Redeweise preisgibt. Lediglich im Abgesang der letzten Strophe redet er die geliebte Frau wieder mit 'frouwe guot' an (V.94,13), nicht mehr so vorwurfsvoll wie in den drei letzten Strophen. Er hat aus ihren ermunternden Worten (V.94,11f.) Hoffnung auf 'lôn' geschöpft. Dennoch behält er eine nüchternere Haltung als in den ersten vier Strophen. Erwartungsvoll, jedoch die Distanz bewahrend, fragt er sie:
V.94,13   'wie meinet ir daz, frouwe guot?'
Bezeichnenderweise nennt er sie nicht 'mîn frouwe'.

Die Art und Weise, wie die Bezeichnung 'frouwe' in diesem Lied
gebraucht wird, erweckt vielleicht den Eindruck, als ob es sich
um eine gesellschaftlich höher stehende und aus der gesellschaftlichen Distanz sprechenden Dame handele. V.93,19 revidiert jedoch diesen Eindruck, denn die Frau wird liebevoll als
'vil liebe frouwe mîn' angesprochen.

Parallel dazu ist V.93,31 heranzuziehen, wo die Frau mit 'vil
minneclîchez wîp' angeredet wird. Bemerkenswert ist, daß diese
beiden Verse an der gleichen Stelle der zweiten und vierten
Strophe, im zweiten Vers des Aufgesangs, in der Rede des Mannes,
vorkommen. Dies kann bei diesem kunstvoll gebauten Lied schwerlich ein Zufall sein. Es ist vielmehr gewollt und deutet auf
eine inhaltliche Kongruenz der Wörter 'wîp' und 'frouwe' hin.
Die Tatsache, daß 'frouwe' in diesem Lied öfter verwendet wird,
ist dadurch begründet, daß es sich hier um eine Anrede handelt,
in der erfahrungsgemäß diese Benennung bevorzugt wird. Darin
stimmt Johansdorf mit den anderen Sängern der höfischen Dichtung überein.

Die beliebte Anwendung des Begriffs 'frouwe' in Verbindung mit
dem Possessivpronomen 'mîn', das vor- oder nachgestellt werden
kann, kommt nicht nur im "Dialoggedicht" (V.93,19), sondern
auch in zwei anderen Liedern vor. Dabei gewinnt diese fast er-
starrte Formel bei Johansdorf einen persönlichen Charakter und
rückt die gemeinte Frau in menschliche Nähe, so etwa durch die
Zusammensetzung mit 'herz', wie im V.87,21 des Liedes 87,5 'mîn
herzevrouwe', oder durch das Epitheton 'lieb', wie im Lied
88,33 V.89,8 'die lieben vrouwen mîn' und im besprochenen Gedicht MF.93,12 gesteigert durch 'vil' (V.93,19).

In 50% der Fälle, wo Johansdorf die Bezeichnung 'wîp' verwendet, steht diese im Reim, und zwar stets auf 'lîp' reimend, wo
das metrische Schema eine stumpfe Kadenz erfordert, z.B. in der
Strophe 88,33; MF.87,29, V.88,9 und 11 oder MF.90,16, V. 17
und 19.

Auch der Rhythmus bestimmt die Wortwahl bei Johansdorf an bestimmten Stellen, insbesondere wenn der Begriff 'frouwe' als
Anrede im N.Sg. steht, wo das Wort 'wîp' einsilbig ist und somit den rhythmischen Fluß des Verses stören würde, z.B. im Lied
89,9 V.19 oder in mehreren Versen des sog. "Dialoggedichtes"
MF.93,12.

Eine ähnliche rhythmische Störung würde in den Versen 86,28
des Liedes 86,25 oder 87,29 eintreten, wenn umgekehrt statt
'wîp' 'frouwe' eingesetzt werden sollte.

Auch für Johansdorf gilt also, was schon bei anderen Minnesängern verdeutlicht wurde, daß die Begriffe 'wîp' und 'frouwe'
inhaltlich grundsätzlich austauschbar und wertneutral sind und
daß sie erst durch ihre Umgebung modifiziert werden. Die Präferenzen bei der Anwendung werden von keinerlei Werturteilen
begleitet; sie sind nur von statistischer und formaler Relevanz, bleiben also ohne jeglichen Einfluß auf den Begriffsinhalt.

Heinrich von Morungen

In Heinrichs von Morungen Liedern überwiegt der Begriff 'frouwe' mit 46 Anwendungen eindeutig über die Bezeichnung 'wîp', die 23mal vorkommt. Das Verhältnis ist 2:1. Wegen dieses zahlenmäßigen Befunds erhebt sich die Frage, ob dies vielleicht einen Aussagewert für den Begriffsinhalt beider Wörter hat, d.h. ob dieser starke zahlenmäßige Unterschied einem inhaltlichen entspricht. Die nähere Beschäftigung mit den Texten erweist diese Vermutung jedoch als gegenstandslos. Grundsätzlich gilt für Morungen, was uns immer wieder aufs neue über Inhalt und Gebrauch beider Wörter im Minnesang der von uns in Betracht gezogenen Phase bekannt wurde. Auch bei ihm sind beide Begriffe prinzipiell austauschbar, wie nun demonstriert werden soll.

Das vierstrophige Lied 122,1, dessen dritte Strophe für unecht gehalten wird, liefert uns besonders aufschlußreiches Beweismaterial für die inhaltliche Austauschbarkeit beider Begriffe, deren Anwendung offenbar lediglich durch formale Kriterien bestimmt ist. In diesem Lied kommt die Bezeichnung 'wîp' fünfmal, 'frouwe' dreimal vor. Daß die Begriffe oft nicht im Sinne der herkömmlichen Forschung benutzt werden, läßt sich schon an den ersten drei Versen erkennen:

V.122,1ff.   'Si ist zallen êren ein wîp vil erkant,
              schôner geberde, mit zühten gemeit,
              sô daz ir lop in dem rîche umbe gêt.'

Die Beschreibung dieser vollkommenen Frau - und hier entschied der Rhythmus über die Wortwahl, denn das Lied ist nach dem romanischen Vorbild gebaut, d.h. die Takte sind dreisilbig gefüllt - geht in den folgenden Versen weiter; sie ist wegen ihrer Ehrenhaftigkeit wohl bekannt und versteht es, sich gut zu verhalten und zu benehmen; sie ist so wohlerzogen und liebenswürdig, daß sie im ganzen Reich gepriesen wird. Ihre Schönheit wird mit dem Mond verglichen, der die Nacht erhellt und dessen Licht die Welt umgibt:

V.122,4ff.   'alse der mâne vil verre über lant

liuhtet des nahtes wol lieht unde breit
sô daz sîn schîn al die welt umbevêt,
alse ist mit güete umbevangen diu schône;
des man mir jêt,
si ist aller wîbe ein krone.'

In diesem Zusammenhang würde die traditionelle Forschung eher
an 'frouwe' denken, denn es wird eine Frau dargestellt, die
sowohl auf ästhetischer als auch auf ethischer Ebene so vollkommen ist, daß sie alle anderen Frauen in den Schatten stellt.
In diesen Versen war die Wendung mit dem Indefinitum 'all' sicherlich maßgebend bei der Wortwahl.

Der Dichter fährt mit der Darstellung dieser außergewöhnlichen
Frau fort:
V.122,10 ff.   'Diz lop beginnet vil frouwen versmân,
daz ich die mîne für alle ander wîp
hân zeiner krône gesetzet sô hô,
unde ich der keine ûz genomen enhân.'

Im Vers 122,10 würde das im A.Pl. einsilbige Wort 'wîp' den
Rhythmus des Verses stören; im darauffolgenden Vers steht 'wîp'
– wiederum begleitet vom Indefinitum 'all' – im Reim auf 'lîp'.

Im letzten Vers dieser Strophe nennt der Dichter die Frau noch
'mîn liebeste vor allen wîben' (V.122,18), noch einmal also
die vertraute Wendung mit 'all'.

Mit 'frouwen' im V.122,10 sind gewiß nicht nur die adligen Damen gemeint im Unterschied zum Begriff 'wîp' im darauffolgenden
Vers oder in der ersten Strophe, der sich dann auf die Frauen
nicht-adliger Herkunft beziehen würde. Beide Begriffe sind inhaltlich gleichwertig gebraucht, denn sonst wäre der Zusammenhang nicht verständlich. Dies wird in den nächsten Strophen bestätigt.

In der dritten Strophe setzt der Dichter das Lob der geliebten

Frau fort (V.122,22-122,27) und wünscht ihr von Gott viel Gesundheit:

V.122,19ff.   'Got lâze si mir vil lange gesunt,
              die ich an wîplîcher tât noch ie vant,
              sît si mîn lîp zeiner frouwen erkôs.'

Daß 'frouwen' in diesen Versen eher "geliebte Frau" und nicht gerade "Herrin" im feudalen Sinne bedeutet, ergibt sich aus dem Gesamtzusammenhang.

In der letzten Strophe wird die Tugendhaftigkeit der Frau nochmals beschrieben in den Versen 123,1ff. 'Ir tugent reine' ähnelt der Sonne, die die trüben Wolken hell färbt, wenn sie im Mai klar scheint. Dann heißt es weiter:

V.123,4ff.   'des wirde ich stêter fröide vil rîch,
              daz überliuhtet ir lop alsô gar
              wîp unde frouwen die besten für wâr,
              die man benennet in tiuscheme lande.'

Zu dieser Stelle bemerkt Erika Ludwig: "Solche ausdrückliche Nebeneinanderstellung der beiden Wörter muß uns ein sicherer Beweis sein, daß für Morungen wenn nicht ein Gegensatz, so doch auf alle Fälle ein wesensmäßiger Unterschied zwischen den zwei Begriffen bestand. Und dieser Unterschied muß ihm auch bewußt gewesen sein.

Daß es ihm nicht einfach auf eine ständische Scheidung ankommt, das ergibt sich aus unserer Stelle ganz klar. ... Was Morungen sagen will, ist das: Ob man sie nun vom gesellschaftlichen oder vom menschlichen, natürlichen Standpunkt aus, als Weib oder Frau, beurteilt, so übertrifft seine Herrin doch die besten Frauen, die man 'benennet in tiuscheme Lande'. Nur ein solches Urteil über sie hat Sinn."[1]

Dieser Interpretation der oben zitierten Verse kann man zustimmen. Dies wird zwar durch die Nebeneinanderstellung der Wörter

---

1) Ludwig, Wîp und Frouwe, S. 24f.

ausgedrückt, allerdings nicht, weil "ein wesensmäßiger Unterschied zwischen den zwei Begriffen bestand", wobei sich 'frouwe' auf den gesellschaftlichen,'wîp' auf den menschlichen, natürlichen Aspekt bezieht und beschränkt. Die Nebeneinanderstellung ist lediglich ein stilistisches Mittel. Durch die Wiederholung des gleichen Inhalts mit verschiedenen Wörtern wird eine Verstärkung und Intensivierung des Gesagten bezweckt und erzielt. Morungen will mit Nachdruck zu verstehen geben, daß das Lob seiner geliebten Frau das   a l l e r   Frauen im deutschen Lande ohne Ausnahme - ob arm oder reich, jung oder alt, verheiratet oder ledig - übertrifft. Die Reihenfolge ist vom Rhythmus beeinflußt und darf nicht etwa als Steigerung aufgefaßt werden.

Erika Ludwig läßt die von ihr propagierte Unterscheidung für Morungens Werk gelten, wenn sie schreibt: "Und diese Deutung der beiden Namen wird auch durch den Gebrauch in den übrigen Liedern bestätigt". Jedoch revidiert sie selbst diese Meinung wenn sie dann fortfährt: "Dabei ist aber eines zu beachten. Der Unterschied zwischen 'wîp' und 'vrouwe' ist Morungen begrifflich durchaus klar, das zeigt eben unsere obige Stelle. In der Wertung jedoch stellt er die beiden einander ganz gleich. Ihm ist, ähnlich wie Reinmar, die Frau als 'vrouwe' wie als 'wîp' gleich verehrungswürdig. Daraus ergibt sich begreiflicherweise in einzelnen Fällen leicht eine Vermischung der beiden Wörter. So kommt es, daß neben durchschnittlich ganz folgerichtiger Benennung doch Stellen genug begegnen, wo er dem, was er ausdrücken wollte entsprechend besser oder "richtiger" das andere statt des gebrauchten Wortes verwendet hätte".[1]

Nach Erika Ludwigs eigenen Feststellungen bleibt die von ihr angenommene "wesensmäßige Unterscheidung zwischen den zwei Begriffen" oft genug aus. Daß eine solche Unterscheidung überhaupt existiert, konnte durch unsere bisherigen Recherchen

---

1) Ludwig, Wîp und Frouwe, S. 25.

falsifiziert werden. Bei Morungen soll dieser Sachverhalt noch
weiter überprüft werden, bevor wir unsere Aussagen auch für
ihn allgemein geltend machen können.

In dem oben besprochenen Lied 122,1 bedarf noch ein Vers der
näheren Betrachtung:
V.122,20   'die ich an wîplîcher tât noch ie vant,'

In diesem Vers verdient vor allem das Adjektiv 'wîplîch' besondere Aufmerksamkeit. Es bedeutet "von weibes art, einem weibe
geziemend, von echter weiblicher gesinnung".[1]

'wîplîche tât'[2] bedeutet also soviel wie "weibliches Betragen
und Manieren, Art und Weise, sich weiblich zu benehmen und zu
handeln". Daß 'wîplîch' hier in ethisch-sittlicher Hinsicht
positiv wertend ist, bleibt außer Zweifel.

In diesem Zusammenhang ist es zweckmäßig, eine andere Stelle
aus dem Lied 132,27 heranzuziehen. Hier begegnet dasselbe Sub-
stantiv 'tât' in Verbindung mit dem Adjektiv 'unfrouwelîche',
ein im Minnesang einmaliges, vielleicht von Morungen neugebil-
detes Wort.
V.133,5ff.   'Sist mit tugenden und mit werdecheit
                sô behuot vor aller slahte unfrouwelîcher tât,
                wan des einen daz si mir verseit
                ir genâde und mînen dienest sô verderben lât.'

Aufgrund der Sinnkonstellation besteht kein Anlaß, 'unfrouwe-
lîche'[3] spezifisch ständisch aufzufassen und Erika Ludwigs
Meinung zu teilen, "daß er (Morungen) der 'vrouwe' in dieser
Weise auch ihre ganz bestimmte, eigene Ideologie verleiht,

---

1) BMZ, Bd. III, S. 721; ähnlich auch Lexer, Bd. II, Sp. 924.
2) Zu 'tât' vgl. BMZ, Bd. III, S. 146f. 'getât: "that, actio;
   beschaffenheit; werk"; ähnlich Lexer, Bd. II, Sp. 1408:
   "tat, werk; das tun, betragen".
3) BMZ, Bd. III, S. 425: "einer 'vrouwe' nicht gemäß"; ähnlich Lexer, Bd. II, Sp. 1979: "einer 'vrouwe' nicht gemäß,
   unweiblich".

so daß es dann 'vrouwelîchez' und 'unvrouwelîchez' Handeln
geben kann,...".[1] Sie schreibt weiter: "Hier bei Morungen
(ist) die Eigenschaft 'vrouwelîch' noch ganz getrennt vom
Ideal 'wîp' und hängt für sich ab von ihren 'tugenden' und
von ihrer 'werdecheit'".[2]

In den oben zitierten Versen ist das Adjektiv 'unfrouwelîch'
jedoch eher allgemein und umfassender gemeint, als Erika Ludwig
annimmt. Es bedeutet soviel wie "unweiblich", unabhängig von
jeglichen sozialen Kategorien. Die beschriebene Frau besitzt
'tugenden' und 'werdecheit' und versteht es, sich vor jeglicher 'unfrouwelîcher tât', d.h. unweiblichen Manieren und Ver-
haltensweisen, die einer Frau nicht geziemen, zu bewahren.

Dieses Verständnis des Begriffs 'frouwe' als "Frau schlechthin",
der mit der Bezeichnung 'wîp' gleichzusetzen ist, soll noch
durch andere Beispiele aus Morungens Werk aufgezeigt werden,
in denen beide Wörter parallel angewandt sind, also weder das
eine noch das andere gewisse soziale und ethische Assoziationen weckt.

Im Lied 127,34 taucht der Begriff 'frouwe' in einem Zusammenhang auf, der für den Minnesang etwas ungewohnt ist. Die traditionelle Forschung würde sicher wieder eher 'wîp' eingesetzt
wissen wollen. Das Gedicht ist eine Klage über den ungelohnt
gebliebenen Dienst, über die in dieser Liebe vergeudeten Jahre
und über den dadurch erlittenen Kummer. In der vierten Strophe
sagt der Dichter:
V.128,29f.   'ich hân sorgen vil gepflegen
                unde frouwen selten bî gelegen.'

Erika Ludwig empfindet diese Fassung als "allzu derb: bezieht
sich doch 'vrouwe' immer sehr viel stärker auf die real exi-
stierenden Einzelindividuen, während 'wîp' als allgemeiner Gat-
tungsbegriff wenigstens   e t w a s   diskreter gewirkt

---

1) Ludwig, Wîp und Frouwe, S. 26.
2) Ludwig, Wîp und Frouwe, S. 27.

138

hätte".[1] Deswegen schlägt sie eine Textänderung vor und setzt
statt 'frouwen' 'fröiden' ein. Abgesehen davon, daß der Sinn
des Verses entstellt wird, ist diese Änderung nicht nötig, wenn
man davon ausgeht, daß beide Begriffe vom Inhalt her im Grunde
genommen austauschbar sind.

Im Wechsel 130,31 könnte der Begriff 'frouwe' in den nächsten
Versen allzu leicht im Sinne von "Herrin, Gebieterin" aufgefaßt werden:

V.130,31ff.   'Ich hân si für alliu wîp
      mir ze frouwen und ze liebe erkorn.
      minneclîch ist ir der lîp.'

Zieht man aber eine andere Stelle heran, wo im ähnlichen Zusammenhang 'wîp' verwendet wird, dann zeigt es sich, daß beide Begriffe doch gleichen Inhalts sind:

V.134,25ff.   'Ich darf vil wol   daz ich genâde vinde:
      wan ich habe ein wîp   für die sunnen mir er-
                  korn.'

Dieses 'wîp' nennt der Dichter 'mîn liehter morgensterne'
(V.134,36) und 'mîn sunne' (V.134,37).

Das Gedicht MF.136,25 liefert mehrere Beispiele für den Gebrauch der Bezeichnung 'frouwe' in allgemeiner, auf Frauen
schlechthin bezogener Bedeutung und für dessen Austauschbarkeit mit 'wîp':

V.136,37ff.   'Swer der frouwen   hüetet, dem künd ich den ban:
      wan durch schouwen   sô geschuof si got dem man,
      daz si wêre ein spiegel, al der werlde ein wunne
                  gar.

      waz sol golt begraben, des nieman wirt gewar?

      Wê der huote   die man reinen wîben tuot!
      huote guote   frouwen machet wankelmuot.
      man sol frouwen schouwen unde lâzen âne twanc.
      ich sach daz ein sieche verboten wazzer tranc.'

---

1) Ludwig, Wîp und Frouwe, S. 27.

In diesen Versen, die übrigens für unecht gehalten werden,
wehrt sich der Dichter dagegen, daß die 'frouwen' von 'huote'
umgeben und bewacht werden. Gott hat sie dem 'man' - und hier
kann 'man' sowohl als "Mann" wie auch als "Mensch" aufgefaßt
werden - geschaffen, damit sie Spiegel und Freude der ganzen
Welt werden. Ob sie nun 'frouwen' (V.136,37 und 137,8), 'reinen wîben' (V.137,4) oder 'guote frouwen' (V.137,6f.) heißen,
beide Wörter sind inhaltlich gleichwertig gebraucht. Für welches
Wort sich der Dichter entscheidet, wird oft von der Form bestimmt: vom Reim (V.136,37ff. 'frouwen'-'schouwen', Binnenreim), vom Rhythmus (V.137,7 und 137,8; hier verlangt das
Versmaß ein zweisilbiges Wort) oder von lautlichen Gründen
(V.137,5 'reinen wîben' oder V.137,8 'frouwen schouwen').
Dies soll jedoch später noch ausführlicher aufgezeigt werden.

Während in der oben zitierten Stelle 'frouwe' (V.136,37) dem
'man' (V.136,38) entgegengesetzt wird, sind es in den nächsten
Frauenversen zudem noch der 'riter' und das 'wîp':
V.142,26ff.   'Gerne sol ein riter zîen
               sich ze guoten wîben: dest mîn rât.
               boesiu wîp diu sol man flîen:
               er ist tump swer sich an si verlât;
               wan sin geben niht hôen muot.
               iedoch sô weiz ich einen man,
               den ouch die selben frowen dunken guot.'

Diese Stelle bietet eine gute Möglichkeit, die herkömmlichen
Klischees über die Begriffe 'wîp' und 'frouwe' mit Nachdruck
zu revidieren und zugleich zu demonstrieren, wie sehr der Begriffsinhalt - der ansonsten wertneutralen Wörter - erst durch
die Beschreibung geprägt wird. Hier werden zunächst die Wortpaare 'riter'-'wîp' (V.142,26f.) und 'man'-'frouwe' (V.142,31f.)
zusammengestellt. Die Frau, die in der ersten Männerstrophe
dieses Liedes einmal als 'frowe fruot' (V.142,23), das andere
Mal als 'wîp' (V.142,25) bezeichnet wird, erteilt einen allgemeingültigen weisen Ratschlag: Ein Ritter soll sich zu 'guoten
wîben' begeben und 'boesiu wîp' meiden, denn diese 'geben niht

hôen muot'. Hier wird ein Kernbegriff des Minnesangs, der 'hôhe
muot', wie schon öfters festgestellt, mit der Bezeichnung 'wîp'
in Verbindung gebracht. Die Frau fährt in ihrer Rede fort und
berichtet von einem 'man', den sie kennt, 'den ouch die selben
frowen', d.h. 'boesiu wîp', 'dunken guot'.

Die positive oder negative Bewertung ist sicherlich nicht begriffsnotwendig, wie diese Verse eindeutig erkennen lassen,
sondern hängt hauptsächlich von der Umgebung ab, in der die je-
weilige Bezeichnung erscheint. Es wird ausdrücklich zwischen
den 'guoten' und den 'boesen wîben' unterschieden; nur die Epitheta bestimmen den Wertgehalt.

Ethisch-sittlich vollkommen erscheint das 'wîp' in den nächsten
Versen:
V.145,25ff.   'Hôer wîp von tugenden und von sinne,
              die enkan der himel niender ummevân,
              sô die guoten diech vor ungewinne
              fremden muoz und immer doch an ir bestân.'

Als letztes soll noch das Lied 147,4 herangezogen werden, in
dem beide Begriffe je zweimal vorkommen:
V.147,4ff.   'Vil süeziu senftiu tôterinne,
             war umbe welt ir tôten mir den lîp,
             und i'uch sô herzeclîchen minne,
             zewâre, frouwe, gar für elliu wîp?
             wênet ir...ob ir mich tôtet,
             daz ich iuch danne niemer mê beschouwe?
             nein, iuwer minne hât mich des ernôtet
             daz iuwer sêle ist mîner sêle frouwe.
             sol mir hie niht guot geschên
             von iuwerm werden lîbe,
             sô muoz mîn sêle iu des verjên
             dazs iuwerr sêle dienet dort   als einem reinen
                                                        wîbe.'
In diesem Lied schwört der Mann der innig geliebten Frau, die
er 'vil süeze senftiu tôterinne' nennt, die Treue auch nach dem

Tode. Ihre 'sêle' ist seiner 'sêle frouwe' im Diesseits, und im
Jenseits will sie - seine Seele also - ihr dienen 'als einem
reinen wîbe'. Hier liegt es nahe, 'frouwe' im V.147,11 mit "Herrin, Gebieterin" zu übersetzen. Doch wie auch immer man 'frouwe'
auffaßt, der Begriff steht parallel zu 'reinen wîbe' im letzten
Vers. Die Seele des Mannes ist diejenige, die sowohl hier wie
dort die dienende ist, die der Frau dient, einmal als 'frouwe',
das andere Mal als 'reinez wîp'.

Bei Morungen begegnen die Begriffe 'wîp' und 'frouwe' auch in
den inzwischen vertrauten Wendungen und Formeln.

Die Zusammensetzung mit dem Possessivpronomen 'mîn frouwe' ver-
wendet Morungen vierzehnmal, wobei in der Hälfte der Fälle das
Pronomen wegen des Reims nachgestellt wurde:
V.123,29ff.   'wie stêt mîner frouwen daz,
               daz si sich vergaz,
               und versagite mir ir hulde?'

V.140,18f.   'Mîn frowe ist sô   genêdic wol
               daz si mich noch tuot aller mîner sorgen frî.'
oder
V.133,2ff.   ''ôwê schône, liebe frouwe, mîn,
               nu bin ich doch dîn:
               mahtu trôsten mich vil senden man?''

In der Anrede kommt der Begriff 'frouwe' dreizehnmal vor, zwölf-
mal in der zweiten Person Sg., von denen die geliebte Frau einmal nicht von dem sie liebenden Mann, sondern von der ganzen
Welt aufgefordert werden soll, diesen zu erhören:
V.133,34ff.   'al diu werlt sol si   durch ir schône gerne flên
               'noch wêre zît daz du, frouwe, im lônist:
               er kan mit lobe anders tôrheit begên.' '

Im Gedicht 147,4 wird die Frau das ganze Lied hindurch in der
zweiten Person Pl. angesprochen.

Bemerkenswert bei Morungen ist, daß auch die Bezeichnung 'wîp' in der Anrede vorkommt, was sonst im Minnesang höchst selten begegnet. Zweimal wird die Frau mit 'wîp' adressiert; einmal im für unecht erklärten Lied 124,8:

V.124,8ff.　　'Vil wîplîch wîp, nu wende
　　　　　　　mîne sende klage,
　　　　　　　die ich tougen trage,
　　　　　　　du weist wol wie lange zît.'

Das andere Mal in der uns bekannten Zusammenstellung mit dem Adjektiv 'saelic' in MF.137,10. Hier wird die Frau darum gebeten, den Mann von der 'swêre', die ihn zu erdrücken droht, zu erlösen:

V.137,17　　'Frouwe, mîne swêre sich,
　　　　　　ê ich verliese mînen lîp.
　　　　　　ein wort du sprêche wider mich:
　　　　　　verkêre daz, du sêlic wîp.'

Die Anrede 'sêlic wîp' ist uns schon mehrmals in Verbindung mit der Bitte des Mannes um 'genâde' oder Erlösung von 'swêre', 'sorgen' u.ä. begegnet.

Auch die Wendung 'alliu wîp' ist in Morungens Werk oft vorzufinden, z.B. im V.122,9, V.122,11, V.130,31 oder V.147,7.

Interessant ist das Reimbild bei Morungen. Bei ihm, als einzigem Dichter des "Minnesangs Frühling", werden beide Begriffe gleich oft im Reim verwendet, je siebenmal. Fünfmal reimt 'frouwe' bzw. 'frouwen' auf 'schouwen', viermal im Endreim (V.123,34 und 38; V.127,3 und 6; V.129,14f.; V.139,1f.) und einmal im Binnenreim (V.136,37 und 39), überdies noch einmal auf 'getrouwe' (V.124,20 und 24) und einmal auf 'beschouwe' (V.147,9 und 11).

Die Bezeichnung 'wîp' reimt wie gewohnt in der Regel auf 'lîp'. Fünfmal erfordert die stumpfe Kadenz die einsilbige Form: V. 122,11 und 14; V.123,11f.; V.130,31 und 33 oder V.147,5 und 7 und V.137,18 und 20. Einmal erscheint das Wort im D.Sg. als

Reimwort zu 'lîbe', in den Versen 147,13 und 16 und im D.Pl.
auf 'belîben' in den Versen 122,16 und 18.

Aus metrischen Gründen kommt also wie bei allen bisher besprochenen Dichtern bisweilen wegen der unterschiedlichen Silbenzahl nur die Bezeichnung 'wîp' oder nur 'frouwe' in Frage, so
z.B. überall da, wo die Benennung 'frouwe' in der Anrede steht,
weil es sich hier um den N.Sg. handelt, bei dem das Wort 'wîp'
einsilbig ist.

Wegen des immensen Umfangs von Morungens Werk wird es nicht erforderlich sein, all jene Stellen heranzuziehen, bei denen der
Gebrauch der Begriffe 'wîp' oder 'frouwe' rhythmisch bedingt
ist. Wir wollen uns mit einigen Beispielen aus den Texten be-
gnügen, die wir eben behandelt haben.

Der Austausch beider Begriffe wäre also inhaltlich zwar möglich,
würde jedoch das Versmaß zerstören z.B. in den Versen 122,1,
122,10 oder 123,6. Die nach romanischem Vorbild gestalteten,
viertaktigen, jeweils dreisilbig gefüllten Verse würden ihren
regelmäßigen Aufbau einbüßen. Ähnliches gilt auch für die Verse
134,26, 142,28, 145,25 oder in den Versen 137,7 und 8, 142,32,
147,7 oder aber auch im Falle des Adjektives 'unvrouwelîche' im
Vers 133,6.

Der Begriff 'wîp' wird mehrfach von bestimmten Adjektiven oder
Substantiven begleitet, jedoch nicht oft genug, als daß diese
Zusammenfügungen wie feste Wendungen betrachtet werden könnten,
so z.B. im Falle von 'reiniu wîp' in den Versen 137,5, 147,16
und im V.S.395 der für unecht gehaltenen Strophe H.S.285; 'selic wîp' im V.137,20 oder 'wîbes güete' im V.124,18, eine Zusammensetzung, die sonst nur noch bei Johansdorf zu finden ist.
Bei solchen Kombinationen ist die Vokalqualität beider Wörter
von maßgebender Bedeutung; es handelt sich nämlich durchweg um
Wörter mit hellen Vokalen.

An anderen Stellen haben wohl auch derartige lautliche Kriteri-
en eine nicht zu unterschätzende Rolle bei der Entscheidung des

Dichters für diesen oder jenen Begriff gespielt, so in der
dritten Strophe des Liedes 133,13, wo der Begriff 'frouwe' in
Begleitung des Indefinitums erscheint:
V.133,29ff.   'Diu mînes herzen ein wunne und ein krôn ist
              vor allen frouwen diech noch hân gesên,
              schône unde schôner und schône aller schônist,
              ist si, mîn frouwe: des muoz ich ir jên.
              al diu werlt sol si   durch ir schône gerne flên
              'noch wêre zît daz du, frouwe, im lônist:
              er kan mit lobe anders tôrheit begên.' '

In dieser Strophe überwiegen die dunklen Vokale, deswegen paßt
die Bezeichnung 'frouwe' besser in das Klangbild als 'wîp', abgesehen davon, daß in den Versen 133,32 und 35 die Verwendung
von 'frouwe' stilistisch bedingt ist, wie wir vorhin aufgezeigt
haben.

In der vierten Strophe des Liedes 136,25, in der der Begriff
'frouwe' zweimal vorkommt, haben wiederum dunkle Vokale die
Vorherrschaft, ebenso im V.142,32.

Aus den Untersuchungen der Lieder Morungens ergibt sich: Es besteht kein Anlaß, eine inhaltliche Divergenz zwischen den Begriffen 'wîp' und 'frouwe' aufrechtzuerhalten. Selbst Erika
Ludwig muß - nach ihren anfänglichen Versuchen bei Morungen
wenn keinen Gegensatz, dann zumindest einen "wesensmäßigen Unterschied" zu konstatieren - zugeben, "daß Morungen die beiden
Wörter ziemlich gleichwertig, ja gleichbedeutend verwandte".[1]
Bei ihm findet sie - wie bei keinem anderen Minnesänger aus
Walthers unmittelbarer Gegenwart - eine "auffallende Gleichwer-
tung, ja Gleichsetzung der beiden Begriffe und Namen".[2]

---

1) Ludwig, Wîp und Frouwe, S. 25.
2) Ludwig, Wîp und Frouwe, S. 27.

Reinmar von Hagenau

Reinmar von Hagenau zeigt eine starke Bevorzugung der Benennung
'wîp'. Diese wird nicht nur durch ein überwältigendes zahlen-
mäßiges Überwiegen des Begriffs deutlich; 87mal kommt dieser
vor, mehr als dreimal so oft wie die Bezeichnung 'frouwe', die
nur 28mal vertreten ist. Bei einem solchen zahlenmäßigen Befund
klingt es befremdend, wenn ein Wissenschaftler wie de Boor
trotzdem immer wieder von der "Reinmarschen 'frouwe'" spricht
und z.B. schreibt: "Die 'frouwe' aber war ja Zielpunkt und Sym-
bol alles Reinmarschen Strebens, so hoch, daß er das Wort selber
kaum noch auszusprechen wagte".[1] Oder geschieht es gerade deswegen, weil er das Wort 'frouwe' "kaum noch auszusprechen wagte", daß er die Benennung 'wîp' so oft gebrauchte?

In einem der bekanntesten und schönsten Lieder Reinmars, MF.
165,10, verleiht er seiner Vorliebe für das Wort 'wîp' Ausdruck, wenn er in der dritten Strophe sagt:
V.165,28ff.   'Sô wol dir, wîp, wie reine ein nam!
              wie sanfte er doch z'erkennen und ze nennen ist!
              ez wart nie niht sô lobesam,
              swâ duz an rehte güete kêrest, sô du bist.
              dîn lop nieman mit rede volenden kan.
              swes du mit triuwen phligest, wol im, derst ein
                                                    saelic man
              und mac vil gerne leben.
              du gîst al der werlde hôhen muot:
              wan maht och mir ein lützel fröiden geben?'

In der darauffolgenden Strophe wird die Problematik der hohen
Minne thematisiert:
V.165,37ff.   'Zwei dinc hân ich mir für geleit,
              diu strîtent mit gedanken in dem herzen mîn:
              ob ich ir hôhen werdekeit
              mit mînem willen wolte lâzen minre sîn,
              ode ob ich daz welle daz si groezer sî

---

1) De Boor, Geschichte, S. 300.

146

und si vil saelic wîp stê mîn und aller manne
                                          vrî.
diu tuont mir beidiu wê:
ich enwirde ir lasters niemer vrô;
vergât si mich, daz klage ich iemer mê.'

Diese Strophe beinhaltet einen Kerngedanken des Minnesangs: den
schweren Konflikt der Frau, ob sie den Mann erhören, ob sie gewähren oder verweigern soll. Gewährt sie die letzten Endes von
jedem Mann geforderte Liebeserfüllung, wird ihre 'hôhe wirde-
keit', ihre Ehre und ihr Ansehen, angetastet und schwer bela-
stet. Verweigert sie jedoch, so macht sie den sie über alles
liebenden Mann unglücklich und vergrößert seine Qual. Bemerkenswert ist bei Reinmar - anders als bei den meisten Dichtern
des Minnesangs, die sich mit dieser Problematik befaßt haben -
die aufrichtige und innige Anteilnahme des Mannes am seelischen
Konflikt der Frau: Falls sie ihn erhören sollte, könnte er sich
über ihr 'laster' nicht freuen, 'vergât' sie ihn jedoch, so
würde er 'iemer mê' klagen; beide Umstände 'strîtent mit gedanken' in seinem Herzen (V.165,37f.) und 'tuont... wê' (V.166,4).

Reinmar verwendet die Begriffe 'wîp' und 'frouwe' in den ver-
schiedensten Varianten, die wir aus den Texten anderer Minnesänger bereits kennen. Wegen seines umfangreichen Werks werden
wir nicht alle Stellen, in denen die Wörter vorkommen, bespre-
chen können. Einige repräsentative, besonders aufschlußreiche
Beispiele müssen genügen.

Für Reinmar kann 'wîp' sich auf das weibliche Geschlecht im
allgemeinen beziehen, also "Frauen schlechthin" bedeuten, mit
denen die geliebte Person mitunter verglichen wird, von denen sie ausgenommen, für die sie aber auch stellvertretend erwähnt werden kann. Folgende Zitate sollen dies demonstrieren:

Das Lied 160,6 liefert drei Beispiele zugleich:
V.160,9ff.   'got weiz wol, sît ichs êrste sach,
              sô hete ich ie den muot
              daz ich vür si nie kein wîp erkôs.

147

                    kunde ich mich dar hân gewendet
                    dâ manz dicke erbôt
                    mînem lîbe   rehte als ich ez wolde,
                    ich het eteswaz verendet.
                    ich rüem âne nôt
                    mich der wîbe   mêre danne ich solde.'

V.160,31ff.   'sol der kumber niht vervâhen,
                    taete ez danne ein kint
                    deiz sus iemer   lebete nâch wîbe,
                    dem solt ich wol wîzen daz.
                    möht ich mich noch bedenken baz
                    und naeme von ir gar den muot!
                    neinâ, herre! jô ist si sô guot.'

Im siebenstrophigen Gedicht 163,23 kommt die Bezeichnung 'wîp'
siebenmal vor, allein fünfmal in den ersten drei Strophen:
V.163,23ff.   'Mich hoehet daz mich lange hoehen sol,
                    daz ich nie wîp mit rede verlôs.
                    sprach in iemen anders danne wol,
                    daz was ein schult diech nie verkôs.
                    in wart nie man sô rehte unmaere
                    der ir lop gerner hôrte und dem ie ir genâde
                                                    lieber waere.
                    doch habent si den dienest mîn:
                    wan al mîn trôst und al mîn leben
                    daz muoz an eime wîbe sîn.'

In dieser Strophe bezeichnet 'wîp' im V.163,24 irgendeine weibliche Person, im Gegensatz zu V.163,31, in dem 'eime wîbe' sich
auf die eine bestimmte geliebte Frau bezieht; ebenso im V.
163,37 der zweiten Strophe, wo der Dichter sagt:
V.163,37f.   'sô möhte mir ein wîp ir rât enbieten unde ir
                                                    helfe senden
                    und lieze mich verderben niht.'

In der dritten Strophe desgleichen Liedes wird dieses 'wîp'
beschrieben und mit anderen 'wîben' verglichen:

148

V.165,4ff.   'ich minne ein wîp, dâ meine ich hin.
                diust hôhgemuot und ist sô schoene
                daz ich si dâ von vor andern ... wîben kroene.
                wil aber ich von ir tugenden sagen,
                des wirt sô vil, swenn ichz bestân,
                daz ichs iemer muoz gedagen.'

Im V.164,17 wird wiederum ein Bezug zu anderen Frauen herge-
stellt, womit das Ausmaß der 'nôt' unterstrichen wird:
V.164,17f.   'ich schiet von ir daz ich von wîbe niemer mit
                                        der nôt gescheide
                noch daz mir nie sô wê geschach.'

Das Gedicht endet damit, daß der Mann seine unerschütterliche
Treue und seine bedingungslose Ergebenheit trotz Ausbleibens
des 'lônes' bekundet; und bezeichnenderweise nennt er die Frau
'saelic wîp', ein Adjektiv, das häufig verstärkend bei beschwörender Bitte vorkommt:
V.164,7ff.   'ich diende ir ie: mirn lônde niemen.
                daz truoc ich alsô daz mîn ungebaerde sach
                                        vil lützel iemen
                und daz ich nie von ir geschiet.
                si saelic wîp enspreche 'sinc',
                niemer mê gesinge ich liet.'

In zahlreichen Liedern Reinmars wird das Wort 'wîp' durch Epitheta oder durch den Sinnzusammenhang näher bestimmt und besonders positiv gewertet, wie obiges Lied beweist, oder auch folgende Beispiele.

Im Lied 152,25 wird die Geliebte, 'wîp' genannt, mit mehreren
geistig-seelisch wie auch sittlich-ethisch wertenden Epitheta
beschrieben:
V.153,3f.   'ein reine wîse saelic wîp
                lâz ich sô lîhte niht.'

Im Gedicht 153,14 wird die Frau wiederum - was im Minnesang bei
den von uns behandelten Dichtern einmalig ist - mit einem auf

die geistige Beschaffenheit bezogenen Attribut versehen:
V.153,23 ff.   'Ich weiz bî mir wol daz ein zage
                unsanfte ein sinnic wîp bestât.'

Beschreibungen wie in den letztgenannten Zitaten kommen nur bei
Reinmar vor. Andere Attribute, wie 'guot' oder 'schoen' begegnen bei ihm unzählige Male; folgende Stellen sollen als Exempel
dienen:

V.167,26ff.   'jô klage ich niht mîn ungemach,
               wan daz den ungetriuwen ie   baz danne mir
                                             geschach,
               die nie gewunnen leit von sender swaere.
               got wolde, erkanden guotiu wîp
               ir sumelîcher werben, wie dem waere!'

Zwei Stellen aus zwei für unecht erklärten Strophen sollen noch
herangezogen werden:

V.181,11ff.   'weiz got, guotes wîbes vingerlîn
               daz sol niht sanfte nu zerwerben sîn.'

V.202,31ff.   'Wîser denne ich waere
               bin ich maneger dinge wol.
               mirst vil liute unmaere,
               diech von rehte hazzen sol,
               und êre gerne guotiu wîp,
               durch die einen, diu von sorgen scheiden sol
                                             den mînen lîp.'

Bisweilen wird die Frau als 'schoen' dargestellt, so z.B. im
V.196,27 oder im V.203,11 (beide sind aus den "unechten" Lie-
dern 195,37 und 203,10 zitiert) oder im Gedicht 153,14:
V.154,14ff.   'Mich gerou noch nie daz ich den sin
               an ein sô schoene wîp verlie:
               ez dunket mich ein guot gewin.'

In den letzten beiden Versen dieser Strophe wird die Frau weiter gepriesen:

V.154,19f.   'si lebt mit zühten wunniclîchen schône.
              der tugende si geniezen sol.'

Auch in Verbindung mit dem Kernbegriff 'staete' begegnet die
Bezeichnung 'wîp' einmal bei Reinmar, im Wechsel MF.177,10,
in der Rede der Frau:
V.177,34ff.   'Daz wir wîp niht mugen gewinnen
              friunt mit rede, sinwellen dannoch mê,
              daz müet mich. in wil niht minnen.
              staeten wîben tuot unstaete wê.
              waere ich, des ich niene bin,
              unstaete, lieze er danne mich, sô lieze ich in.'

Die Frau bezeichnet sich selbst als 'wîp', ob sie nun von sich
allein im Sigular spricht oder sich als eine unter vielen Geschlechtsgenossinnen versteht, wie in den eben zitierten Versen.

Die Bezeichnung 'frouwe' ist des öfteren in der Bedeutung
"Frauen schlechthin" vorzufinden. Sie kommt bei Reinmar in mehreren Liedern abwechselnd mit dem Begriff 'wîp' vor, was häufig
von der Form bedingt oder mindestens beeinflußt ist.

In mehreren Strophen finden sich beide Begriffe im Abstand von
wenigen Versen und sind inhaltlich grundsätzlich nicht diffe-
renzierbar, wie im Lied 159,1:
V.159,1ff.   'Ich wirbe umb allez daz ein man
              ze wereltlîchen fröiden iemer haben sol.
              daz ist ein wîp der ich enkan
              nâch ir vil grôzen werdekeit gesprechen wol.
              lob ich si sô man ander frowen tuot,
              dazn nimet eht si von mir niht für guot.'

Im dritten Vers dieses Zitats bedeutet 'wîp' zwar "Frau
schlechthin", damit ist jedoch eine bestimmte, die geliebte
Frau gemeint. Trotzdem bleibt der Begriff wertneutral, bis im
darauffolgenden Vers von ihrer 'vil grôzen werdekeit' gesprochen wird. Auch die Bezeichnung 'frouwe' im vorletzten Vers

ist wertneutral und bezieht sich ganz allgemein auf andere
weibliche Wesen.

Im Lied 162,7 sind beide Wörter in der dritten Strophe vorzufinden:

V.162,25ff.   'Si jehent daz staete sî ein tugent,
              der andern frowen.[1] sô wol im der si habe!
              si hât mir fröide in mîner jugent
              mit ir wol schoener zuht gebrochen abe,
              daz ich unze an mînen tôt   si niemer mê gelobe.
              ich sihe wol, swer nu   vert sêre wüetend alse
                                                    er tobe,
              daz den diu wîp nu minnent ê
              dann einen man der des niht kan.
              ich ensprach in nie sô nâhe mê.'

Es ist anzunehmen, daß 'frouwe' im V.162,26 im Plural steht.
Die Singularform würde sich auf eine bestimmte Frau beziehen,
was viel zu konkret und persönlich und für den sonst nicht dif-
ferenzierenden Minnesang ziemlich sonderbar und einmalig wäre.
Wird die zwar in beiden Fällen der 'unstaete' bezichtigte Frau
mit anderen Geschlechtsgenossinnen verglichen, so klingt der
erhobene Vorwurf nicht allzu stark verletzend und geschieht
auf einer diskreteren Weise, als wenn sie einer anderen bestimmten Frau gegenübergestellt werden würde.

In dieser allgemeinen, wertneutralen Bedeutung erscheint die
Pluralform des Wortes 'frouwe' im V.151,15 des Liedes 151,1:

V.151,15f.   'nie genam ich vrowen war,
                  ich waere in holt die mir ze mâze wâren.'

oder im V.152,25[i] in der letzten Strophe des Liedes 152,15:

V.152,26[e]ff. 'wil diu schoene triuwen pflegen
                  und diu guote,

---

1) Gegenüber dem Text "des Minnesangs Frühling" haben wir
   dem Wort ein 'n' hinzugefügt in Anlehnung an die Hand-
   schrift b.

                sost mir sô wol ze muote
                als der bî vrowen hât gelegen.'

In der vierten, als unecht beurteilten Strophe des Gedichtes
170,1, kommen wiederum beide Begriffe vor (auch in der zweiten
Strophe in den Versen 170,10 und 13):
V.170,22ff.   'Si hât leider selten
                mîne klagende rede vernomen:
                des muoz ich engelten.
                nie kund ich ir nâher komen.
                manger zuo den vrouwen gât
                und swîget allen einen tac
                und anders niemen sînen willen reden lât.'

In der zweiten Strophe des Liedes 197,15 ist die Rede vom
Frauendienst:
V.197,22ff.   'Mich wundert sêre wie dem sî
                der vrouwen dienet und daz endet an der zît.
                da ist vil guot gelücke bî.'

Die vierte Strophe des Reinmar abgesprochenen Gedichts 183,9
berichtet vom Lob der Frauen:
V.183,27ff.   'Wir suln alle frowen êren
                umbe ir güete und iemer sprechen wol
                unde ir fröide gerne mêren:
                nieman êrte si ze rehte ie vol.
                elliu fröide uns von in kumt
                und al der werlte hort uns âne ir trôst ze nihte
                                                    frumt.'

In beiden eben genannten Fällen liegt es nahe, 'frouwen' mit
"adligen Damen" wiederzugeben. Dies ist zwar nicht abwegig, jedoch darf dabei keineswegs von einem wesensmäßigen Unterschied
zur Bezeichnung 'wîp' ausgegangen werden, weder in sozialer
noch in ethischer Hinsicht, denn gerade in Reinmars Werk sind
genügend Stellen enthalten, in denen bei adäquatem Gehalt der
Begriff 'wîp' gebraucht wird. Zum Thema Frauendienst sind z.B.
folgende Verse zu erwähnen:

V.151,17ff.   'Genâde suochet an ein wîp
               mîn dienest nu vil mangen tac.
               durch einen alse guoten lîp
               die nôt ich gerne lîden mac.'

oder, aus dem "unechten" Lied 201,12:
V.201,30ff.   'sol ein ander von ir lôn enphân
               und ich dâ niht erworben hân,
               so gediene ich nimmer wîbe mêr ûf lieben wân.'

In Bezug auf 'êren' und 'loben' von Frauen sollen aus den vie-
len Stellen, die sich mit diesen Motiven befassen, nur einige
Beispiele genannt werden:
V.171,1ff.   'dâ merkent doch ein wunder an.
               ich solte iu klagen die meisten nôt,
               niwan daz ich von wîben übel niht reden kan.'

Im Lied 189,5 erklärt der Mann, obwohl er seinen 'alten kumber'
immer klagen muß (V.189,11):
V.189,29ff.   'sol mîn dienest alsô sîn verswunden,
               sô sîn doch gêret elliu wîp,
               sît daz mich einiu mit gedanken fröit an mangen
                                                       stunden.'

Ebenso wie die Bezeichnung 'wîp' im Singular auf eine bestimmte Frau bezogen werden kann, so auch 'frouwe':
V.182,14ff.   'Hôhe alsam diu sune stêt daz herze mîn:
               daz kumt von einer frouwen, diu kan staete sîn
               ir genâde, swâ si sî.
               si machet mich vor allem leide frî.'

Zuletzt sollen noch zwei interessante Stellen herangezogen werden, die in Bezug auf Gehalt und Gebrauch der beiden Begriffe
sehr aufschlußreich sind.

In der vierten Strophe des Liedes 166,16 spricht der Dichter
von 'mîner frouwe', die er dann als 'daz aller beste wîp' bezeichnet:

V.167,16ff.   'si frâgent mich ze vil von mîner frouwen jâren,
und sprechent, welher tage si sî,
dur daz ich ir sô lange bin   gewesen mit
                                  triuwen bî;
si sprechent daz es möhte mich verdriezen.
nu lâ daz aller beste wîp
ir zühtelôser vrâge mich geniezen.'

Im Wechsel 195,37 - ein wiederum für unecht gehaltenes Lied -
ist die Rede des Mannes bemerkenswert:

V.195,37ff.   'War kam iuwer schoener lîp?
wer hât iu, saelic frouwe den benomen?
ir wârt ein wunneclîchez wîp:
nu sît ir gar von iuwer varwe komen.'

Zum ersten Mal begegnet die Zusammensetzung 'saelic frouwe'.
In diesem Vers ist dies durch den Rhythmus bedingt; auch ist
die Anrede der Frau mit 'wîp' nicht gerade üblich, vor allem
wenn die Benennung nicht vom Attribut 'saelic' begleitet wird.

In diesem Zusammenhang sollte auch auf den ebenfalls "unechten"
Frauenmonolog 199,25 hingewiesen werden, wo sich die Sprechende
nicht wie gewohnt als 'wîp', sondern als 'frouwe' bezeichnet:

V.199,25ff.   'Âne seaere   ein frouwe ich waere,
wan daz eine daz sich sent
mîn gemüete   ûf sîne güete,
der er mich wol hât gewent.'

In der Anwendung der Begriffe lassen sich auch bei Reinmar die
bisherigen Beobachtungen bestätigen.

Die Verbindung des Begriffs 'frouwe' mit dem vor- oder nachge-
setzten Possessivpronomen 'mîn' kommt insgesamt siebenmal vor,
in den Versen 167,16; 197,14; 197,14[d]; 176,12; V.S.435. Im
V.166,17 wird die Geliebte als 'herzeliep' bezeichnet, und im
V.204,13 diminutiv als 'mîn frouwelîn'.

Im Minnesang ist es üblich - wie wiederholt festgestellt werden konnte - die geliebte Frau mit 'frouwe' zu apostrophieren.

Achtmal wird die Frau bei Reinmar von dem sie liebenden Mann
in der 2. Sg. angeredet, z.B. im V.173,7; im Lied 176,5 allein
viermal in den Versen 176,15; 177,9; 176,27 und 176,16. Von
einer dritten Person wird die Frau jedoch in der Pluralform
angesprochen, so z.B. dreimal vom Boten im Gedicht 177,10 in
den Versen 177,14; 20 und 25.

An drei weiteren Stellen wird die Frau mit 'wîp' angeredet, im
V.165,28, V.196,1 und einmal in der uns inzwischen vertrauten
Zusammensetzung 'saelic wîp' im Lied 194,18:
V.194,26ff.   'Lâ stân, lâ stân! waz tuost du, saelic wîp,
                daz du mich heimesuochest an der stat
                dar sô gewalteclîche wîbes lîp
                mit starker heimesuoche nie getrat?
                genâde, frouwe! ich mac dir niht gestrîten.
                mîn herze ist dir baz veile danne mir:
                ez solde sîn bî mir; nust ez bî dir:
                des muoz ich ûf genâde lônes bîten.'

Wiederum wird die geliebte Frau mit 'saelic wîp' tituliert,
wenn es darum geht, sie um 'genâde' zu bitten, wobei die Bezeichnung 'frouwe' dem Wort 'genâde' unmittelbar folgt wie im
V.194,30. Es ist interessant nochmals an diesen Versen zu beobachten, inwieweit Metrum und Stil die Wortwahl beeinflußt
haben. In diesem gleichmäßig gebauten Gedicht - beide Strophen
sind identisch, bis auf den in allen Versen vorkommenden Auf-
takt - steht 'wîp' im V.194,26 im Kreuzreim auf 'lîp' im Aufgesang, dessen Kadenz durchweg stumpf ist.

Der Begriff 'wîp' ist vom Attribut 'saelic' begleitet, wie bei
anderen Dichtern auch, wenn die Geliebte um 'genâde' ersucht
wird. Diesem Wort folgt die Benennung 'frouwe', die ohnehin
meist in der Anrede vorzufinden ist.

Die gängige Formel 'elliu wîp' fehlt auch bei Reinmar nicht.
Sie ist z.B. im V.150,5; V.189,30 zu finden, aber auch in den
Versen 197,4 und 183,24.

Im Gespräch mit dem Boten des 'vil lieben man' (V.177,11) im
Lied 177,10 spricht die Frau, wie im Monolog üblich, von sich
als 'wîp' in den Versen 177,34ff. und im Lied 178,1 im
V.178,32.

In der Frauenstrophe 167,31 einem Trauerlied, das Reinmar anläßlich des Todes Leopolds VI. dichtete und dessen Witwe in
den Mund legte, beklagt die Trauernde ihren großen Verlust:
V.168,6ff.   'Mir armen wîbe was ze wol
                dô ich gedâhte an in
                wie mîn heil an sîme lîbe lac.
                daz ich des nu niht haben sol,
                des gât mir sorgen hin
                swaz ich iemer mê geleben mac.
                mîner wunnen spiegel derst verlorn.'

In dieser Witwenklage geht es übrigens nachweislich um eine
adlige Frau, die das Wort 'wîp' auf sich anwendet. Das Attribut 'arm' bedeutet in diesem Zusammenhang soviel wie "bedau-
ernswert, elend".[1]

Im für unecht erklärten Frauenmonolog MF.192,25 kommt die Bezeichnung 'wîp' dreimal vor, in den Versen 192,30; 36 und
193,6.

Noch ein letztes Beispiel für die Benennung 'wîp' in einer
Frauenstrophe soll herangezogen werden, und zwar aus dem wie-
derum für unecht gehaltenen Wechsel 198,4. Hier sagt die Frau:
V.198,10ff.   'ich bin ein wîp,   daz im von wîbe
               sô liebe nie geschach,   als im von mir
                                         geschaehe.
                  mîn ouge in gerner nie gesach   dann ich in
                                                   hiute saehe.'

Die Bezeichnung 'frouwe' kommt bei Reinmar kein einziges Mal
im Reim vor, 'wîp' dafür siebenundzwanzigmal. Neunzehnmal reimt
die einsilbige Form auf 'lîp', z.B. in den Versen 152,6 und 8;

---

1) BMZ, Bd. I. S. 58.

153,32 und 34; 202,35f.; 151,17 und 19; 195,37f. u.v.m. Die
Dativform des Reimpaars, 'wîbe'-'lîbe' ist verhältnismäßig häufig vertreten, viermal; in den Versen 167,23 und 25; 202,1 und
3; als Binnen- mit Endreim kombiniert in den Versen 200,19f.
und im Binnenreim in den Versen 160,14 und 17. Einmal stehen
beide Wörter im Genitiv, in den Versen 196,27f. Sonst steht
das Wort 'wîp' noch dreimal im Reim; einmal reimt der D.Sg.
auf 'belîbe' in den Versen 160,30 und 33, der D.Pl. auf 'belîben' in den Versen 150,5f. und zuletzt auf 'vertrîben' und
'belîben' in den Versen 181,6 und 9f.

Auch der Rhythmus spielt beim Gebrauch der Wörter eine mehr
oder weniger wichtige Rolle. In mehreren Fällen würde der Gehalt eines Verses durch das Einsetzen des einen statt des anderen Begriffs nicht verändert, dafür jedoch der durchdachte,
gleichmäßige Aufbau der Strophe durch die unterschiedliche Silbenzahl der Wörter 'wîp' und 'frouwe' im N. und A. Sg. und Pl.
in Mitleidenschaft gezogen. Diese Tatsache bezeugen folgende
Beispiele: V.166,3, V.160,11, V.163,24 und 163,37 in Bezug auf
'wîp', und V.159,5, V.151,15 oder 183,27, in denen die Bezeichnung 'frouwe' benutzt wurde. Diese Beispiele können um einiges
vermehrt werden, was jedoch kaum erforderlich ist, da aus den
genannten Stellen klar hervorgeht, wie die metrische Form
durch das Vertauschen der Wörter ihren kunstvollen Aufbau einbüßen würde.

Ebenso wichtig für die Entscheidung des Dichters zwischen den
Bezeichnungen ist die lautliche Umgebung. Im Falle von 'rein'
ergibt die Kombination mit 'wîp' helle Lautung (V.153,3). Auch
die Zusammensetzung mit 'sinnic' im V.153,24 und 'saelic'in
den Versen 164,10, 166,3 und 176,5 ist wohl lautlich bedingt.
Beim Gebrauch des Begriffs 'wîp' in den Versen 154,26 und
171,9, oder aber auch in den oben genannten Versen 153,3 und
24 ist das Überwiegen von hellen Vokalen zu bemerken.

Im V.152,25[1] wurde die Bezeichnung 'frouwe' wahrscheinlich
ebenfalls aus lautlichen Erwägungen gewählt. Im V.199,25, in

dem die Benennung zum ersten und letzten Mal in einem Frauenmonolog vorkommt, spielte - abgesehen vom Rhythmus - wohl auch
das lautliche Bild der Strophe eine Rolle bei der Wortwahl. In
dieser Strophe herrschen die hellen Vokale zwar vor, man sollte
deswegen meinen, das Wort 'wîp' würde mit dieser Umgebung mehr
harmonieren. Es scheint aber, daß , um diese Vorherrschaft zu
brechen, der Dichter 'frouwe' mit der völlig abweichenden Vokalqualität eingesetzt hat. Somit wird das Wort gerade durch
sein Anders-sein besonders akzentuiert.

Festzuhalten bleibt, daß Reinmars Werk zwar eine starke Bevorzugung des Begriffs 'wîp' aufweist, was jedoch nur statistischen Wert hat und nicht mit inhaltlichen Konsequenzen verbunden ist. Es besteht kein wesensmäßiger Unterschied zwischen
den beiden Bezeichnungen, und die Entscheidung, ob diese oder
jene gebraucht wird, scheint subjektiv oder formal begründet
zu sein. Somit ist Erika Ludwig keineswegs zu ihrem Angriff
auf Reinmar berechtigt, wenn sie meint: "So tritt, neben der
kritiklosen Gleichsetzung aller Frauen, auch schon die von
Walther getadelte Verwirrung der Namen ein".[1] Bei der ab-
wechselnden Verwendung von Wörtern gleichen Inhalts kann von
"Verwirrung" nicht die Rede sein.

---

1) Ludwig, Wîp und Frouwe, S. 23.

Zusammenfassung

Die Analyse der Lieder des hohen Minnesangs in "Des Minnesangs Frühling" widerlegt die Vorstellung vieler Minnesang-Forscher über die Begriffe 'wîp' und 'frouwe'. Entgegen weitverbreiteter Meinung ist die Benennung 'wîp' mit keinerlei negativen Assoziationen verbunden und bezeichnet auch nicht ausschließlich Frauen niederer Herkunft oder minderwertigen Charakters. Das Wort ist demnach keineswegs – wie oft angenommen wird – für eine adlige Kunst wie den Minnesang unbrauchbar.

Andererseits ist die Bezeichnung 'frouwe' nicht notwendigerweise allein auf die Bedeutung "Damen adligen Geschlechts" zu beschränken, wobei viele Forscher mit der sozialen Höherstellung auch ethisch-sittliche Werte impliziert sehen.

Beide Begriffe haben ein allgemeineres und breiteres Bedeutungsspektrum und enthalten keineswegs von vornherein eine "begriffsnotwendige" Wertung, sei sie nun positiv oder negativ. Beide Begriffe sind "an sich" in ständischer und wertender Hinsicht neutral. Erst durch die Epitheta oder durch den Sinnzusammenhang, in dem sie erscheinen, werden sie in ihrem umfassenden Gehalt eingeschränkt und modifiziert. Die Bezeichnung 'frouwe' kann genauso wie 'wîp' als allgemeine Geschlechtsbezeichnung fungieren, also Frauen schlechthin bedeuten. Und 'wîp' wird – parallel zu 'frouwe' – auch in Liedern verwendet, die Kernfragen der höfischen Dichtung thematisieren und mit typischen Motiven arbeiten. Beide Begriffe sind also ihrer Bedeutung nach austauschbar.

Und dennoch überwiegt der eine oder andere Begriff bei einigen Dichtern. Nicht immer ist die Ursache leicht erkennbar, meistens lassen sich jedoch Kriterien zur Begründung finden. In der Regel beeinflussen formale Kriterien wie metrische, stilistische oder lautliche Bedingungen die Wortwahl. Dabei bleiben die Begriffsinhalte unverändert. Und gerade dieses Faktum, daß der Gebrauch der Wörter von formalen Erwägungen abhängt, verifiziert unsere These von der inhaltlichen Austauschbarkeit und Parallelität der Wörter 'wîp' und 'frouwe'.

Besonders aufschlußreich ist die Verwendung der Wörter in formelhaften Wendungen sowie in bestimmten Sprechsituationen. In der Anrede erscheint fast ausschließlich 'frouwe', in der monologischen Selbstnennung dagegen das Wort 'wîp'. Das läßt vermuten, daß 'frouwe' vor allem als Apellativum für weibliche Personen fungierte. Dieser Befund, der aus der Untersuchung von Minneliedern gewonnen wurde, müßte in einer umfassenden semantischen Wortstudie weiterverfolgt werden.

III. Kritische Analyse der Elemente des Frauenbildes der Minnesangforschung

Die folgenden Untersuchungen sollen einzelnen Elementen des Bildes gelten, das sich die Minnesangforschung von der Frau im hohen Minnesang macht. Dabei geht es vor allem darum, die Forschungsmeinungen an den Texten zu überprüfen, um zu sehen, ob von diesen aus die Annahmen gestützt werden können oder nicht. Es wird nicht möglich sein, über den hier gesetzten Rahmen hinaus zu untersuchen, ob die epische Dichtung Annahmen erlaubt, die für die 'frouwe' des Minnesangs allzugern als gesichert vorausgesetzt werden. Ebenso ist es nicht möglich, romanische Texte in die Untersuchung einzubeziehen, um festzustellen, ob hier gewonnene Ergebnisse und berechtigte Aussagen auf den Kreis der in dieser Arbeit untersuchten Minnesänger übertragen wurden. Auch können nicht realhistorische Studien betrieben werden, um durch sie ein Urteil über die Berechtigung mancher Aussagen der Forschung zu gewinnen. Wohl aber wird sich bei einigen - und namentlich bei den wichtigsten - Elementen zeigen lassen, von welchen Interpretationsansätzen und Prämissen her sie zustande gekommen sind. Schließlich sollen zwei Charakteristika der Frauen in den hier untersuchten Liedern besonders berücksichtigt werden: die Erwiderung der Werbung und Minne des Mannes und die Irrealität und Formelhaftigkeit der Beschreibung der Frau in den Liedern.

1. Die eheliche Gebundenheit der Frau

In keinem Lied von "Des Minnesangs Frühling" wird auch nur an-
deutungsweise erwähnt, daß die besungene Frau verheiratet ist,
es sei denn, man denkt an Reinmars "Witwenklage" MF.167,31,
einen Frauenmonolog, den Reinmar anläßlich des Todes Leopolds
VI. dichtete und dessen Witwe in den Mund legte. Hierbei handelt es sich jedoch nicht um ein Minnelied im üblichen Sinne,
und es wird auch von keinem der von uns konsultierten Werke
der Sekundärliteratur als Beweis für das Verheiratetsein der
Frau im Minnesang herangezogen.

Dennoch vertritt die Mehrzahl der Literaturhistoriker die Meinung, daß die Frau in den klassischen Minneliedern verheiratet
ist, und zwar ist sie nicht die Ehefrau des Singenden, sondern
immer die eines anderen. Worauf stützt sich diese Ansicht?

Zunächst ist zu bemerken, daß je nachdem, welchen Aspekt des
Minnesangs man behandelte, und je nachdem, ob die Frage vom
Verheiratetsein der besungenen Dame für die eigenen Thesen von
Relevanz war, man diese Problematik anschnitt. Außerdem war
die Einstellung zu diesem Problem in den Anfängen der wissen-
schaftlichen Beschäftigung mit dieser höfischen Kunst flexib-
ler, d.h. in der Anfangsphase der Forschung war die Auffassung
von der ehelichen Bindung der angebeteten Frau nicht allgemein
verbindlich. Literaturwissenschaftler wie Hertz, Uhland oder
Scherer halten es nicht für notwendig, daß die besungene Frau
verheiratet sein muß. Erst allmählich setzte sich diese Auffassung durch, so daß sich heute wohl kaum ein Germanist vorstellen kann, daß die Frau der höfischen Lyrik nicht verheiratet
war. Worin mag diese Vorstellung ihre Ursache haben?

Es lassen sich semantische, psychologische, ethisch-sittliche
und sozial-historische Gründe anführen.

Vielleicht veranlaßt der Begriff 'frouwe' dazu, sich eine

verheiratete Frau vorzustellen,[1] bezeichnet doch Frau im Nhd.
die Ehefrau. Auch der Gegensatz 'frouwe'-'juncfrouwe' könnte
diese Tendenz verstärkt haben. In seiner Wortmonographie
schreibt Kotzenberg in einer Erörterung zu 'juncfrouwe' und
'frouwe': "Wenn das Wort 'frouwe' sich auch meist auf Ehefrau-
en bezieht, so hat es doch nicht eigentlich die Bedeutung einer
Verheirateten".[2] Und weiter: "Auf das Verheiratetsein deutet
der Gegensatz von 'juncfrouwen' und 'frouwen'". Damit sieht
Kotzenberg als erwiesen, "daß die 'juncfrouwen' gern als unverheiratet angesehen wurden; damit ergibt sich zugleich die Möglichkeit einer Bedeutung von 'frouwe' als verheirateter Frau".[3]

Einige Forscher halten das Verheiratetsein der Frau für notwendig, weil sie meinen, daß sie erst durch den Status der Ehe
die Reife und Erfahrung erwirbt, die sie überhaupt für ihre
erzieherische Rolle geeignet macht: "Und als verheiratete
Frau hält sie die innere Reife bereit, um die der Mann sich
bemüht. Ihr darf die menschliche Reife und Hoheit zugetraut
werden, die den Einsatz des Mannes lohnt".[4] So argumentiert
z.B. Brinkmann, der an anderem Ort noch schreibt: "Und nur
eine verheiratete Frau verfügt über die geistige und seelische Reife, den Mann zu läutern".[5]

Spiewok teilt diese Meinung, wenn er "als Partnerin des Minneverhältnisses in erster Linie die verheiratete (d.h. reifere,
in Fragen der Kultur erfahrene und allein gesellschaftsfähige)
Frau"[6] sieht.

Schon Burdach hat sich in dieser Richtung bewegt, wenn er

---

1) Dies hat schon Wechssler in seinem Aufsatz "Frauendienst
   und Vasallität", S. 186, richtig gesehen.
2) Kotzenberg, Man, frouwe, S. 124.
3) Kotzenberg, Man, frouwe, S. 127.
4) Brinkmann, Der deutsche Minnesang, S. 124.
5) Brinkmann, Erscheinung und Entfaltung, S. 506.
6) Spiewok, Minneidee, S. 482.

meint, daß "erst durch ihre Ehe die Dame geistige und gesellschaftliche Bewegungsfreiheit gewann".[1]

Schumacher beantwortet in Übereinstimmung mit Lot-Bordine die
Frage, "warum das Mädchen nicht Gegenstand Hoher Minne werden
kann", in folgender Weise. Dies sei "weniger in der gesellschaftlichen Situation der Zeit als im Wesen der Hohen Minne
zu sehen, welches dem Charakter und den Erwartungen des jungen
Mädchens wenig gemäß ist. ... Nur die überlegene, erfahrene
und beherrschte Frau, die durch Versagen und zögerndes Gewähren den Läuterungsprozeß des Ritters zu lenken wußte, nur die
mit allen Vorzügen idealer Vollkommenheit ausgestattete, zum
Idealbild erhöhte Frau vermochte im Ritter jenen Eros zu
wecken, der ihn nach Selbstvollendung streben läßt".[2]

Inwiefern der Grad der psychischen Reife von einer Eheschlie-
ßung abhängig gemacht werden kann, ist sicherlich schwer zu
entscheiden.

Vor allem diejenigen Forscher, die die Erfüllung der erzieherischen Aufgabe der Minne, deren Trägerin die Frau war, nur und
gerade im Ausbleiben der Liebesgunst vonseiten der Frau, in
ihrer Unerreichbarkeit, sahen - erst dies löst beim Mann die zu
seiner Veredelung und Vervollkommnung erforderlichen innerli-
chen Auseinandersetzungen aus - zweifelten nicht daran, daß
die umworbene Geliebte in ehelicher Bindung zu einem anderen
Mann stand. Dazu schreibt Kolb, ein engagierter Verfechter der
These von der spiritualisierten Minne: "Die Tatsache, daß die
'vrouwe' verheiratet ist, setzt dem leiblichen Sehnen und Begehren des Minnens eine Grenze, die ... aus dem Geist der Minne
selbst notwendig ist. Denn gerade aus dem Negativum, daß der
Minne die äußere Erfüllung ihres Begehrens versagt bleibt,

---

1) Burdach, Über den Ursprung, S. 278.
2) Marlis Schumacher, Die Auffassung der Ehe in den Dichtungen Wolframs von Eschenbach. Heidelberg 1967.
   S. 67.

zieht sie das Positivum immer neuer Antriebe und unversiegbarer Kräfte".[1]

Die eheliche Bindung der Frau rückt die Gegenseitigkeit und die Erwiderung der Liebe in weite Ferne, da, so z.B. Burdach "das Ziel dieser Minne und der ihr dienenden oder zu dienen vorgebenden Lieder nur im Ehebruch erreicht werden" kann.[2] Auch andere Literaturhistoriker wie Kuhn,[3] oder Kienast[4] sehen dies ähnlich. Der Ehebruch wäre nicht nur ein ungeheures Beflecken der 'êre' - und hier ist der Begriff in der mhd. Bedeutung von innerer Wertigkeit und gutem Ruf und Ansehen in der Gesellschaft zu verstehen - der Dame, sondern auch des Ehemannes, und "aristokratische Kriegerschichten pflegen ... ein sehr empfindliches Ehrgefühl zu besitzen".[5] Hinzu kommt noch die harte Strafe, die beide Liebespartner bedroht, falls der Ehemann der Frau etwas erfahren sollte, denn auch nur "der Schein des Ehebruchs" wäre von dem Gatten "schwer bestraft worden".[6] Aus diesen Gründen wird die Liebeserfüllung ausgeschlossen, die Hoffnung des Mannes auf Erhörung seiner Wünsche bleibt 'wân', da die Frau sonst das Sakrament der Ehe verletzen würde. Indem die Frau ihre Gunst jedoch verweigert, behält sie ihre Tadellosigkeit und Vorbildlichkeit und wird nicht zur Partnerin eines Liebesverhältnisses degradiert.

Die eben genannten psychologischen und ethisch-sittlichen Erklärungen reichen jedoch nicht aus, um die Behauptung, daß die angebetete Frau in der höfischen Lyrik verheiratet war, überzeugend zu begründen, vor allem, da dieses Thema von keinem der Minnesänger in irgendeiner Weise berührt wurde. Deshalb

---

1) Kolb, Der Begriff der Minne, S. 117f.
2) Burdach, Über den Ursprung, S. 257.
3) Kuhn, Die Klassik des Rittertums, S. 117.
4) Kienast, deutschsprachige Lyrik, Sp. 54.
5) Kienast, deutschsprachige Lyrik, Sp. 54.
6) Arnold Hauser, Sozialgeschichte der Kunst und Literatur. München 1953, S. 226.

neigen die meisten Vertreter dieser Theorie zu einer anderen
Art der Beweisführung. Sie erscheint stichhaltiger, weil sie
scheinbar in den Texten begründet liegt, oder aus einer vermeintlichen sozial-historischen Wirklichkeit abzuleiten ist.
Bei genauer Überprüfung erwiesen sich diese Erklärungen jedoch als trügerisch und spekulativ.

Beim ersten Verfahren werden gewisse Motive und Momente, die
in mehreren Gedichten vorkommen, aufgegriffen und tendenziös
interpretiert. Es handelt sich hauptsächlich um das Motiv der
'huote' und 'merkaere' und ihren 'nîd', das den Befürwortern
der Ansicht von der ehelichen Gebundenheit der Frau als wichtige Unterstützung ihrer Auffassung gilt. Sie sehen darin eine
durch den "eifersüchtigen Gatten" veranlaßte Bewachung seiner
Gemahlin. So erklärt sich z.B. Scherer das Phänomen der heim-
lichen Liebe, die, wie er meint, sich unter romanischem Einfluß in Deutschland um 1185 zu verbreiten begann: "Die Erwäh-
nung der Aufpasser zeigt, dass die heimliche, verbotene Liebe,
das Verhältniss zu einer verheiratheten Frau, das dem Argwohn
und der Ueberwachung ausgesetzt ist, typisch wird und sich unter dem Einflusse westlicher romanischer Sitte fixiert".[1] Auch
Marianne Weber, deren Werk "Ehefrau und Mutter"[2] als klassische Arbeit über die Frau im allgemeinen gilt, äußert sich
zum selben Problem wie folgt: "Die Angst und Eifersucht der
Ehemänner, daß ihre Frauen mit anderen fremden Rittern ähnliche
Beziehungen haben, wie sie selbst bei anderen Frauen, führen
zu dauernder strenger Beaufsichtigung der Ehefrau und zur Beschränkung ihrer Bewegungsfreiheit im Alltagsleben".[3] Auch in
neueren Arbeiten wird diese Auffassung vertreten, so z.B. von
Marlis Schumacher: "Andererseits war auch die durch die 'huote'
bewachte verheiratete Frau nicht für jedermann erreichbar".[4]

---

1) Scherer, Geschichte, S. 72.
2) Marianne Weber, Ehefrau und Mutter in der Rechtsentwicklung, Tübingen 1907.
3) Weber, Ehefrau, S. 265.
4) Schumacher, Auffassung der Ehe, S. 66, Anm. 6.

Daß für solche spekulativen Annahmen kein ausreichender Grund in den Liedern selbst liegt, wird allzu gern übersehen.

Einen Schritt weiter gehen solche Forscher, die ihre Schluß-folgerungen in keinerlei Weise aus den Texten ableiten oder sie mit diesen in Verbindung bringen. Ihre Annahme, daß die um-worbene und angebetete Geliebte verehelicht war, meinen sie aus einer sozial-historischen Perspektive überzeugend belegen zu können. Die Dichter können nur Frauen besungen haben, mit denen sie Umgang hatten. Dabei könne es sich nur um verheira-tete Frauen gehandelt haben, denn nur diese hatten Zutritt zur Öffentlichkeit. Dementsprechend konnten nur sie "leicht in der Gesellschaft von Männern umspielt werden",[1] um mit Neumann zu sprechen. Dieser Auffassung schließen sich mehrere Forscher an, z.B. Schröder, der "die Tatsache, daß die Trouba-dours (bzw. Minnesänger) stets verheiratete Frauen besangen" als eine Selbstverständlichkeit betrachtet, und diese Frage mit einem Zitat von Pillet abtut: "sie wird einfach damit be-antwortet, daß das junge Mädchen in die Gesellschaft erst mit ihrer Heirat eintrat und bis dahin unter keinen Umständen be-achtet, besprochen und kompromittiert werden durfte".[2]

Andere Germanisten wie Brinkmann[3] oder Kienast[4] äußern sich ähnlich. Auch Hauser, um einen Soziologen anzuführen, teilt diese Meinung,[5] die immer wieder in germanistischen oder nicht-germanistischen Arbeiten begegnet, wenn das Thema der Minnelyrik berührt wird.

---

1) Neumann, Hohe Minne, S. 188.
2) Schröder, Minnesang, S. 266. Er zitiert A. Pillet, Zum Ur-sprung der altprovenzalischen Lyrik (1928) S. 355.
3) Brinkmann, Der deutsche Minnesang, S. 124: "Denn nur in der Gesellschaft ist die Begegnung möglich, zu der allein die verheiratete Frau den Zutritt hat".
4) Kienast, deutschsprachige Lyrik, Sp. 48: "Diese Gesellschaft besteht aus den Herren und ihren verheirateten Frauen; die noch unvermählten Töchter hatten zur Geselligkeit der Höfe keinen Zutritt".
5) Hauser, Sozialgeschichte, S. 228.

Burdach geht jedoch etwas weiter, indem er auch die Erziehungs-
gepflogenheiten in Betracht zieht: "Die Erziehung der jungen
Mädchen von Stande in klösterlicher Obhut, ihre Abschließung
von der Geselligkeit der Männer bis zu ihrer Vermählung" gehören zu den Dingen, "welche die Entwicklung des im Minnedienst
sich auslebenden Kultus der verheirateten Frau begünstigen".[1]

Diese Art der Argumentation kann nicht ohne weiteres akzeptiert werden, da sie von einer mittelalterlichen sozialen "Realität" hergeleitet wird, die nicht einheitlich gesehen und beurteilt werden kann. Es gibt genügend Darstellungen von Germanisten, Historikern und Soziologen, die in Bezug auf die "Realität" voneinander abweichen oder gar widersprüchlich sind.
Dies liegt daran, daß die oft für selbstverständlich gehaltenen "Fakten" und Erkenntnisse über das höfische Leben im Mittelalter einer "Wirklichkeit" entstammen, die ihrerseits hauptsächlich aus den verschiedenen dichterischen Quellen erschlossen wurde. Somit handelt es sich - wie Hugo Kuhn zutreffend
formuliert - um einen "gefährlichen Zirkelschluß".[2] Er
schreibt weiter: "Die kultur- und gesellschaftsgeschichtli-
chen Daten, von denen sie (die Ideologie-Vorstellungen einer
mittelalterlichen Realität) und auch wir ausgingen, sind uns
ja nicht direkt überliefert (etwa in Beschreibungen, Memoiren-
werken, dokumentarischen Bildern usw.), sondern sie entstammen
einer Abstraktion aus indirekten Quellen, und zwar vor allem
- der Dichtung! Was der Kulturhistoriker vom 'höfischen Leben',
von den Turnieren oder dem Frauenleben um 1200 weiß, das hat
er seinerseits fast ausschließlich aus den dichterischen Werken der Zeit erschlossen, indem auch er, genau nach dem oben
beschriebenen Schema, Fiktives, Stilisiertes, allzu Persönli-
ches davon abhob, um die allgemeinen Tatsachen, die zugrunde

---

1) Burdach, Über den Ursprung, S. 278.
2) Hugo Kuhn, Soziale Realität und dichterische Fiktion. In:
   Dichtung und Welt im Mittelalter. Stuttgart 1959. S. 29
   (Zuerst erschienen in: Soziologie und Leben. Hrsg. von
   Carl Brinkmann.1952).

liegende Realität zu finden!"[1])

Wegen der Fragwürdigkeit einer auf einer zweifelhaften, mittelalterlichen sozial-historischen Realität basierenden Argumentation, vor allem aber wegen des Fehlens jeglichen Hinweises
auf die eheliche Bindung der Frau in den Texten der höfischen
Lyrik, sollte diese These nicht länger aufrecht erhalten werden. Für die erzieherische Wirkung der Minne ist dies auch
irrelevant, denn diese kann auch dann eintreten, wenn die Frau
den Mann erhört, wie noch gezeigt werden soll.

---

1) Kuhn, Soziale Realität, S. 29f.

2. Die soziale Höherstellung der Frau

Die Ansicht, daß die besungene Geliebte in den Liedern der höfischen Dichtung einer sozial höheren Schicht entstammt als der sie liebende und um ihre Gunst werbende Mann, muß mindestens für die von uns betrachtete Phase des Minnesangs zurückgewiesen werden. Denn diese Auffassung kann nur allenfalls für ein einziges Lied, nämlich für Hartmanns sogenanntes "Unmutslied" MF.216,29 Geltung haben. In diesem Gedicht empfindet der Mann die Minne zu den 'ritterlîchen frouwen' als 'ein ze hôhez zil' (V.217,5), weil er schon einmal von einer dieser 'frouwen' 'twerhes an gesehen' wurde (V.217,10), als er ihr seine Liebe bekannte. Diese entwürdigende Erfahrung veranlaßt ihn, bescheidener zu werden. Er nimmt sich vor, sich zu 'armen wîben' zu begeben, deren es viele in seiner Umgebung gibt: 'swar ich kum dâ ist ir vil' (V.217,2). Die Kontrastierung dieser 'wîp' zu den 'ritterlîchen frouwen' (vgl. die ausführliche Interpretation dieses Liedes S. 118ff.) läßt vielleicht wirklich zu recht annehmen, daß es sich hier um eine sozial hochstehende Frau handelt, die dem ritterlichen Stand angehört. Höher als Hartmann muß sie damit allerdings nicht in der ständischen Ordnung eingestuft werden. Es könnte eher das hochfahrende Wesen und die kühle Distanziertheit der 'ritterlîchen frouwe' gemeint sein.

Diese Problematik hat außer Hartmann kein anderer der in "Des Minnesangs Frühling" zusammengestellten Minnesänger angeschnitten. Von Walther und Wolfram darf hier abgesehen werden.

Dennoch erfreut sich die These vom sozialen Unterschied zwischen dem Sänger und seiner geliebten Verehrten einer weiten Verbreitung. Viele sehen darin ein Argument für das Ausbleiben der Gegenseitigkeit, die wegen der standesmäßigen Unebenbürtigkeit im Mittelalter undenkbar gewesen sei.

Bei der Behandlung der Frage nach der sozialen Zugehörigkeit des Minnesängers und seiner Herzensfrau wird ähnlich verfahren

wie bei der Begründung der These von der ehelichen Gebundenheit
dieser Frau. Wiederum wird in gewissen Wendungen und Bildern,
die in den Liedern mehrfach begegnen, viel mehr hineininterpre-
tiert, als diese eigentlich hergeben, was eine objektive werk-
immanente Untersuchung der Texte nicht ohne weiteres erlaubt.
Und wiederum ziehen mehrere Forscher scheinbar logische Schluß-
folgerungen, die sich jedoch als nicht zwingend, mitunter sogar als falsch erweisen, weil sie aus einer fragwürdigen mittelalterlichen Realität hergeleitet werden. Daß diese Methodik
nicht wissenschaftlich genug ist und zu Zirkelschlüssen führt,
haben bereits mehrere Forscher festgestellt.

Das Grundargument für die These von der sozialen Höherstellung
der Frau bilden der Sprachgebrauch und der Stil in den Minneliedern, gewisse Wendungen und Termini, Bilder und Metapher,
die von allen Minnesängern verwendet werden. Der Mann steht im
'dienest' der Frau, ist ihr 'eigen' und 'untertân', bittet sie
inniglst um 'lôn', 'erbarmen', 'genâde' u.ä. Solche und ähnliche Wendungen, die eine Art Abhängigkeit und Unterwürfigkeit
zum Ausdruck bringen, werden oft ziemlich wörtlich aufgefaßt
und wiederholt als Beweis angeführt für eine tatsächliche Abhängigkeit der Sänger von den sozial höher stehenden adligen
Damen, auf deren Gunst sie angewiesen waren. Dieses stilistische Argument dient eigentlich hauptsächlich zur Unterstützung
der Versuche, Minnedienst und Minnesang aus der sozialen Struk-
tur der damaligen Zeit zu erklären.

Man hat recht früh Minnesang und -dienst mit dem im Mittelalter herrschenden Lehnswesen (bzw. Vasallendienst) verglichen
und aus ihm herzuleiten versucht. Tatsächlich wird der Minnedienst in vielen Liedern gemäß dem Prinzip von Dienst und Lohn
und der gegenseitigen Verpflichtung zur Treue zwischen Lehns-
herr und Dienstmann dargestellt.

Bis zu Wechssler hat man die Beziehungen zum Lehnsdienst im
Minnesang jedoch vorwiegend metaphorisch interpretiert, so

z.B. Hertz[1] oder Uhland. Letzterer drückt dies so aus: "Gerne wird dieser Frauendienst mit den Verhältnissen des Lehens- und Dienstmannschaft verglichen. Die herrschenden Begriffe vom Lehenswesen wurden auf das Reich der Gedanken und Gefühle übertragen; es ist ein idealer Lehensdienst".[2]

Schon vor Wechssler haben einige Forscher den Versuch unternommen, den Minnesang als ein tatsächlich erlebtes Dienstverhältnis des Hofsängers zu der Hofherrin zu deuten, von dem er sich materiellen Lohn versprach. Emil Henrici z.B. faßt den Minnesang auf als "huldigung höher stehender und reicher frauen um materiellen lohn zu erreichen, d.h. aus der not heraus. Die frau verfügte über die vorräte".[3]

Der Ausgangspunkt dieser These ist die Annahme, daß die meisten Dichter arm und auf die Gunst ihrer Gönner angewiesen waren, vor allem der Herrin, an deren Hof der Sänger lebte, "die durch den Besitz des Schlüssels zu Speisekammer und Kleiderraum so wesentlich war für sein leibliches Wohlbefinden und ihn so anstachelte, ihr auf jede Weise zu huldigen".[4] Zwar haben auch hohe, vornehme Herren Minnelieder gedichtet, was Henrici auch einräumt, "weil es an ihrem hofe sitte war, aber schöne liebespoesie ist von ihnen nicht zu stande gebracht, die findet sich bei armen adlichen und rittern, denen die gunst einer vornehmen frau auch hauptsächlich eine standesgemäße existenz am hofe einbrachte".[5]

Mit diesen Argumenten wird der Theorie vom Minnesang als kaschiertem Heischelied die Grundlage geschaffen. Der Anstoß zu dieser Art höfischer Dichtung ging - nach Wechssler - von den

---

1) Hertz, Über den ritterlichen Frauendienst, S. 20.
2) Uhland, Minnesang, S. 148.
3) Emil Henrici, Zur Geschichte der mittelhochdeutschen Lyrik. Berlin 1876. S. 42ff.
4) Kluckhohn, Minnesang, S. 61.
5) Henrici, mhd. Lyrik, S. 45.

fürstlichen Frauen in Südfrankreich aus,[1] die aufgrund der
Rechtslage dort auch den Thron besteigen konnten. "So ent-
wickelte sich aus dem höfischen Liede, das zum Lob und zur
Ehre der Fürstin wie des Fürsten gesungen wurde, das Frauen-
dienstlied: Gegenstand dieser neuen poetischen Gattung war die
fiktive Liebeswerbung, ihr Sinn und Zweck das Lob der Herrin
und die Bitte um Lohn".[2] Der Minnesang ist demnach "nach Sinn
und Zweck ein politischer Panegyrikus" in der Form persönlicher
Huldigung; die Liebeswerbung der Dichter ist fingierte Liebe,
"poetische Fiktion",[3] aufgrund derer die armen, für ihren Le-
bensunterhalt auf Gunst und Gnade ihrer Gönner angewiesenen
Hofsänger materiellen Lohn erwarteten. Es war eine "indirekte
Schmeichelei".[4] Wechssler führt zu dieser Theorie weiter aus:
"Der Minnesang ist als literarischer Ausdruck der erotischen
Hörigkeit des Mannes, aus bewußter Inspiration vornehmer Frau-
en und gewissermaßen auf deren Wunsch und Befehl entstanden.
Insofern ist er ideelle Reaktion gegen rechtliche und soziale
Hörigkeit der Frau während des Mittelalters".[5]

Wie Henrici so meint auch Wechssler, daß auch Herren hohen
Standes Minnelieder verfaßt haben, wobei sie es sogar als eh-
renhaft empfunden haben, als Troubadours aufzutreten. "Doch
am meisten gefördert wurde diese (neue Kunst) durch niederge-
borene Dichter".[6]

Wechssler machte seine Erkenntnisse über die provenzalische

---

1) Dieser Ansicht schließen sich mehrere Literarhistoriker an;
   so schreibt z.B. Ehrismann in seiner Literaturgeschichte:
   "Die Minne als höfisch konstruierte Form der Liebe ist für
   deutsches Empfinden ein fremdes und fremdartiges Wesen. Sie
   ist ein romanisches Erzeugnis, wie die ritterliche Kultur
   überhaupt, ein Stück der höfischen Galanterie der südfran-
   zösischen Troubadur". Ehrismann, Geschichte, S. 21.
2) Wechssler, Kulturproblem, S. 155.
3) Wechssler, Kulturproblem, S. 85.
4) Wechssler, Kulturproblem, S. 155.
5) Wechssler, Kulturproblem, S. 180.
6) Wechssler, Kulturproblem, S. 90.

Troubadourlyrik für den deutschen Minnesang vorbehaltlos geltend und übertrug soziale Verhältnisse der Provence auf die
deutsche mittelalterliche Gesellschaft.

Trotz aller Kritik fanden einige von Wechsslers Thesen Anklang
bei manchen Literaturhistorikern. So stimmt z.B. Burdach mit
Wechssler überein: "Die besungenen Herrinnen der Troubadour-
poesie waren in der Regel Angehörige des Feudaladels, Herrinnen eines reichen und glänzenden Hofes, Frauen, Schwestern
Töchter der Dynasten. Die Troubadours der älteren Zeit waren
teils fürstliche Dilettanten, teils Männer niederer, unfreier
Herkunft, oft in Armut lebend".[1] In Anlehnung an Wechssler
schreibt er weiter: "Das Liebesgedicht ist im Grunde und daher
vielleicht auch ursprünglich ein Huldigungsgedicht des Vasal-
len. ... Der Minnesänger, der sein langes liebendes Werben um
die Huld und Gnade der gefeierten Dame in das Bild eines min-
niglichen Dienstes einkleidet und von seiner Geliebten Sold
und Lohn des Dienstes erwartet, will durch sein Dichten in der
Tat auch äußeren Lohn gewinnen, ein Lehen, eine Anstellung,
eine Besoldung als Hofdichter und Hofmusiker".[2]

Auch Ehrismann,[3] Kienast,[4] Hauser[5] und viele andere berufen
sich hauptsächlich auf Wechssler, wenn es gilt, den Minnesang
mit diesen soziologischen Argumenten zu erklären, oder aber
auch auf Köhler, der Wechsslers Ansatz der sozialhistorischen
Interpretation des Minnesangs aufgenommen und fortgesetzt hat.
In seinem Vortrag "Vergleichende soziologische Betrachtungen
zum romanischen und zum deutschen Minnesang"[6] erklärt er zum

---

1) Burdach, Über den Ursprung, S. 275.
2) Burdach, Über den Ursprung, S. 276.
3) Ehrismann, Geschichte, S. 187.
4) Kienast, deutschsprachige Lyrik, Sp. 49.
5) Hauser, Sozialgeschichte, S. 223ff.
6) Erich Köhler, Vergleichende soziologische Betrachtungen zum
   romanischen und zum deutschen Minnesang. In: Der Berliner
   Germanistentag 1968. Vorträge und Berichte. Hrsg. von Karl
   Borck und Rudolf Henns. Heidelberg 1970, S. 61-76.

Schluß, "daß der europäischen Minnelyrik gemeinsam ist eine
Trägerschicht von Menschen, die sich durch Dienst in den Status der auf diesen Dienst angewiesenen Herren, d.h. in den Adel,
zu integrieren trachten; daß in Frankreich und besonders im Sü-
den in dieser Schicht, 'joven' genannt, durchaus heterogen, die
armen Ritter den Ton angaben und das Minnewesen prägten in
Geist und Terminologie; daß hingegen in Deutschland in dieser
Schicht, die wir mit Vorbehalt mangels einer besseren Bezeich-
nug weiterhin das niedere Rittertum nennen wollen, die unfreien
Ministerialen dominieren, wie nicht nur die Schlüsselwörter,
sondern auch der Geist des deutschen Minnesangs bezeugen".[1]
Diese Auffassung von Minnesang und Minnedienst als Widerspiege-
lung historischer Wirklichkeit wird auch von mehreren DDR-Forschern vertreten, so z.B. von Wolfgang Spiewok in seinem Aufsatz "Minneidee und feudalhöfisches Frauenbild".[2]

Trotz der raschen Verbreitung derartiger sozial-historischer
Theorien muß bemerkt werden, daß nicht alle Germanisten und
Historiker diese Ansichten teilen. Paul Kluckhohn hat recht
früh den Versuch unternommen, diese Ansichten zurückzuweisen.
In zwei Aufsätzen vermochte er überzeugend zu ermitteln, daß
es sich bei den genannten Wendungen von Dienst und Lohn, die
in den Minneliedern tonangebend sind und die als wichtigstes
Argument von den Befürwortern des sozialen Unterschiedes zwischen Sänger und Dame angeführt werden, um eine "Dienstmetaphorik" handelt, also um einen für die mittelalterliche Dichtung und Literatur charakterisitischen Sprachgebrauch. In seinem 1910 erschienenen Aufsatz "Ministerialität und Ritterdichtung. 'dienstman' und 'eigen' in der höfischen Dichtung, be-

---

1) Köhler, Vergleichende soz. Betrachtungen, S. 75.
2) Wolfgang Spiewok, Minneidee und feudalhöfisches Frauenbild. Ein Beitrag zu den Maßstäben literaturhistorischer
   Wertung im Mittelalter. In: Wissenschaftliche Zeitschrift
   der Universität Greifswald. Gesellschaft- und wissenschaftliche Reihe. 12. S. 481-490.

sonders im Minnesang",[1] versucht er vermittels dieser beiden
Schlüsselbegriffe das Problem zunächst an Beispielen aus der
epischen Dichtung anschaulich zu machen und schreibt: "Man bedient sich der ausdrücke ministerialischer abhängigkeit, um
einen andern seiner ergebenheit und dienstbereitschaft zu ver-
sichern, als übertriebene höflichkeitsbezeugung, um das gefühl
starker dankbarkeit und verpflichtung zum ausdruck zu bringen".[2] Nach der Beschäftigung mit dem Minnesang gelangt er zu
ähnlichen Ergebnissen: "Auch im deutschen minnesang ist das
wort 'dienen' sehr häufig, das aber vorher schon übertragen gebraucht wurde und im minnesang selbst noch in bildern ganz anderer sphäre verwant wird ('gote dienen' MF. 96,11, 20, 'dem
keiser und den wîben' 116,22, 'der werlt' 164,7, 'den leuten'
169,5), ja mehrfach noch das verhältnis der frau zum manne bezeichnet (MF. 35,33; 38,12 (Dietmar), 13,31 (Meinloh), 106,22
(Rugge) 'nu lône als ich gedienet habe', 200,17 (Reinmar) 'im
ze dienste', 215,5 (Hartmann) 'Du solt im mînen dienest sagen'.). ob in den meisten fällen bei der verwendung dieses wortes an vasallitäts- oder ministerialitäts-dienst gedacht sei,
das ist aus ihm selbst nicht zu entnehmen".[3]

In seinem vier Jahre später gedruckten Aufsatz "Der Minnesang
als Standesdichtung", zu dem Kluckhohn wiederum von Wechsslers
Theorien angeregt wurde, beschäftigt er sich noch eingehender
mit den Fragen nach den Standesverhältnissen der Minnesänger
und damit, "wie weit der Minnesang in seiner künstlerischen
Gestaltung, seiner Ausdrucksform einen spezifisch ständischen
Charakter trage".[4]

---

1) Paul Kluckhohn, Ministerialität und Ritterdichtung. 'dienstman' und 'eigen' in der höfischen Dichtung, besonders im
   Minnesang. In: Zeitschrift für deutsches Altertum. Bd. 52
   1910. S. 135-168.
2) Kluckhohn, Ministerialität, S. 138.
3) Kluckhohn, Ministerialität, S. 143f. Die in Klammern zitierten Beispiele stehen bei Kluckhohn als Anmerkungen 1 und 2.
4) Kluckhohn, Der Minnesang, S. 61.

"Der Minnesinger will gar nicht die verschiedenen Stadien der
Dienstverhältnisse in der Beziehung zu seiner Dame durchlaufen.
Er will seine Liebe, seine Ergebenheit das Sichabhängigfühlen
zum Ausdruck bringen und bedient sich dazu der für ihn bereit-
liegenden Wendungen, die der höfisch wohlerzogene Mann - einer-
lei ob Freiherr, ob Ministerial - in solchen Lagen zu sagen
hatte. Diese Ergebenheitsausdrücke sind konventionelle Wendungen der Sprache höfischen Verkehrs. Sie gehören gar nicht dem
Frauendienst allein.

Schon im Minnesang selbst werden die Worte 'dienen', 'dienest
sagen', 'undertân' usw. vereinzelt auch von dem Verhältnis der
Frau zum Manne gebraucht, sowie von dem Verhältnis des Menschen
zu Gott und anderen Menschen".[1] Und weiter: "Nur in den selten-
sten Fällen handelt es sich bei derartigen Wendungen um ein
tatsächliches Abhängigkeitsverhältnis, das damit zum Ausdruck
kommt. Meist sind es Gleichstehende, die so zueinander sprechen. Oder auch Herrscher, die ihre Gäste und Mannen mit diesen Worten ehren. Es sind konventionelle Formeln des höfischen
Lebens".[2]

Nach einem Versuch, die Geschichte dieser Ausdrucksformen zu-
rückzuverfolgen, stellt Kluckhohn fest, daß sie aus der geistlichen Literatur stammen und durch die Entwicklung des Lehns-
wesens "aus der geistlichen in die weltliche Sphäre"[3] übertragen und stark verbreitet wurden. "Der Gebrauchskreis dieser
Wendungen, die die karolingische Zeit nur Herrschern und Hei-
ligen gegenüber verwandte, erweiterte sich so mit der Entwicklung ritterlicher Kultur. Auch Gleichstehende werden nun so
angesprochen.

Der Minnesang bediente sich dann dieser konventionellen Formeln, um die Empfindung der Ergebenheit gegen die Dame auszudrücken, nachdem die Stellung des Mannes zur Frau ... eine

---

1) Kluckhohn, Der Minnesang, S. 71f.
2) Kluckhohn, Der Minnesang, S. 75.
3) Kluckhohn, Der Minnesang, S. 78.

huldigende geworden war. Diese Wendungen im Minnesang haben
wir schon kennen gelernt. Und wieder weitet sich der Kreis:
nicht allein in demütig verehrendem Aufschauen zu einer hoch
über ihn stehenden oder stehend gedachten Gebieterin will der
Ritter dienen, nicht verheirateten Damen allein; diese Worte
des Dienstes werden Ausdrücke der Liebe schlechthin. 'dienen'
und 'lieben', 'sich für eigen bieten' oder den Wunsch haben,
einer Frau eigen zu sein, und 'minnen', 'dienst nemen' und
sich lieben lassen, werden gleichbedeutende Worte. In vielen
Versen des Minnesangs wird das deutlich".[1]

Inzwischen teilen mehrere Wissenschaftler Kluckhohns Meinung,
daß aus dem Sprachgebrauch oder der Ausdrucksweise des Minnesangs nicht notwendigerweise auf ein tatsächlich bestandenes
Dienstverhältnis zu schließen ist. Die darauf gestützte These
von der Standesdifferenz zwischen dem Sänger und seiner geliebten Frau wäre somit gegenstandslos.

In Zusammenhang mit der Wirklichkeitsproblematik des Minnesangs und der Standesverhältnisse der Sänger sollte noch auf
zwei Arbeiten von Ursula Peters hingewiesen werden: "Frauendienst. Untersuchungen zu Ulrich von Lichtenstein und zum
Wirklichkeitsgehalt der Minnedichtung"[2] und "Niederes Rittertum oder hoher Adel",[3] einen Aufsatz, in dem sie sich mit
Köhlers Thesen auseinandersetzt und sie zurückweist.

Peters versucht Köhlers Thesen bezüglich der Herkunft der Minnesänger zu widerlegen, indem sie "die Standesverhältnisse und
die gesellschaftliche Stellung der Minnesänger und ihres Pub-
likums" untersucht und feststellt, daß "die zum großen Teil

---

1) Kluckhohn, Der Minnesang, S. 79.
2) Ursula Peters, Frauendienst. Untersuchungen zu Ulrich von
   Lichtenstein und zum Wirklichkeitsgehalt der Minnedichtung.
   Göppingen 1971.
3) Ursula Peters, Niederes Rittertum oder hoher Adel? Zu Erich
   Köhlers historisch-soziologischer Deutung der altprovenza-
   lischen und mittelhochdeutschen Minnelyrik. In: Euphorion.
   Bd. 67. 1973.

adeligen Minnesänger des früh- und hochhöfischen Minnesangs als Angehörige des Herrenstandes"[1] anzusehen waren. Anders argumentiert Roswitha Wisniewski in ihrer Antwort auf Köhler. In ihrem Aufsatz "Werdekeit und Hierarchie"[2] geht sie vom Sinn und Zweck der Minne aus. Diese lagen auf ethisch-sittlicher und nicht auf materieller Ebene. Die Erlangung ethisch-sittlicher Werte und nicht materielle Belohnung oder gar sozialer Aufstieg war das Ziel des Minnenden: "Im Hohen Minnesang ist 'werdekeit' des Mannes das Ziel des Minneverhältnisses". Der Begriff 'werdekeit' "umschreibt die Summe äußerer, vor allem aber auch seelisch-geistiger Werte, die Menschen zu verwirklichen fähig sind. 'werdekeit' wurde zum Begriff menschlich vollkommener Haltung, namentlich in der Ausprägung, die das Rittertum für sich verbindlich machte".[3]

Wesentlich für die Widerlegung der Ansicht von der Höherstellung der Frau ist jedoch vor allem, daß sich aus den Texten selbst keine Belege dafür gewinnen lassen.

---

1) Peters, Frauendienst, S. 63.
2) Roswitha Wisniewski, Werdekeit und Hierarchie. Zur soziologischen Interpretation des Minnesangs. In: Festschrift Blanka Horacek zum sechzigsten Geburtstag. Bd. I der Reihe Philologica Germanica, Wien/Suttgart, 1974, S. 340-379.
3) Wisniewski, Werdekeit, S. 343.

3. Die These von der Unerfüllbarkeit der Minne

Die allgemein vertretene Position in der traditionellen Forschung schließt aus, daß die Frau im Minnesang den sie liebenden und besingenden Mann in irgendeiner Weise erhört. Sie er-
widert seine Liebe nicht und verweigert jegliche Zuneigung und
Gegenseitigkeit. Von einer Liebeserfüllung ist ganz zu schwei-
gen.

Die Gründe für diese Annahme werden aus den zuvor genannten ab-
geleitet. Die Dame, die nach Auffassung der meisten Forscher
verheiratet war, konnte aus Gründen der Ehre und des gesellschaftlichen Ansehens nicht daran denken, ihre Liebesgunst
einem anderen Mann zu schenken und somit Ehebruch zu begehen.[1]
Kienast vergegenwärtigt sich den realistischen Hintergrund besonders drastisch: "Die durchscheinende Sinnlichkeit umspielt
doch immer die Ehefrau eines Standesgenossen. Daß diese lebens-
tüchtigen und selbstbewußten Frauen zu frivolem Liebesgetändel
geneigt hätten, oder daß gar der Ehebruch ein geselliges Ver-
gnügen gebildet habe, davon kann keine Rede sein. Aristokratische Kriegerschichten pflegen in diesen Dingen ein sehr empfindliches Ehrgefühl zu besitzen".[2]

Eine andere Begründung, warum die Zweisamkeit von Dame und
Dichter vereitelt wird, liegt im Standesunterschied zwischen
beiden. "Schwerlich konnte ein armer oder unfreier Vasall,
ein 'serf', von der hochgeborenen Fürstin Liebesgunst ernst-
lich erwarten".[3]

Nun sind diese beiden Gründe nicht ausreichend, weil nicht
zwingend, da sie - wie wir demonstriert haben - aus den Texten

1) Vgl. z.B. Burdach, Über den Ursprung des mittelalterlichen
   Minnesangs, S. 257; Kuhn, Die Klassik des Rittertums, S.117;
   auch: Zur inneren Form des Minnesangs, S. 172; Schwietering,
   Geschichte, S. 220; Hauser, Sozialgeschichte, S. 225f.;
   Spiewok, Minneidee, S. 483.

2) Kienast, deutschsprachige Lyrik, Sp. 54.

3) Wechssler, Frauendienst und Vassallität, S. 187.

nicht nachweisbar sind. Ist die Notwendigkeit des Ausbleibens
der Gegenseitigkeit im Wesen der Minne enthalten? Denn dies
ist die in neuerer Zeit am häufigsten angeführte Erklärung.
"Die Hohe Minne lebt von Entbehrung und Hoffnung; aus ihnen
gewinnt sie ihre läuternde und veredelnde Kraft. Die hohe höfische Minne besteht im Dienen und Werben, im Sehnen und Streben nach einem unerreichbaren oder nur momentan erreichbaren
Gut".[1] Zum Wesen der Minne gehört also Sehnsucht, Distanz und
Unerreichbarkeit der verehrten Geliebten, damit sie ihren
Zweck erfüllt, nämlich den Mann zum "vollkommenen Menschen" zu
erziehen. Neumann sieht die richtige Verhaltensweise wie folgt:
"Darum ist für die Träger der Hohen Minne folgende Stellung die
ursprünglichste und vollkommenste: Die zum Wunschbild erhobene,
in ihrer Sonderart undurchschaubare Frau wird vom unglücklichen
Liebhaber umkreist, der in erfolglosem Werben seine seelische
und körperliche Gestalt zu einer Wunschform zu entwickeln sucht.
Die Hohe Minne läßt sich über längere Zeit hin nur als Werbeminne üben".[2] Die Frau, der die veredelnde Aufgabe in der Minne zukommt, würde zur Partnerin eines Liebesverhältnisses erniedrigt und ihre Vorbildlichkeit verlieren, wie auch die Minne
ihren erzieherischen Charakter, wenn das Werben des Mannes,
seine Hoffnung auf Gegenseitigkeit und Erfüllung nicht 'wân'
bliebe. Für diese verbreitete Auffassung liefert de Boor die
klassische Formulierung: "Das ursprüngliche Ziel des Werbens,
die liebende Hingabe der Frau, rückt in unerreichbare Ferne;
denn nur wo das ursprüngliche Ziel unerreichbar, die Erfüllung
'wân' bleibt, kann die erzieherische Aufgabe der Minne verwirklicht werden".[3] Dazu wird Johansdorfs Wechsel MF.93,12 wiederholt zitiert, in dem die Frau dem wegen der erwarteten jedoch ausgebliebenen Liebesgewährung verzweifelten Ritters tröstend antwortet, sein Lohn bestehe darin, daß sein innerer Wert
und seine Gesinnung sich steigern würden: 'daz ir deste werder
sît und dâ bî hôchgemuot'.

---

1) Schumacher, Auffassung der Ehe, S. 66.
2) Neumann, Hohe Minne, S. 188.
3) De Boor, Geschichte, S. 218.

Diese herkömmliche Vorstellung der "Erziehung durch Entzug",
die antike Auffassung der Läuterung der Seele durch Leiden,
ist jedoch nicht die einzige Art der Vervollkommnung des Menschen, die der Minnesang kennt. Auch eine "Erziehung durch verstärkende Belohnung" kann durch bestimmte Lieder nachgewiesen
werden. Die Frau erfüllt die Wünsche des Mannes, weil er sie
'wert'dünkt. Sie "belohnt" ihn für seine moralische, ethisch-
sittliche Makellosigkeit und "verstärkt" dadurch sein Streben,
in 'staete' und 'triuwe' zu beharren. Zurecht sieht Roswitha
Wisniewski "die körperliche Vereinigung als Mittel der Erziehung des Mannes".[1] Und weiter: "Hingabe ist Ausdruck des besonderen Wertes des oder der Geliebten, ist Urteil, Wahl und
Auszeichnung. 'minne' der 'vrouwe' antwortet der 'werdekeit'
des Ritters, so wie 'werdekeit' der 'vrouwe' die Ursache für
die 'minne' des Ritters ist. ... Mit der Anerkennung der 'werdekeit' durch die Gewährung von Minne ist im frühen donauländischen Minnesang die Erziehung zur 'werdekeit' durch den Partner zu beobachten".[2] Diese Aussagen gelten jedoch nicht nur
für den donauländischen, sondern auch für den hohen Minnesang.
Das läßt sich anhand von einigen Gedichten in "Minnesangs
Frühling" nachweisen. Dabei ist zu vermerken, daß mehrere Lieder, in denen die Gegenseitigkeit oder gar die Liebeserfüllung
ausgesprochen, angedeutet oder in Aussicht gestellt wird, des
öfteren als "unecht" betrachtet wurden. Es mag sein, daß sie
gerade wegen des Auftauchens solcher, nach der Auffassung eini-
ger Germanisten "derben" und von den weitverbreiteten Thesen
abweichenden Motive für das Werk von Epigonen gehalten werden.

Nicht nur im donauländischen Minnesang kommt die Frau dem um
sie werbenden Mann liebevoll entgegen oder zeigt zumindest
innere Anteilnahme an seinem Leiden in der Liebe zu ihr. Bei
allen bekannten Sängern der rheinischen - mit Ausnahme von
Fenis, dessen Werk auch wenig umfangreich ist - und hochhöfischen Periode ist dies nachweisbar und tritt vor allem in den

---

1) Wisniewski, Werdekeit, S. 347.
2) Wisniewski, Werdekeit, S. 348f.

Frauenmonologen hervor. Besonders hier zeigt sich, daß die Frau
nicht immer gleichgültig, gefühllos und verweigernd ist. Sie
ist durchaus imstande, den sich in Liebe und Sehnsucht nach ihr
verzehrenden Mann von seinem 'kumer', 'leit', seiner 'swaere'
und 'sorge' zu befreien. Sie kann ebenso z.B. 'genâde', 'trôst',
'fröide' und 'lôn' gewähren. Was diese Begriffe im einzelnen
genau umfassen, bleibt freilich dahingestellt. Auf welche Weise
auch immer, die Frau gewährt dem an seiner Liebe leidenden und
auf Erhörung hoffenden Mann ab und zu ihre Liebesgunst. Sie
leidet selbst in der Beziehung zu ihm, sei es wegen einer bevorstehenden oder schon vollzogenen Trennung - was vor allem
durch einen Kreuzzug verursacht wird -, oder weil sie von
'huote' und 'merkaeren' umgeben ist, deren Verleumdung sie wegen der Verletzung ihrer 'êre' fürchtet, sollte sie den lieben
Mann erhören oder auch nur sehen. Und dennoch bleibt die Hoffnung des Mannes nicht immer 'wân'.

Die gegenseitige Liebe kommt in den Liedern von "Minnesangs
Frühling" mehrfach zum Ausdruck, ja sogar die liebevolle Hingabe der Frau findet statt oder wird mindestens in Aussicht gestellt, und das auch bei den sogenannten "Klassikern" der höfischen Lyrik wie Morungen oder Reinmar. In der donauländischen
Lyrik stellt diese Frage kein Problem dar. Hier ist gegenseitige Minne durchaus gegeben. Wir brauchen diese Texte daher
auch nicht in unsere Untersuchung einzubeziehen.

In <u>Veldekes</u> Werk sind mehrere Stellen enthalten, an denen der
Dichter darüber berichtet, daß seine Geliebte ihn von 'sorge',
'ungemach' und 'rouwen' erlöste. Sie hatte ihm Freude, 'blîtscap'und 'hulde' geschenkt; seine eigene Dummheit hat ihn jedoch dieser verlustig gehen lassen, wie er in der zweiten Strophe des Liedes 56,1 darstellt:

V.56,10ff.   'Dî scôneste ende dî beste vrouwe
            tuschen Roden ende der Souwen
            gaf mich blîtscap hî bevoren.
            dat is mich komen al te rouwen:
            dore dumpheit, nîwet van untrouwen,
            dat ich here hulde hebbe verloren
            dî ich ter bester hadde erkoren
            ofte in der werelt îman scouwe.'

Dies geschah, weil ihre Schönheit ihn betörte, so daß ihm 'wîs-
heit wart unkunt' (V.56,25) und er übertriebene unhöfische Forderungen an sie stellte; er bat sie nämlich, ihn zu umarmen:

V.57,1ff.   'Dat quâde wort het sî verwâten
            dat ich nîne kunde laten,
            dû mich bedrouch mîn dumbe wân.
            der ich was gerende ûter mâten,
            ich bat here in der caritâten
            dat sî mich mûste al umbevân.
            sô vele ne hadde ich nît gedân
            dat si ein wênech ûter strâten
            dore mich te unrechte wolde stân.'

Im Lied H.S.258, das für unecht gehalten wird, manifestiert
der Dichter, daß 'si', seine geliebte, verehrte Frau also,
seine 'sorge' und 'ungemach' verwandelt hat:

H.S.259,5ff.   'sô wol mich des daz ich si ie gesach,
            sît si mir wendet sorge und ungemach.
            ir vil minneclîcher lîp
            der liebet mir für elliu wîp.'

Sie bringt es sogar fertig, die 'huote' zu betrügen, um bei

ihm zu sein, wie dies im Gedicht MF. 63,28 begegnet, in der
zweiten Strophe:
V.64,1ff.   'Sî dede mich, dû sî mich's unde,
               vele te lîve ende ouch te gûde,
               dat ich noch te maneger stunden
               singe alsô mich's wirt te mûde.
               sint ich sach dêt sî dî hûde
               alsô wale bedrîgen kunde
               alse der hase dût den wint,
               sô ne gesorge ich nimmer sint
               umbe mînes anen dochterkint.'

In einer "unechten" Frauenstrophe, MF. 67,9, gesteht die Frau,
daß sie den Mann zwar sehr mag, ihn jedoch um seiner selbst
willen und aus Gründen der Ehre nicht zu erhören vermag:
V.67,17ff.   'Durch sînen willen, ob er wil,
               tuon ich einz und anders niht.
               des selben mac in dunken vil,
               daz niemen in sô gerne siht.
               ich wil behalten mînen lîp.
               ich hân vil wol genomen war
               daz dicke werdent schoeniu wîp
               von solhem leide missevar.'

Ziel und Zweck der Hohen Minne ist die Vervollkommnung des Menschen; darüber sind sich alle Minnesang-Kenner einig. Daß ein
Mensch 'frô', 'rîch' und 'hêre' wird, stimmt mit diesem Ziel
sicherlich überein. Daß dies nicht nur im Versagen der Erfüllung und der daraus resultierenden inneren Auseinandersetzung
vollzogen werden muß, sondern auch in einer gegenseitigen, erfüllten 'rehten minne' erreicht werden kann, beweist das Lied
59,23. Es fängt an mit einem Natureingang und einem Dank an
Gott:
V.59,29ff.   'gode mach her's weten danc
               dê hevet rechte minne
               sunder rouwe ende âne wanc.'

In der zweiten Strophe sagt der Dichter, er habe sie umarmt:

V.59,32ff.   'Ich bin blîde dore here êre
          dî mich hevet dat gedân
          dat ich van den rouwen kêre,
          dê mich wîlen irde sêre.
          dat is mich nû alsô ergân:
          ich bin rîke ende grôte hêre,
          sint ich mûste al umbevân
          dî mich gaf rechte minne
          sunder wîc ende âne wân.'

Diese Liebeserfüllung, die Hingabe der Frau erfolgte nach langer Qual, wie dies in der dritten Strophe dargestellt wird.
Diese erfüllte, 'rechte minne sunder wîc ende âne wân, bewirkt
nicht nur, daß er 'rîke ende grôte hêre' wird, sondern stärkt
ihn zudem noch in seiner Konfrontation mit der Umwelt:

V.60,4ff.   'Dî mich drumbe willen nîden
          dat mich lîves ît geschît,
          dat mach ich vele sachte lîden
          noch mîne blîtscap nîwet mîden,
          ende ne wille drumbe nît
          nâ gevolgen den unblîden,
          sint dat sî mich gerne sît
          dî mich dore rechte minne
          lange pîne dougen lît.'

Die 'rechte minne' bewirkt in diesem Gedicht, was wir mit "Erziehung durch verstärkende Belohnung" meinen. Die liebende Hingabe der Frau fand erst nach langer Prüfung statt, als der Mann
sich als 'wert' erwiesen hatte, "belohnt" zu werden. Solch eine
Beziehung wirkt also sicherlich veredelnd.

Ansonsten wird die Liebeserfüllung in dem für unecht gehaltenen
Frauenmonolog H.S.259,24 mit Sicherheit in Aussicht gestellt.
Dabei treten jedoch keine erzieherischen Motive in den Vorder-
grund. In der dritten und vierten Strophe umschreibt die Frau

ihre feste Absicht, sich hinzugeben, und stellt das in wohl-
bekannten Metaphern dar:

V.S.347ff.   'Mîn liep mac mich gerne zuo der linden bringen,
              den ich nâhe mînes herzen brust wil twingen.
              er sol tou von bluomen swingen:
              ich wil umbe ein niuwez krenzel mit im ringen.

              Ich weiz wol daz er mir niemer des entwenket
              swaz mîn herze frôide an sînen lîp gedenket,
              der mir al mîn trûren krenket,
              von uns beiden wirt der bluomen vil verrenket.'

In der letzten Strophe des Liedes wird dies noch deutlicher
ausgedrückt:

V.S.347ff.   'Ich wil in mit blanken armen umbevâhen,
              mit mîm rôten munde an sînen balde gâhen,
              dem mîn ougen des verjâhen
              daz si nie sô rehte liebes niht gesâhen.'

Schon Veldekes Werk hat uns also Beispiele der erfüllten und
zugleich erzieherischen Minne geliefert, und das nicht nur in
"unechten" Gedichten. Maßgebend ist, daß es sich dabei um eine
aufrichtige Beziehung handelt, um eine 'rechte minne sunder
wîc ende âne wân', wie es Veldeke im Lied 59,23 formuliert.

Ähnliche Motive tauchen in der Dichtung <u>Friedrichs von Hausen</u>
auf. Im Lied 42,1 beklagt der Sänger den Verlust der einst ge-
währten Gunst; er hat Grund, 'unfrô' zu sein, weil seine Liebste ihm ihre Liebe entzieht und somit sein Glück zerstört. Dies
wird symbolisch in Anlehnung an antike Gestalten Vergils dargestellt:

V.42,1ff.   'Ich muoz von schulden sîn unfrô,
               sît si jach do ich bî ir was,
               ich möhte heizen Ênêas,
               und solte ab des wol sicher sîn,
               si wurde niemer mîn Tîdô.'

Von da an muß er trauern und leiden; solche Gemütszustände
hatte er vor der Trennung von der Frau, die er so sehr liebt,
nicht gekannt:

V.42,10ff.   'Mit gedanke ich muoz die zît
               vertrîben als ich beste kan,
               und lernen des ich nie began,
               trûren unde sorgen pflegen;
               des was vil ungewent mîn lîp:
               durch elliu wîp
               wânde ich niemer sîn bekomen
               in solhe kumberlîche nôt
               als ich von einer hân genomen.'

In allen Strophen dieses Liedes beschreibt der Mann die 'nôt'
und die 'sorgen', in die er geraten ist, seit er nicht mehr
bei seiner Geliebten sein kann:

V.43,1ff.   'Mich müet deich von der lieben quam
               sô verre hin. des muoz ich wunt
               belîben: dêst mir ungesunt.'

Auch in der fünften Strophe:

V.43,10ff.   'Ez waere ein wünneclîchiu zît,
               der nu bî friunden möhte sîn.
               ich waene an mir wol werde schîn

>   daz ich von der gescheiden bin
>   die ich erkôs für elliu wîp.'

Im zweistrophigen Wechsel 48,32 spricht die Frau ihre Gefühle
aus. Sie ärgert sich über ihre Bewacher, die sie nicht 'hüeten', sondern lediglich ihr 'nîd' verraten. Sie können dennoch
nichts erreichen, weil sie keineswegs auf denjenigen verzichten wird, der ihr 'gedienet hât':

V.49,4ff.   'Si waenent hüeten mîn
>   die sîn doch niht bestât,
>   und tuont ir nîden schîn;
>   daz wênic si vervât.
>   si möhten ê den Rîn
>   gekêren in den Pfât,
>   ê ich mich iemer sîn
>   getrôste, swiez ergât,
>   der mir gedienet hât.'

In dem für unecht gehaltenen fünfstrophigen Gedicht 54,1 - wiederum ein Frauenmonolog - gesteht die Frau ihre unermeßlich
große Liebe zu einem Mann:

V.54,1ff.   'Wol ir, sist ein saelic wîp
>   diu von sender arebeit nie leit gewan.
>   des hât ich den mînen lîp
>   vil wol behüetet, wan daz mich ein saelic man
>   mit rehter staete hât ermant daz ich im guotes
>   gan.
>   nu twinget mich der kumber sîn und tuot mir wê
>   unde ist daz mîn angest gar,
>   sîn nemen wol tûsent ougen war,
>   swenne er kome da ich in sê.'

Erst die 'rehte staete' dieses als 'saelic' beschriebenen Mannes und sein Leiden in seiner Liebe zu ihr veranlaßten sie,
ihm 'guotes' zu gönnen; er hat sich ihrer Gegenliebe als 'wert'
erwiesen. Sie hat jedoch Angst vor der Umwelt und muß um ihre

190

'êre' bangen. Das kommt in der zweiten Strophe deutlicher zum
Ausdruck:

V.54,10ff.   'Erst mir liep und lieber vil
               danne ich immer im vil lieben manne sage.
               ob er daz niht gelouben wil,
               daz ist mir leit, sô nâhe als ich die liebe
                                              trage.
               torst ich genenden, sô wold ich im enden sîne
                                              klage;
               wan daz ich vil ... sendez wîp
               erfürhten muoz der êren mîn,
               und ... des lebennes sîn,
               der mir ist alsam der lîp.'

Hier kommt ein ähnlicher Gedanke vor wie bei Veldeke im Gedicht 67,9. Nicht nur die Furcht vor Verlust der eigenen 'êre'
hindert die Frau daran, den ihr so lieben Mann zu erhören.
Auch seinetwegen zögert sie; sie fürchtet, es könne ihm etwas
zustoßen, ihm, der ihr genau so viel bedeutet wie sie sich
selbst.

In der dritten Strophe wird dieser seelische Konflikt noch ausführlicher dargelegt. Darin wird das Ausmaß der Liebe der Frau
aber auch ihres Leides offenbar, vor allem da sie sich entschließt, ihn aus Gründen der Ehre nicht zu erhören:

V.54,19ff.   'Owê, taete ich des er gert,
               dâ von möht ich gewinnen leit und ungemach.
               lâze ab ich in ungewert,
               daz ist ein lôn der guotem manne nie geschach.
               alrêrste müet mich daz ich in ald er mich ie
                                              gesach.
               und sol ich sîn (daz ist ein nôt) ze friunde
                                              enbern,
               daz ist mir leit, und muoz doch sîn.
               ich wil immer hüeten mîn:
               ich entars in niht gewern.'

Mit diesem Entschluß scheint die Frau jedoch nicht zufrieden zu sein. Sie überlegt es sich anders:

V.54,28ff.   'Ich wil tuon den willen sîn,
        und waere ez al den friunden leit diech ie ge-
                              wan,
        sît daz ich im holder bin
        danne in al der werlte ie frouwe einem man
        und ich daz herze mîn von im gescheiden niht
                          enkan.
        er hât gesprochen dicke wol, ich solte im sîn
        immer liep für alliu wîp.
        des ist er mîn leitvertrîp
        und diu hoehste wunne mîn.'

In der letzten Strophe zählt die Frau mehrere seiner Tugenden
auf und bringt sie als Rechtfertigung für ihren festen Entschluß vor, dem Mann 'alles swes sîn herze gert' zu gewähren,
auch wenn es ihr Leben fordert; er hat bewiesen, daß er es
wert ist, belohnt zu werden:

V.54,37ff.   'Solte er des geniezen niht
        daz er in hôher wirde wol bewîsen mach
        daz man im des besten giht
        und alle sîne zît im guoter dinge jach
        unde ouch daz sîn süezer munt des ruomes nie
                        geplach
        dâ von betrüebet iender wurde ein saelic wîp?
        des ist er von mir gewert
        alles swes sîn herze gert,
        und sollte ez kosten mir den lîp.'

192

Auch in mehreren Liedern <u>Heinrichs von Rugge</u> kommt die gegenseitige Zuneigung und Treue von Mann und Frau zum Ausdruck.
Dabei handelt es sich meistens um Frauenmonologe.

In einem der wenigen für echt gehaltenen Gedichte Rugges, in
der Strophe 102,1, klagt der Mann darüber, daß er sich an 'sorgen' gewöhnen muß, seit seine Liebste ihm ihre Liebe, die sie
ihm gegenüber zuweilen bekannte, entzogen hat:

V.102,1ff.   'Ich was vil ungewon   des ich nu wonen muoz,
              daz mich der minne bant   von sorgen lieze iht
                                                             frî.
              nu scheidet mich dâ von   ein ungemaches gruoz.
              der was mir unbekant: nust er mir alsô bî,
              vil gerne waere ichs frî.
              mirn wart diu sêle noch der lîp
              dêswâr nie lieber danne mir ie was ein wîp
              diu eteswenne sprach, daz selbe waere ich ir:
              nu hât siz gar verkêret   her ze mir.'

In den folgenden Beispielen, bei denen es sich jeweils um für
unecht erklärten Frauenmonologe handelt, ist leicht festzustellen, daß die Frau nicht so unbeteiligt und unbetroffen das
Leiden des Mannes in seiner Liebe und Sehnsucht zu ihr hin-
nimmt. Sie ist gefühlsmäßig oft genug stark engagiert und leidet ihrerseits auch. Ihr Leid ist jedoch anderer, zwiespälti-
ger Natur. Sie steht häufig vor einer schwerwiegenden Entscheidung, nämlich ob sie dem Mann, den sie ebenso liebt, entgegenkommen oder ihn zurückweisen soll. Letzteres würde seine Qual
vergrößern, ihre Ehre und gesellschaftliche Anerkennung jedoch
nicht aufs Spiel setzen. Wie auch immer ihre Entscheidung aus-
sehen mag, die psychische Belastung bleibt stark. Gerade diese
innere Auseinandersetzung, die hauptsächlich in den Frauenmonologen ihren Niederschlag findet, ist ein eindeutiger Beweis für
die gefühlsmäßige Anteilnahme und die liebevolle Zuwendung der
Frau zum Mann.

In den ersten drei Strophen des Liedes 99,29 breitet der Dich-

ter seinen Kummer aus; dieser rührt daher, daß seine Gedanken
'mit triuwe an ein schoene wîp' (V.99,36f.) gerichtet sind. Er
ist dieser Frau treu, weiß selbst aber nicht, ob sie ihn dies
je 'geniezen' lassen wird (V.99,38f.). In der letzten Strophe
kommt die Frau zu Wort und reflektiert über die 'liebe':

V.100,23ff.   'Friundes komen   waer allez guot
               daz sunder angest möhte sîn.
               diu sorge diu dâ bî gestât,
               ich hân vernomen   daz staeter muot
               des trûric wirt: daz ist wol schîn,
               swenne ez an ein scheiden gât:
               sô müezen solhiu dinc geschehen
               daz wîse liute müezen jehen
               daz grôziu liebe wunder tuot:
               dâ vallet fröide in sendiu leit:
               des sint si beidiu unbehuot.'

In diesen Versen führt die Sprecherin die Probleme vor, die
mit einer Liebe verbunden sind. 'Friundes komen' wäre schön
und gut, würde die Freude, die dabei entsteht, nicht in 'sendiu leit' umschlagen, wenn eine Trennung naht. Anscheinend
halten solche Erwägungen die Sprecherin dieser Verse davon ab,
die Zuneigung des Mannes zu erwidern, obwohl sie gefühlsmäßig
engagiert ist.

Auch im Lied 103,3 ist die letzte von vier Strophen den Refle-
xionen der Frau gewidmet.

In den ersten Strophen stellt der Dichter die Frau vor, die
ihn auf alle anderen Frauen verzichten läßt. Sie ist 'saelic'
(V.103,4), tugendhaft (V.103,13), 'daz aller beste wîp'
(V.103,20) und überall hochangesehen (V.103,14 und 21). Der
Einfluß, den sie auf ihn ausübt, ist positiv:

V.103,6   'si mêret vil der fröide mîn'

V.103,16ff.   'von der ich grôze fröide hân,
               der schoenen der sol man den strît

194

                    vil gar an guoten dingen lân.'

V.103,24ff.   'si tiuret vil der sinne mîn.
               ich bin noch staete als ich ie pflac.
               und wil daz iemer gerne sîn.'

Die Wirkung solch einer auf wechselseitiger Geneigtheit be-
ruhenden Beziehung steht ganz im Zeichen der Hohen Minne. Sie
veredelt seine Gesinnung und spornt ihn an, weiterhin in
'staete' zu verharren. Das Motiv "Erziehung durch verstärkende
Belohnung" wird hier sichtbar:
V.103,27ff.   'Vil wunneclîchen hôhe stât
               mîn herze ûf mange frôide guot.
               mir tuot ein ritter sorgen rât
               an den ich allen mînen muot
               ze guote gar gewendet hân.
               daz ist uns beiden guot gewin,
               daz er mir wol gedienen kan
               und ich sîn friunt dar umbe bin.'

Interessant ist die nächste Strophe, MF 106,15, eine Frauenstrophe, die als unecht betrachtet wird. Die Sprecherin äußert
sich in der Art und Weise, die wir eher vom Mann erwarten. Sie
gebraucht Wendungen wie 'dienen' und 'lônen', um ihr Verhältnis zum Mann zu beschreiben. Hier findet Kluckhohns These Unterstützung, daß es sich beim Gebrauch solcher Ausdrücke lediglich um eine Metaphorik, eine "Dienstmetaphorik", handelt.

Die Frau beklagt sich und leidet darunter, daß ihre große Liebe ungelohnt bleibt:
V.106,15ff.   'Ein rehte unsanfte lebende wîp
               nach grôzer liebe daz bin ich.
               ich weiz getriuwen mînen lîp
               noch nieman staeter danne mich.
               sît ich sîn künde alrêrst gewan,
               son sach ich nie dekeinen man
               der mir ze rehte geviele ie baz.

nu lône als ich gedienet habe.
ich bin diu sîn noch nie vergaz.'

Im indirekten Wechsel 107,7 - wiederum "unecht" - drücken sowohl der Mann als auch die Frau ihre Gefühle und Seelenregun-
gen aus. Beide klagen über die seelischen Nöte und Mühen, die
sie in ihrer Liebe erleiden müßten. Eine Erlösung von dieser
Bedrängnis zeichnet sich schon in den Versen des Mannes ab, indem symbolisch von den roten Blumen gesprochen wird:
V.107,13ff.   'diu zît hât sich verwandelôt;
               der sumer bringt bluomen rôt:
               mîn wurde rât,
               wolte si mir künden liebiu maere.'

Und gerade solche 'liebiu maere' läßt sie ihm durch einen Boten
überbringen:
V.107,17ff.   'Solt ich an fröiden nu verzagen,
               daz waere ein sin   der nieman wol gezaeme.
               er müese ein staetez herze tragen,
               als ich nu bin,   der mich dâ von benaeme.
               er müese zouberliste haben:
               wan mîn gewin   sich hüebe, als er mir kaeme.
               sîn langez fremden muoz ich klagen.
               du solt im, lieber bote, sagen
               den willen mîn,
               wie gerne i'n saehe und sîne fröide vernaeme.'

Die Frau stellt die Liebeserfüllung in Aussicht. Sie ist ihm
ebenso 'staete' und zugetan wie er ihr (V.107,11f.):
V.107,11f.   'ich leiste ie swaz si mir gebôt,
               und iemer wil.   wie ungern ichz verbaere!'

Über ein Wiedersehen mit ihm, dessen lange Abwesenheit sie beklagt, freut sie sich übermäßig. Es ist für beide ein 'gewin',
ein Vorteil, ein Lohn, den sie nach langem Leiden verdient haben.

196

Das nächste Lied, MF.109,9, ein "unechtes", demonstriert aufs neue, daß die erzieherische Aufgabe der Minne nicht allein dann verwirklicht wird, wenn die Werbung des Mannes 'wân' bleibt.

In den ersten vier Strophen des Gedichtes schildert der Mann, daß seine ganze 'fröide' und Glückseligkeit an einer bestimmten Frau hängt. Sie allein könnte alles, was er erleidet, wieder gut machen (vgl. die dritte Strophe V.109,27ff.). Er wähnt, 'ûf einen lieben wân' verleitet zu sein (V.109,16; dazu auch V. 109,36f.).

In den Frauenversen, die die fünfte Strophe umfassen, verspricht die Frau, für Abhilfe zu sorgen, wenn er gewisse Bedingungen zu erfüllen bereit ist:

V.110,11ff.   'sîn wille mac sô lîhte niht ergân.
              wil er ze friunde mich gewinnen,
              sô tuo mit allen sînen sinnen
              daz beste und hüete sich dâ bî
              daz mir iht kome ze maere   wie rehte unstaete
                                                          er sî:
              waer er mîn eigen denne, ich lieze in frî.'

Ihre Liebesgunst macht sie also von seiner ethisch-sittlichen Vervollkommnung abhängig. Jedoch soll dieses Verhältnis "kündbar" sein, falls er sich der 'unstaete' schuldig machen sollte.

Der erzieherische Effekt solch einer Mahnung und solch eines Versprechens ist enorm. Der Mann läßt sich auf alle Forderungen ein und beteuert, 'staete' und 'triuwe' pflegen zu wollen:

V.110,17ff.   'Mich fröit ân alle swaere wol
              daz ich sô liebiu maere hân vernomen,
              der ich mich gerne troesten sol.
              mir ist der muot von grôzen sorgen komen.
              sît man der staete mac geniezen,
              so ensol ir niemer mich verdriezen.
              mîn herze ist ir mit triuwen bî:
              freische ab ez diu schoene   daz ez mit valsche
                                                          sî,
              sô lâze si mich iemer mêre frî.'

197

Zuletzt soll noch eine Stelle angeführt werden, die erkennen läßt, daß diese Art der Erziehung durch liebevolle Zuwendung durchaus in den Liedern des Minnesangs vertreten ist. Es handelt sich um das Gedicht 107,35, eines der wenigen Lieder Rugges, die als echt betrachtet werden.

Den Sprechenden stimmt eine bevorstehende Trennung traurig:
V.107,35ff.   'Ich tuon ein scheiden, daz mir nie
               von keinen dingen wart sô wê.
               vil guote vriunde lâze ich hie.
               nu wil ich trûren iemermê.
               die wîle ich si vermîden muoz
               von der mir sanfter taete ein gruoz
               an deme staeten herzen mîn
               dann ich ze Rôme keiser solte sîn.'

Der Grad der Liebe wird durch einen Vergleich ermittelt; ein Gruß von ihr würde seinem Herzen 'sanfter' tun, als wenn er 'ze Rôme keiser' wäre.

Dennoch kann er die Schönheit des Sommers genießen, und seine Klage wird sanfter. Das hat 'ein wîp' erreicht, indem sie ihn 'getroestet hât', wie dies in der zweiten Strophe dargelegt wird:
V.108,6ff.   'Ich gerte ie wunneclîcher tage.
               uns wil ein schoener sumer komen.
               al deste senfter ist mîn klage.
               der vogele hân ich vil vernomen;
               der grüene walt mit loube stât.
               ein wîp mich des getroestet hât
               daz ich der zît geniezen sol.
               nu bin ich hôhes muotes: daz ist wol.'

Die Werke der sogenannten "Klassiker" der hochhöfischen Periode
liefern ebenso mehrere Beispiele für die entgegenkommende Frau,
die mitempfindet und mitleidet und die Wünsche des Mannes erhört. Dabei handelt es sich abermals häufig um Lieder, die für
unecht erklärt werden.

Das erste Lied, das wir aus <u>Hartmanns von Aue</u> Werk heranziehen
wollen, MF.211,27, beweist, daß das Entgegenkommen der Frau
von gewissen Konditionen abhängig gemacht wird, und zwar davon,
ob der Mann in seiner seelisch-geistigen Beschaffenheit ihrer
würdig ist. Weil der Mann sich als 'unstaete' erwies, mußte er
"bestraft" werden, indem er den 'schoenen gruoz' und die 'genâde' der 'staeten' und 'staete' verlangenden Frau entbehren
mußte:

V.211,35ff.   'Swer anders giht, der misseseit,
        wan daz man staetiu wîp mit staetekeit erwer-
                              ben muoz.
        des hât mir mîn unstaetekeit
        ein staetez wîp verlorn. diu bôt mir alse
                         schoenen gruoz
        daz sî mir erougte lieben wân.
        dô sî erkôs mich staetelôs,
        dô muose ouch diu genâde ein ende hân.'

Mit der Frage des "Würdigseins" beschäftigt sich ebenso der
Frauenmonolog MF.216,1. Die Frau reflektiert über das Phänomen
der Minne und die damit verbundenen Konflikte. Der Ausgangspunkt ihrer Überlegungen ist der kurz bevorstehende Winter und
die damit beginnende Traurigkeit:

V.216,1ff.   'Swes fröide hin zen bluomen stât,
        der muoz vil schiere trûren gegen der swaeren
                                  zît.
        iedoch wirt eines wîbes rât
        diu die langen naht bî liebem manne lît:
        sus wil ouch ich den winter lanc
        mir kürzen âne vogelsanc.
        sol ich des enbern, dêst âne mînen danc.'

In der dritten Strophe ist sie fest entschlossen, sich ihm hinzugeben, weil er ihr 'wol gedienet hât':
V.216,17ff.   'sît erz wol gedienet hât,
               dâ von sô dunket mich mîn bîten alze lanc:
               wande ich wâgen wil durch in
               den lîp die êre und al den sin;
               sô muoz mir gelingen, obe ich saelic bin.'

Diesen Entschluß begründet sie in der letzten Strophe ausführlicher:
V.216,22ff.   'Er ist alles des wol wert,
               obe ich mîne triuwe an im behalten wil,
               des ein man ze wîbe gert:
               dêswâr dekeiner êren ist im niht ze vil.
               er ist ein sô bescheiden man,
               ob ichs an im behalten kan,
               minne ich in, dâ missegât mir niemer an.'

Das Hauptargument für ihre Entscheidung ist, daß er 'alles
des wol wert' ist. Er ist vollkommen; er weiß sich angemessen
zu verhalten, ist verständig und klug. Die Frau steht voll zu
ihrem Entschluß. Sie hat keinerlei Rechtfertigung mehr nötig.

In diesem Gedicht erscheint die Frau selbstbewußt und entschlossen. Sie bekennt sich zu ihrer Liebe zum Mann und zieht die
Konsequenzen daraus. Durch seinen Dienst und seine ehtisch-
sittliche Vollkommenheit hat er bestätigt, daß er ihre Liebesgunst "verdient" hat und ihrer würdig ist.

In einem weiteren für unecht gehaltenen Lied, MF.214,34, kommt
dieser Gedanke des "Wertseins" und das damit zusammenhängende
Prinzip der "verstärkenden Belohnung" als Mittel zur Veredelung des Mannes nochmals vor, wenn auch nicht so klar.

Ein Bote überbringt der Frau eine Nachricht von einem:
V.214,36f.   'ritter der vil gerne tuot
              daz beste daz sîn herze kan.'

Dieser fordert folgendes:

V.214,38f.   'der wil dur dînen willen disen sumer sîn
                vil hôhes muotes verre ûf die genâde dîn.'

Dies ist mehr, als eine Frau, die ihn kaum kennt, gewähren
kann. Gleichwohl erweist sie ihm eine gewisse Sympathie und
Freundlichkeit, die daher rührt, daß er es 'wert' ist (V.
215,12); er bemüht sich, das Beste zu tun (V.214,36f.) und ist
'stolz' (V.215,9). Obwohl sie seine Forderung nach 'lôn' ab-
weist, ist sie ihm freundlich gesonnen:

V.215,5ff.   'Du solt im, bot, mîn dienest sagen:
              swaz im ze liebe müg geschehen,
              daz möhte niemen baz behagen,
              der in sô selten hab gesehen.
              und bite in daz er wende sînen stolzen lîp
              dâ man im lône: ich bin im ein vil vremdez wîp
              zenpfâhen sus getâne rede.   swes er ouch anders
                                                  danne gert
              daz tuon ich, wan des ist er wert.'

Diese ermutigende Antwort weiß der Ritter sehr zu schätzen.
Gerade solch eine positive Reaktion und nicht etwa eine völlig ablehnende Haltung vergrößert seine Liebe zu ihr und sta-
chelt ihn an, für immer ihr 'eigen' (V.W.217,7f.) und ihr
'undertân' (V.W.120,16ff.) sein zu wollen. Sie soll 'nemen
den dienest mîn', versichert er nochmals in der vorletzten
Strophe (V.W.120.23).

Im dreistrophigen "unechten" Frauenmonolog MF. 217,14 beklagt
die Frau den Verlust ihres 'lieben friunt':

V.217,19ff.   'ich hân verloren einen man
              daz ich für wâr wol sprechen muoz
              daz wîp nie liebern friunt gewan.
              dô ich sîn pflac, dô fröite er mich:
              nû pflege sîn got, der pfligt sîn baz dan ich.'

Daraus wird ersichtlich, wie stark und innig ihre Liebe ist:

V.217,24ff.　'Mîn schade waer niemen rehte erkant,
ern diuhte in grôzer klage wert.
an dem ich triuwe und êre ie vant
und swes ein wîp an manne gert,
der ist alze gâhes mir benomen.
des mac mir unz an mînen tôt
niemer niht ze staten komen,
in müeze lîden sende nôt.'

Das "unechte" Gedicht 212,37 demonstriert aufs neue, daß die
Tugendhaftigkeit des Mannes eine ausreichende Rechtfertigung
für die liebevolle Zuwendung, ja Hingabe der Frau ist. Die
Sprecherin dieser Verse, eine betrogene Frau, gibt zu, sich
in ihrer Wahl verschätzt zu haben, aber sie dachte ursprünglich, er, den sie 'zeime friunde erkôs', wäre 'staete' (V.
213,1ff.). Daß er sich als unehrlich und hinterlistig erwies,
ist der Grund ihrer Enttäuschung.

Auch bei Hartmann kommt die gegenseitige Liebe vor, ebenso die
liebevolle Hingabe der Frau. Dabei behält die Minne ihren erzieherischen Charakter.

De Boor nennt Albrecht von Johansdorf "den Dichter der gegenseitigen Minne" und schreibt über ihn: "Denn er weiß in seinem Minnedienst von jener Gegenseitigkeit der Neigung, die Hartmanns Unmutslied nur bei 'armen wîben' finden zu können meinte". Johansdorf - so de Boor weiter - läßt "die Frau als echten Partner erscheinen und sie Gefühle aussprechen..., die der 'frouwe' des hohen Minnesangs nicht gestattet waren".[1] Hier tritt die Voreingenommenheit der Forschung deutlich hervor. Denn die "Gegenseitigkeit der Neigung" ist nicht ausschließlich und allein bei 'armen wîben' zu finden, und daß die Frau als "echter Partner" erscheinen und ihre Gefühle aussprechen kann, haben wir schon öfter demonstriert.

Bei Johansdorf kommen solche Motive vor allem in den Frauenmonologen klar zum Ausdruck.

In den ersten drei Strophen des vierstrophigen freien Wechsels 91,22 macht sich die Frau Gedanken über die 'minne' und über ihre Beziehung zu ihrem 'friunt' (V.91,34). Sie ist ihm in Liebe zugetan und fürchtet den 'kumber', den ein 'scheiden' verursacht:

V.91,22ff.   'Wie sich minne hebt daz weiz ich wol;
              wie si ende nimt des weiz ich niht.
              ist daz ich es inne werden sol
              wie dem herzen herzeliep geschiht,
              sô bewar mich vor dem scheiden got,
              daz waen bitter ist.
              disen kumber fürhte ich âne spot.'

Eine auf Gegenseitigkeit und 'triuwe' basierende Beziehung hat das Recht, bis zum Tod bestehen zu bleiben. Dies will die Frau für sich auf jeden Fall gelten lassen:

V.91,33ff.   'waer diu rede mîn, ich taete alsô:
              verlüre ich mînen friunt,
              seht, sô wurde ich niemer mêre frô.'

_____
1) De Boor, Geschichte, S. 275.

In der dritten Strophe ermahnt sie denjenigen, dem sie 'liep'
werden könnte, ihr gegenüber 'triuwe' zu erweisen. Daß sie in
einem Liebesverhältnis steht, geht vor allem aus der ersten
Strophe und den Versen 91,34f. hervor.

Wiederum in der Form des freien Wechsels, MF.94,25, sprechen
beide Liebenden ihre Gefühle aus und klagen über die ihnen bevorstehende Trennung wegen der Teilnahme des Mannes an einem
Kreuzzug. In der dritten Strophe spricht die Frau darüber, wie
sehr sie von dieser baldigen Trennung bedrängt wird:
V.94,35ff.   'Owê', sprach ein wîp,
                'wie vil mir doch von liebe leides ist beschert!
                waz mir diu liebe leides tuot!
                vröidelôser lîp,
                wie wil du dich gebâren, swenne er hinnen vert,
                dur den du waere ie hôchgemuot?
                wie sol ich der werlde und mîner klage geleben?
                dâ bedorfte ich râtes zuo gegeben.
                kund ich mich beidenthalben nu bewarn,
                des wart mir nie sô nôt.   ez nâhet, er wil hin-
                                               nen varn.'

In diesen Worten der Verzweiflung offenbart sich die Stärke
ihrer Liebe. Bemerkenswert ist vor allem V.95,1, aus dem hervorgeht, daß auch die Frau in der Minne und durch die Liebe
des Mannes 'hôchgemuot' werden kann.

Im "unechten" Lied 92,35 erzählt der Dichter, daß seine Liebste ihm ihre Gunst gewährt hat:
V.93,2ff.   'swenne ich die vil schoenen hân,
                son mac mir niemer missegân.
                sist aller güete ein gimme.'

In der zweiten Strophe wird die Liebeserfüllung mit den sich
daraus ergebenden Konsequenzen noch ausführlicher beschrieben:
V.93,5ff.   'Geprüevet hât ir rôter munt
                daz ich muoz iemer mêre
                mit fröiden leben zaller stunt,

swar ich des landes kêre.
alsô hât si gelônet mir.
gescheiden hât sich niht von ir
frou Zuht mit süezer lêre.'

In mehreren Gedichten <u>Heinrichs von Morungen</u> zeigt sich die
Frau als durchaus entgegenkommend und gewährend. Sie befreit
den Mann von 'sorge' und 'kumber', schenkt ihm 'trôst', 'fröide', 'hôchgemüete' u.ä. und gibt sich ihm sogar hin, wie vor
allem das Tagelied MF.143,22 erkennen läßt.

Im Gedicht 138,17 klagt der Sänger, daß sie,die er mit 'triuwe'
liebt, seine 'klage' nicht vernimmt (V.138,17ff.).

Die unbeachtete Liebe und der daraus entstandene unermeßliche
Schmerz lassen ihn in Tagträumen und Wunschvorstellungen flüch-
ten. In der dritten und vierten Strophe täuscht ihm seine Phan-
tasie vor, daß seine Geliebte mit ihm redet und ihm 'trôst'
schenkt.

Aus der zweiten Strophe ist zu entnehmen, daß er vorher die
Gunst der Frau gewonnen hatte:
V.139,3ff.   'Dô si mir alrêst ein hôhgemüete sande
               in daz herze mîn,
               des was bote ir güete, die ich wol erkande,
               und ir liehter schîn.
               si sach mich güetlîch ane mit spilnden ougen;
               lachen si began ûz rôtem munde tougen.
               sâ zehant enzunte sich mîn wunne,
               daz mîn muot stuont hô alsam diu sunne.'

Daß dies nicht ein Teil seiner Phantastereien ist, sondern tatsächlich einmal stattgefunden hat, verrät zum einen der Tempus-
wechsel - hier berichtet er im Imperfekt, während in den anderen zwei Strophen das Präsenz gebraucht wird - und zum anderen
der konkrete Hinweis in diesen zwei Strophen darauf, daß die
Frau ihm in einer Vision erscheint:
V.138,27ff.   'swenne ich eine bin, si schînt mir vor den ou-
                                                          gen.
               sô bedunket mich
               wie si gê dort her ze mir aldur die mûren.'

Dieses Lied zeigt also, daß die Frau, deretwegen der Sänger

so leidet, ihm einst freundlich gesonnen war und ihm 'hôhgemüete' schenkte.

Im Lied 125,19 schwelgt der Mann in Glückseligkeit, weil ihn
ihr 'trôst enpfie':
V.125,19ff.   'In sô hôe swebender wunne
               sô gestuont mîn herze an fröiden nie.
               ich var alse ich fliegen kunne
               mit gedanken iemer umbe sie,
               sît daz mich ir trôst enpfie,
               der mir durch die sêle mîn
               mitten in daz herze gie.'

Verglichen mit 'der wunne', die er nun erlebt, ist alles andere, was er 'wuneclîches schouwe', nur ein 'spil' (V.
125,26ff.). Der Grund:
V.125,30ff.   'mir ist komen ein hügender wân
               unde ein wuneclîcher trôst,
               des mîn muot sol hôe stân.'

Aus der Reaktion des Sängers ist leicht zu erkennen, daß er
ein sicheres, unmißverständliches Zeichen des Wohlwollens und
der Geneigtheit von einer Frau, die er im ganzen Lied nur durch
Pronomina umschreibt, erhalten hat. Er steht in ihrer Gunst.
Sie scheint ihm all das zu gewähren, was er sich gewünscht hat.
Dies nennt er diskret 'ein hügender wân', 'ein wunceclîcher
trôst' (V. 125,30f.). Die Wirkung: 'des mîn muot sol hôe stân'
(V.125,32).

In der dritten Strophe fährt er in der Schilderung seines un-
ermeßlichen Glücks fort:
V.125,33ff.   'Wol dem wuneclîchen mêre,
               daz sô suoze durch mîn ôre erklanc.
               und der sanfte tuonder swêre,
               diu mit fröiden in mîn herze sanc,
               dâ von mir ein wunne entspranc,
               diu vor liebe alsam ein tou
               mir ûz von den ougen dranc.'

In der letzten Strophe preist er die Stunde, da "sie", seine
Liebste also, ihm mitteilte, was ihn froh und glücklich macht
und fast die Sprache verschlägt:
V.126,1ff.   'Selic sî diu süeze stunde,
              selic sî diu zît, der werde tac,
              dô daz wort gie von ir munde,
              daz dem herzen mîn sô nâhen lac,
              daz mîn lîp von fröide erschrac,
              unde enweiz vor wunne joch
              waz ich von ir sprechen mac.'

Im Wechsel 130,31 geht deutlich hervor, wie innig sich Mann
und Frau lieben.

In der zweiten Strophe schildert die Frau ihre Lage nach dem
Abschied vom Geliebten:
V.131,1ff.   'Owê des scheidens des er tete
              von mir, dô er mich vil senende lie.
              wol aber mich der lieben bete
              und des weinens des er dô begie,
              dô er mich trûren lâzen bat
              und mich hiez in fröiden sîn.
              von sînen trênen wart ich nat
              und ergluote iedoch daz herze mîn.'

In den letzten zwei Strophen betonen beide Partner ihre gegenseitige Geneigtheit und ihre Sorge umeinander. Jeder vertei-
digt den anderen vor den Verleumdungen der Leute. Die Rede der
Frau fängt wiederum mit der Interjektion 'owê' an und bringt
somit ihre innere Anteilnahme am 'ungemach' des lieben Mannes
verstärkt zum Ausdruck:
V.131,17ff.   'Owê waz wîzents einem man
              der nie frouwen leit noch arc gesprach
              und in aller êren gan?
              durch daz müejet mich sîn ungemach,
              daz si in sô schône gruozent wal
              unde zuo im redende gânt

                    unde in doch als einen bal
                    mit bôsen worten umbe slânt.'

Es bedrückt sie die doppelte Moral derjenigen, die einen Mann
einerseits freundlich begrüßen und mit ihm reden, andererseits
ihm übel nachreden. Was sie am meisten zu bedrängen scheint,
ist, daß gegen ihn falsche Vorwürfe erhoben werden in Bezug
auf Frauendienst und -lob, wo er doch 'nie frouwen leit noch
arc gesprach und in aller êren gan' (V.131,18f.). Denn dieser
Vorwurf trifft auch sie, die sich ihn erwählte.

Im Wechsel 142,19, wo der Mann in der ersten, die Frau in den
weiteren zwei Strophen spricht, schildert der Mann, daß er von
einer 'frowe fruot' 'hôhen muotes' wurde, während die Frau in
ihrem Monolog darüber reflektiert, daß nicht alle Frauen 'hôen
muot' zu gewähren vermögen. In der zweiten Strophe beklagt sie
sich, weil sie dem 'unmêre' geworden ist, der ihr 'dicke sînen
dienest bôt'. Uns interessiert daran speziell, ob die Frau dem
Mann ihre Gunst erwiesen hat oder nicht. Dies kommt in der ersten Strophe deutlich zum Ausdruck:
V.142,19ff.   'Ich bin keiser âne krône
                  sunder lant. daz meine ich an den muot:
                  dern gestuont mir nie sô schône.
                  wol ir lîbe, diu mir sanfte tuot.
                  daz schaffet mir ein frowe fruot.
                  dur die sô wil ich stête sîn,
                  wan in gesach nie wîp sô rehte guot.'

In der zweiten Strophe unterscheidet die Redende zwischen zwei
Gruppen von Frauen, den 'guoten', die 'hôen muot' geben können,
und den 'boesen', die dazu nicht im Stande sind. Derjenige, der
sich an letztere 'verlât', ist 'tump', so meint die Sprecherin
der Verse. Einen solchen 'tumben' Mann kennt sie: ihn dünken
'ouch die selben frowen', die 'boesiu wîp' also, 'guot'.

Es liegt nahe, daß dies derselbe Mann ist, von dem sie in der
folgenden Strophe berichtet, sie sei ihm 'unmêre' geworden.

Mit Sicherheit kann das jedoch nicht gesagt werden. Wegen seiner Gleichgültigkeit leidet sie 'ein sendiu nôt':

V.142,33ff.   'Mirst daz herze worden swêre.
               sêt, daz schaffet mir ein sendiu nôt.
               ich bin worden dem unmêre
               der mir dicke sînen dienest bôt.
               wê war umbe tuot er daz?
               und wil er sichs erlouben niht,
               sô muoz ich im von schulden sîn gehaz.'

Daß eine auf gegenseitiger Zuneigung beruhende Beziehung zwischen beiden bestand, geht aus dieser Strophe klar hervor. Die Frau hat hier die Position eingenommen, die sonst im Minnesang dem Mann zugewiesen wird.

Daß im Tagelied 143,22 die Liebeserfüllung eindeutig manifestiert ist, bezweifelt keiner der Minnesang-Forscher. In diesem Gedicht wird das Zusammensein von Mann und Frau am Morgen nach einer Liebesnacht geschildert. Das Gedicht hat die Form eines Wechsels. In der ersten und dritten Strophe spricht der Mann, in der zweiten und vierten die Frau. Beide bedauern, daß die Nacht schon vorbei ist; dies wird vor allem durch die Interjektion 'owê' ausgedrückt, die alle vier Strophen einleitet:

V.143,22ff.   'Owê,   sol aber mir iemer mê
               geliuhten dur die naht
               noch wîzer danne ein snê
               ir lîp vil wol geslaht?'

In der zweiten Strophe, wo die Frau zu Wort kommt, ist die Klage, daß es 'taget', noch stärker:

V.143,30ff.   'Owê,   sol aber er immer mê
               den morgen hie betagen?
               als uns diu naht engê,
               daz wir niht durfen klagen:
               'owê, nu ist ez tac',
               als er mit klage pflac

                    do'r jungest bî mir lac.
                    dô taget ez.'

Im "unechten" Lied 147,17 wird die Liebeserfüllung in Aussicht
gestellt. Dies wird mit 'trôst gewinnen' und 'fröide kunt tuon'
diskret umschrieben:
V.147,17ff.   'Lanc bin ich geweset verdâht
              unde unfrô von rehter minnen.
              nu hât men mir mêre brâht,
              der ist frô mîn herze inbinnen.
              ich sol trôst gewinnen
              von der frowen mîn.
              wie möhte ich danne trûric sîn?
              obe ir rôter munt
              tuot mir fröide kunt,
              sô getrûre ich niemer mê:
              êst quît, was mir wê.'

In einem anderen, wiederum für unecht erklärten Gedicht H.S.
285, scheinen Gunstbeweise der Frau schon oft stattgefunden zu
haben, wenn der Sänger sagt:
V.S.395,3ff. 'von ir rôten munde ist gehoehet dicke mir der
                                                        muot.
              von ir schoene kumt swaz iemen vröiden hât.
              dâ von müezens iemer sîn
              gêret, sît diu vröide mîn
              gar an einer reinen hôhgelopten stât.'

Bemerkenswert ist, daß diese Beziehung den 'muot' des Mannes
'gehoehet' hat. Wegen dieser 'vröide', die ihm seine Geliebte
schenkt, sollen alle anderen 'reinen wîp' - das an 'müezen'
enklitisch angehängte Personalpronomen 's' bezieht sich auf
'reinen wîben' im zweiten Vers des Liedes -'gêret' sein.

In mehreren Liedern Morungens ist die Frau entgegenkommend,
teilnehmend, mitempfindend, leidend. Sie gewährt dem Mann
Gunst und Zuneigung, ja sogar die Erfüllung seiner erotischen
Wünsche. Oft wird dies verhüllend umschrieben oder ist erst

                                                        211

der beglückten Reaktion des Mannes zu entnehmen. Eine der häufigsten Wirkungen erwiesener oder in Aussicht gestellter Gunst
ist, daß der 'muot' des Mannes 'gehoehet' wird.

Auch bei Reinmar, dem "klassischsten" unter den "Klassikern"
der höfischen Dichtung, bringt die Frau dem Mann recht häufig
ihre Zuneigung entgegen, gewährt ihm ihre Gunst, gibt sich hin,
oder leidet darunter, daß sie - aus ihrem Ehrgefühl heraus und
aus Furcht vor Verleumdung und Verlust der gesellschaftlichen
Anerkennung - den ihr lieben und ihrer würdigen Mann nicht erhören kann. Dies wird in der Regel - wie auch bei anderen Sängern festgestellt wurde - in Frauenmonologen am deutlichsten
dargestellt. Allerdings werden mehrere der Lieder, in denen
die Liebeserfüllung gewährt oder in Aussicht gestellt wird,
Reinmar abgesprochen, da sie nicht in das gerade für Reinmar
gültige Schema vom Ausbleiben der Gegenseitigkeit und von der
Unerreichbarkeit der Frau hineinpassen. Sie werden von vielen
als zu "derb" apostrophiert.[1]

In Reinmars Liedern kommt die Frau dem Mann erst dann entgegen,
wenn er sich in moralischer, ethisch-sittlicher Hinsicht be-
währt hat. Dadurch belohnt sie ihn und spornt ihn zugleich an.

Darüber reflektiert der Dichter in der ersten Strophe des Liedes 153,14. Er stellt sich vor, daß einem, dem 'herzelîche
liep' geschähe, wohl 'wunneclîcher staete' pflegen würde:
V.153,14ff.   'Wiest ime ze muote, wundert mich,
                 dem herzeclîche liep geschiht?
                 er saelic man, dâ fröit er sich,
                 als ich wol waene, ich weiz ez niht.
                 och weste ich gerne wie er taete:

---

1) Deutliche Kritik an Kraus' Echtheitsentscheidungen ist
   in der Reinmarfoschung der letzten Jahre geübt worden.
   Am gründlichsten hat sich Manfred Stange (Reinmars Lyrik.
   Forschungskritik und Überlegungen zu einem neuen Verständnis Reinmars des Alten. Amsterdam 1977) mit dieser
   Frage beschäftigt. In seiner kritischen Studie weist er
   nach, daß es neben dem engen Reinmar-Bild auch schon
   immer Ansätze zu einer breiteren Reinmarsicht gegeben
   hat. Für unseren Zusammenhang ist besonders wichtig das
   Kapitel über Carl von Kraus (S.55-84), wo die Vorurteile,
   die Kraus zu seinem Reinmar-Bild führten, im einzelnen
   analysiert werden.

ob er iht pflaege wunneclîcher staete;
diu sol im wesen von rehte bî.'

In der zweiten Strophe wird das Problem der seelisch-geistigen
Ebenbürtigkeit angeschnitten; 'ein zage' würde es kaum wagen,
um die Gunst eines 'sinnic wîp' zu werben, weil er keine Chan-
cen haben würde:

V.153,23f.   'Ich weiz bî mir wol daz ein zage
              unsanfte ein sinnic wîp bestât.'

Daß schon das geringste Zeichen des Wohlwollens von seiten der
Frau den Mann in seinem Streben nach Veredelung stärkt und anspornt, geht aus den beiden letzten Strophen hervor. Weil sie
ihn 'minneclîch' gegrüßt hat, will er es ihr 'lônen':

V.154,17f.   'ir gruoz mich minneclîche enphie.
              vil gerne ich ir des iemer lône.'

Hier ist es der Mann, der der Frau 'lônen' will. Dies beweist
wiederum, daß solche Begriffe des Dienstes nicht wörtlich im
Sinne eines Lehnsverhältnisses aufzufassen sind.

In der folgenden Strophe kommt das Prinzip der verstärkenden
Belohnung noch einmal vor:

V.154,27ff.   'sol mir ir staete komen ze guote,
              daz gilte ich ir mit semelîchem muote,
              und nîde nieman dur sîn heil,
              wan ich ze wunsche danne hân
              der werlde mînen teil.'

In vielen Gedichten, in denen die Frau selbst spricht, offenbart sich ihre tiefe Zuneigung zum Mann, die oft mit Leid und
Kummer und mit seelischen Konflikten verbunden ist.

Im Wechsel 151,1 gibt die Frau offen zu, daß sie einen Ritter
lange schon begehrt, jedoch befürchtet sie zugleich die Miß-
gunst der Leute:

V.151,1ff.   'Si koment underwîlent her
              die baz dâ heime möhten sîn.

ein ritter des ich lange ger,
bedaehte er baz den willen mîn,
sô waere er zallen zîten hie,
als ich in gerne saehe.
ôwê, waz suochent aber die
die nîdent daz, ob iemen guot geschaehe?'

In der zweiten Strophe beklagt der Mann 'die nôt' (V.151,20),
die er in der Liebe erleidet. Durch seinen 'dienest' versucht
er 'genâde' bei einer Frau, die er liebt, zu finden (V.
151,17f.)

Dieses Wort nimmt die Frau in ihren Versen auf; sie empfindet
ebenfalls, daß er 'genâde' verdient hat:
V.151,25ff. 'Genâden ich gedenken sol
an ime der mînen willen tuot.
sît daz er mir getriuwet wol,
sô wil ich hoehen sînen muot.
wes er mit rehter staete vrô,
ich sage im liebiu maere,
daz ich in gelege alsô,
mich diuhte es vil, ob ez der keiser waere.'

Die Frau ist bereit, ihm ihre Gunst bis zu einem gewissen Grad
zu erweisen. Sie ist jedoch nicht bereit, sich ihm hinzugeben;
dies dünkt sie zu viel.

Die Frau würde sich selbst zur völligen Hingabe bereit finden,
wenn sie sicher sein könnte, daß der Mann ihr treu ist. Das ergibt sich aus der zweiten Strophe des Wechsels MF.152,25:
V.W.71,19ff. 'Ich hoere im maneger êren jehen,
der mir ein teil gedienet hât.
der im inz herze kan gesehen,
an des genâde suoche ich rât,
daz er mirz rehte erscheine.
nû fürhte ab ich daz erz mit valsche meine.
taet er mir noch den willen schîn,

haet ich iht liebers danne den lîp,
des müeser hêrre sîn!'

In der fünften Strophe des Liedes 154,32 beklagt die Frau das
'fremeden' des geliebten Mannes:
V.155,38ff.   'Owê trûren unde klagen,
                wie sol mir dîn mit fröiden werden buoz?
                mir tuot vil wê deich dich muoz tragen:
                du bist ze grôz, doch ich dich lîden muoz.
                die swaere enwendet nieman, er entuoz
                den ich mit triuwen meine.
                gehôrte ich sînen gruoz,
                daz er mir nâhen laege,
                sô zergienge gar mîn nôt.
                sîn fremeden tuot mir den tôt
                unde machet mir diu ougen dicke rôt.'

Sie bereut, daß sie ihn nicht erhört hat; denn hätte sie es
getan, so hätte sie jetzt kein Leid zu ertragen.

In drei Botenliedern äußert die Frau dem Boten gegenüber ihre
Gedanken und Gefühle. Diese zeugen zweifelsohne von einer tie-
fen Zuneigung zum Mann.

Im Gedicht 152,15 spricht die Frau ihre Befürchtung aus, daß
das Treueverhältnis, in dem sie und ihr Geliebter standen, zer-
brechen wird:
V.152,15ff.   'Ich wirde jaemerlîchen alt,
                sol mich diu werlt alsô vergân
                daz ich daheinen gewalt
                an mînem lieben friunde hân,
                daz er taete ein teil des willen mîn.
                mich müet, sol'm iemen lieber sîn.
                bote, nur sag im niht mê
                wan mirst leide
                und fürhte des, sich scheide
                diu triuwe der wir pflâgen ê.'

Die Unsicherheit und Besorgnis der Frau, die Liebe des Mannes
zu verlieren, zerstreuen die weiteren Strophen, in denen sich
der Mann ausspricht. Er hat Kenntnis davon genommen und empfindet es als 'ein liebez maere' (V.152,14), daß sie ihm ihre
'triuwe' versichert:

V.152,10ff.   'swaz mir diu werlt ze leide tuot,
                  daz belîbet ungeklaget,
                  wan ir nîden
                  moht ich nie gerner lîden:
                  ein liebez maere ist mir gesaget.'

V.152,26^eff.   'wil diu schoene triuwen pflegen
                  und diu guote,
                  sost mir sô wol ze muote
                  als der bî vrowen hât gelegen.'

In einem Wechselgespräch mit dem Boten, MF.177,10, erkundigt
sich die besorgte Frau nach dem 'vil lieben man':

V.177,10ff.   'Sage, daz ich dirs iemer lône,
                  hâst du den vil lieben man gesehen?
                  ist ez wâr und lebt er schône
                  als si sagent und ich dich hoere jehen?'

Im Laufe des Gesprächs wird der Konflikt, in dem die Frau
steht, erkennbar. Sie liebt den Mann zwar, hat aber Angst
vor der Gewährung:

V.177,19   'demst alsô daz manz versagen sol.'

Diese Überlegungen werden in der letzten Strophe noch deutlicher:

V.177,34ff.   'Daz wir wîp niht mugen gewinnen
                  friunt mit rede, sinwellen dannoch mê,
                  daz müet mich. in wil niht minnen.
                  staeten wîben tuot unstaete wê.
                  waere ich, des ich niene bin,
                  unstaete, lieze er danne mich, sô lieze ich in.'

Aus den beiden letzten Versen wird sichtbar, daß die Beziehung zu ihrem 'friunt' auf gegenseitiger 'staete' beruht.

Ähnliche Gedanken äußert die Frau dem Boten gegenüber im Lied
178,1, das mehr als Selbstgespräch erscheint. Die 'arebeit',
die sie 'tougenlîche trage' war ihr früher unbekannt, weshalb
sie sich aussprechen muß, um sich Erleichterung zu verschaffen.

In den ersten drei Strophen bekennt sie ihre Liebe zum Mann
eindeutig:

V.178,3f.   'vert er wol und ist er frô,
                ich leb iemer deste baz.'

V.178,12f.   'ich bin im von herzen holt
                und saehe in gerner denne den tac:'

V.178,15ff.   'Ê dazd iemer im verjehest
                deich im holdez herze trage,
                sô sich dazd alrêrst besehest
                und vernim waz ich dir sage:
                meine er wol mit triuwen mich,
                swaz danne im müge ze vröiden komen,
                daz mîn êre sî, daz sprich.'

Sie bekennt ihre starke Zuneigung, aber auch ihre Entschlossen-
heit, seine erotischen Wünsche nicht zu erfüllen (V.178,29ff.),
da dies sie 'beswêren' (V.178,27) und ihr Verderben bedeuten
(V.178,29ff.) würde.

Im Gedicht 186,19 sieht sich die Frau aus Gründen der 'êre' ge-
zwungen, die Bitten des ihr lieben Mannes abzuschlagen:

V.186,25ff.   'der mir ist von herzen holt,
                den verspriche ich sêre,
                niht durch ungefüegen haz,
                wan durch mînes lîbes êre.'

Die innere Anteilnahme der Frau am Leiden des Mannes, den sie
einen 'lieben guoten man' nennt (V.186,37), ist zwar stark und
aufrichtig (V.187,1ff.), reicht jedoch nicht aus, 'daz ers iht

genieze' (V.187,8; vgl. auch V.187,16ff.).

In den folgenden Gedichten, die alle für unecht gehalten werden, kommt nicht nur die liebevolle Zuneigung der Frau zum Ausdruck, sondern auch ihre Bereitschaft, dem Mann die Liebeserfüllung zu gewähren.

Im Lied 182,14 beschreibt der Dichter sein unermeßliches Glück.
Die Frau, die er liebt, erweist ihm 'genâde' (V.182,16), macht
ihn 'vor allem leide frî' (V.182,17) und gibt ihm oft 'fröide'
und 'einen hôhen muot' (V.182,19f.). Deswegen will er ihr weiterhin 'dienen':
V.182,26f.   'Hete ich tûsent manne sin, daz waere wol,
              daz ich si behielte der ich dienen sol!'

In der letzten Strophe versichert er, daß sie allein ihn glücklich macht, weil sie all seine Wünsche erfüllt:
V.182,30ff.   'Ich enwart nie rehte saelic wan von ir.
              swes ich ir gewünschen kan, des gan si mir.
              saeleclîche ez mir ergie,
              dô mich diu schoene in ir genâde vie.'

Das Lied 183,33 fängt mit einem Natureingang an. Mit der schö-
nen Natur harmoniert der seelische Zustand des Dichters. Der
Grund:
V.184,5ff.   'von einem wîbe mir geschach
              daz ich muoz iemer mêre sîn
              vil wunneclîchen wol gemuot.'

In der dritten Strophe erzählt er weiter:
V.184,10ff.   'Si schiet von sorgen mînen lîp,
              daz ich dekeine swaere hân.
              wan âne si, vier tûsent wîp
              dien hetens alle niht getân.
              ir güete wendet mîniu leit.
              ich hân si mir ze friunt bereit,
              swaz ieman seit.'

Im freien Wechsel 198,4 beklagt die Frau in der ersten Strophe
eine große 'nôt', weil ihr Geliebter sie 'ze lange' meidet, den
sie 'mit triuwen nie gemeit' und dem sie so viel Liebe entge-
genbrachte wie keine andere Frau:

V.198,4ff.   'Er hât ze lange mich gemiten
               den ich mit triuwen nie gemeit.
               von sîner schulde ich hân erliten
               daz ich nie groezer nôt erleit.
               sô lebt mîn lîp   nâch sînem lîbe.
               ich bin ein wîp,   daz im von wîbe
               sô liebe nie geschach,   als im von mir ge-
                                                     schaehe.
               mîn ouge in gerner nie gesach   dann ich in
                                                     hiute saehe.'

In der zweiten Strophe nimmt der Mann die letzten vier Verse
auf und läßt deutlich erkennen, daß die Beziehung auf Gegenseitigkeit beruht:

V.198,16ff.   'Mir ist vil liebe nu geschehen,
               daz mir sô liebe nie geschach.
               sô gerne hân ich si gesehen
               daz ich si gerner nie gesach.
               ich scheide ir muot   von swachem muote:
               si ist sô guot,   ich wil mit guote
               ir lônen, ob ich kan,   als ich doch gerne
                                                     kunde.
               vil mêre fröiden ich ir gan   dann ich mir sel-
                                                     ben gunde.'

In diesem Lied haben wir eine Umkehrung der für den Minnesang
üblichen Situation. Die Frau leidet darunter, daß der Mann sie
meidet, und der Mann verspricht seinerseits, daß er ihren 'muot
von swachem muote' trennen und ihr 'mit guote... lônen' wird,
weil sie 'sô guot' ist.

Eine recht eigenartige Fragestellung leitet das sechsstrophige
Lied 195,37 ein, in dem die Frau die Liebeserfüllung in Aussicht stellt:

V.195,37ff.   'War kam iuwer schoener lîp'
              wer hât iu, saelic frouwe, den benomen?
              ir wârt ein wunneclîchez wîp:
              nu sît ir gar von iuwer varwe komen.'

Die Antwort der Frau umfaßt die restlichen fünf Strophen. Der
Grund dafür, daß sie weder 'schoene' noch 'hôhes muotes' sei,
liegt am Neid der Leute, die sie dazu veranlassen, 'einen ritter' zu meiden (V.196,5ff.). Trotz 'nôt' und 'leit' (V.196,11)
schimmert Hoffnung durch:

V.196,13ff.   'doch fröuwet mich sîn sicherheit,
              daz er lobte er wolte schiere komen.
              weste ich ob ez alsô waere,
              sô 'ngehôrte ich nie vor manger wîle mir ein
                                                lieber maere.'

In der vierten und fünften Strophe versichert sie, daß sie
sich ihm hingeben würde, wenn sie ihn sehen sollte, sonst
würde sie noch unglücklicher werden:

V.196,17ff.   'Ich gelache in iemer an,
              kumt mir der tac daz in mîn ouge ersiht,
              wande ichs niht verlâzen kan
              vor liebe daz mir alsô wol geschiht.
              ê ich danne von ihm scheide,
              sô mac ich wol sprechen "gên wir brechen bluo-
                                          men ûf der heide".
              Sol mir disiu sumerzît
              mit mangem liehten tage alsô zergân
              daz er mir niht nâhen lît,
              dur den ich alle ritter hân gelân,
              owê danne schoenes wîbes!
              sône kam ich nie vor leide in groezer angest
                                             mînes lîbes.'

Im sechsstrophigen Frauenmonolog MF.199,25 bereut die Frau,
daß sie die aufrichtige Liebe eines 'guoten', 'baz gemuoten'
Mannes (V.199,39), an dessen 'güete' sie sich gewöhnt hatte
(V.199,28ff.), verloren hat. Darunter leidet sie sehr

(V.199,31ff.) und verspricht, alles, was er von ihr wünschen
sollte, zu erfüllen:
V.199,36ff.   'Mîn geselle,   swaz er welle,
              daz muoz im an mir geschehen.
              man sô guoten,   baz gemuoten,
              hân ich selten mê gesehen,
              im gelîchen,   noch sô gemellîchen,
              bî dem für die swaere
              bezzer fröide waere.
              iemer hôrte ich gerne sîniu maere.'

Wiederum wird die Erhörung von der ethisch-moralischen Tadellosigkeit des Mannes abhängig gemacht. Dies wird in der letzten Strophe noch deutlicher zum Ausdruck gebracht:
V.201,7ff.   'alsô schône   man nâch wîbes lône
              noch geranc nie mêre.
              daz ich sîner êre
              weiz sô vil, daz ist mîn herzeswêre.'

Diese 'herzeswêre' rührt daher, daß sie ihn - der so viel
'êre' besitzt - sehr liebt, jedoch von ihm getrennt ist. Sogar
'boeser liute nîden' würde sie 'im ze dienste', also ihm zu-
liebe, über sich ergehen lassen:
V.200,14ff.   'swaz er wolte   daz ich lâzen solte,
              daz könd ich vermîden.
              boeser liute nîden
              wil ich im ze dienste gerne lîden.'

In der vierten Strophe demonstriert die Frau aufs neue ihre
große Liebe zum Mann sowie ihre Bereitschaft, sich hinzugeben:
V.200,19ff.   'Wol dem lîbe   der dem wîbe
              selhe fröide machen kan.
              mîme heile   ich gar verteile,
              mîdet mich der beste man.
              swes er pflaege   swenne er bî mir laege,
              mit sô frömden sachen
              könder wol gemachen

222

daz ich sîner schimphe müese lachen.'

Sie will auf ihn mit 'staete' (V.200,30ff.) und 'mit êren' war-
ten (V.200,40).

Im Lied 203,10 berichtet die Frau darüber, daß 'ein ritter'
ihren 'muot' erhöht:
V.203,10ff.   'Ze niuwen fröiden stât mîn muot
               vil hôhe' sprach ein schoene wîp.
               'ein ritter mînen willen tuot:
               der hât geliebet mir den lîp.
               ich wil im iemer holder sîn
               danne deheinem mâge mîn.
               ich tuon im wîbes triuwe schîn.'

In der zweiten Strophe beschreibt sie ihre Freude, wenn ihr
Geliebter in ihren Armen liegt und sie umarmt:
V.203,17ff.   'Diu wîle schône mir zergât
               swenn er an mînem arme lît
               und er mich zim gevangen hât.
               daz ist ein wünneclîchiu zît.
               sô ist mîn trûren gar zergân
               und bin die wochen wol getân.
               ey waz ich danne fröiden hân!'

Die besprochenen Stellen beweisen, daß die Frau auch bei Reinmar am Liebesgeschehen aktiv teilnimmt. Vor allem in den Frauenmonologen kommt dies klar zum Ausdruck, dazu auch in Liedern,
die die Wirkung auf den Minnenden beschreiben. Dabei wird - wie
schon mehrmals festgestellt wurde - die Gunsterweisung oder die
Liebeserfüllung von der ethisch-sittlichen Bewährung des Mannes
abhängig gemacht. Sie wird als Belohnung wie auch als Ansporn
betrachtet. Auffallend ist, daß auch die Frau durch die liebende Zuneigung des Mannes 'hôhen muot' gewinnt oder 'lôn' für
'werdekeit' erhält.

4. Mangelnde Individualität und Wirklichkeitsferne in der Darstellung der Frau

Die Art und Weise, wie die Frau in den Minneliedern dargestellt und beschrieben wird, läßt keinen Unterschied zwischen den umworbenen Damen der verschiedenen Sänger erkennen. Weder wird ein Name preisgegeben, noch wird nach irgendwelchen Eigenarten oder persönlichen Zügen differenziert. In keinem Gedicht wird etwa die Augen- oder Haarfarbe der Geliebten verraten. Keine "persönliche Note" hebt die eine von der anderen ab. Die Frau "wird mit allen Zügen der Reinheit und Schönheit ausgestattet, in denen es keine persönliche Differenzierung mehr gibt".[1] Es sind stets wiederkehrende Wesens- und Charakterzüge, die jegliche Unterscheidung erschweren und die Frau als irreal erscheinen lassen, und es entsteht der Eindruck, als ob der Dichter nur der Vorstellung oder der Idee der Frau als solcher nachjagt und zustrebt.

Dies mag zum Teil am öffentlichen Charakter des Minnesangs gelegen haben; die Lieder wurden ja in der Gesellschaft vorgetragen und gesungen. Aus Gründen der Diskretion verschweigt der Sänger alles, was eventuell zur Erkennung der Person der geliebten Frau führen könnte. Damit hängt vielleicht auch zusammen, daß der Dichter sich nicht des 'rüemens', d.h. des Prahlens bezichtigen wollte,[2] was sich mit dem Prinzip der 'tougen minne' und mit der Tugend der Demut nicht vereinbaren läßt.

Wie dem auch sei, die unverwechselbare, reale Person der Frau - wenn hinter den Liedern ein wirkliches Erlebnis gesteckt haben sollte - ist für Sinn und Zweck der Minne letztlich irrelevant. Wesentlich ist die Allgemeingültigkeit des Idealen. Deswegen treten die eine Frau auszeichnenden Komponenten so klar hervor, die sie befähigen, Vorbild und Gegenstand der Verehrung für den Mann zu sein. Die abstrahierende Formelhaftig-

---

1) De Boor, Geschichte, S. 219.
2) Kienast, deutschsprachige Lyrik, Sp. 51.

keit, die dabei angewandt wird und die für den Minnesang so
charakteristisch ist, erlaubt es, dieses Darstellungsschema
in einer Art Statistik[1] zu erfassen. Es wird zwar zwischen
Attributen, die die äußere Erscheinung der Frau und solchen,
die ihre geistig-seelische Vollkommenheit, ihre innere 'werdekeit', beschreiben, unterschieden, obwohl im mittelhochdeutschen Sprachgebrauch Adjektive wie 'schoen' oder 'wolgetân'
bekanntlich nicht nur auf die äußere Beschaffenheit beschränkt
bleiben, sondern in der Regel die Gesamtheit der Person umfassen.

1. Die äußere Erscheinung

'schoen'

Die frühe donauländische Lyrik

Der von Kürenberg	9,21	10,3			
Meinloh von Sevelingen	13,7	14,3	15,1	15,11	15,14
Burggraf von Rietenburg	19,29				
Dietmar von Eist	32,3	32,10	32,14	35,13	36,26
	40,23				

Die rheinische Lyrik

Heinrich von Veldeke	56,10	60,21	62,4	63,28	66,11
	66,29	67,23			
Friedrich von Hausen	43,15	45,4	45,31	48,24	49,30
	51,20				
Bernger von Horheim	113,39				
Bligger von Steinach	119,6				
Ulrich von Gutenburg	72,5	73,18			

---

1) Diese Zusammenstellung erhebt keinen Anspruch auf Vollstän-
digkeit.

Rudolf von Fenis	82,19 83,7
Heinrich von Rugge	99,37 103,17 107,6 110,24

Die hochhöfische Lyrik

Hartmann von Aue	206,29 207,26
Albrecht von Johansdorf	92,16 93,2 93,30
Heinrich von Morungen	122,7 124,33 126,29 127,6 129,28 130,15 133,2 133,31 133,34 134,6 135,23 138,16 145,44 V.S. 395,4
Reinmar	154,6 154,15 156,26^e 165,5 182,19 182,33 184,21 203,11 H.S.312 H.S.313,16

'wolgetân'

Die frühe donauländische Lyrik

Dietmar von Eist	36,21

Die rheinische Lyrik

Heinrich von Veldeke	58,19 59,7
Ulrich von Gutenburg	73,10

Die hochhöfische Lyrik

Albrecht von Johansdorf	87,13
Heinrich von Morungen	129,17 136,6

'minneclîch'

Die frühe donauländische Lyrik

Der Burggraf von Rietenburg	19,5
Kaiser Heinrich	5,6 5,24

Die rheinische Lyrik

Heinrich von Veldeke	H.S.259,7
Heinrich von Rugge	101,6
Hartwig von Rute	116,11

Die hochhöfische Lyrik

Albrecht von Johansdorf	93,31	93,13
Heinrich von Morungen	130,33	132,32
Reinmar	194,19	

'süez'

Die frühe donauländische Lyrik

Kaiser Heinrich	5,16

Die rheinische Lyrik

Bernger von Horheim	113,26
Hartwig von Rute	117,31

Die hochhöfische Lyrik

Heinrich von Morungen	122,22	147,4
Reinmar	183,23	

2. Die geistig-seelische Eigenart

'guot'

Die frühe donauländische Lyrik

Namelose Lieder	6,17 (Superlativ) 6,27 (Superlativ)
Der von Kürenberg	10,22

Dietmar von Eist	33,24 36,26 38,15 40,31 H.S.249, V.S.317,11
Meinloh von Sevelingen	11,9 (Superlativ)
Burggraf von Rietenburg	18,11 18,15 19,29
Kaiser Heinrich	4,20 5,7

Die rheinische Lyrik

Heinrich von Veldeke	56,10 (Superlativ) 59,3 63,28 68,4
Friedrich von Hausen	42,27 44,22 46,11 (Superlativ) 46,31 47,3 48,13 48,32 49,22 (Superlativ) 51,2 (Super- lativ) 51,9 51,19 53,2 53,5 53,8 53,13
Bernger von Horheim	113,19 115,32 115,33
Ulrich von Gutenburg	69,4 69,17 71,24 71,28 72,22 73,22 74,1 76,10 76,29 77,22 78,17 79,9
Rudolf von Fenis	82,15 82,22 83,9
Heinrich von Rugge	101,14 101,16 103,7 103,20 (Superlativ) 105,18 110,32
Hartwig von Rute	117,26 (Superlativ)
Engelhart von Adelnburg	148,24

Die hochhöfische Lyrik

Hartmann von Aue	207,2 214,33 215,30 215,36
Albrecht von Johansdorf	87,14 91,3 91,18 92,20 93,14 94,13 94,34 95,7

Heinrich von Morungen	123,14 (Superlativ) 126,10 (Su-
	perlativ) 136,25 136,29
	138,19 139,5 141,23 142,25
	144,31 145,27 147,1
Reinmar	152,24^h 154,12 155,32 (Super-
	lativ) 160,37 160,38 162,5
	164,26 165,31 167,3 167,20
	(Superlativ) 184,14 189,28
	189,14 190,3 190,9 195,9
	195,11 198,22 V.425,9
	V.S.435,2

'tugendhaft'

Die frühe donauländische Lyrik

Dietmar von Eist	34,34 36,20 H.S.249 V.S.317,7
Meinloh von Sevelingen	11,3 11,20
Kaiser Heinrich	4,21

Die rheinische Lyrik

Ulrich von Gutenburg	71,3 74,1
Rudolf von Fenis	84,17
Heinrich von Rugge	103,13 105,8

Die hochhöfische Lyrik

Albrecht von Johansdorf	86,11 90,22 92,11
Heinrich von Morungen	123,1 124,32 126,30 130,15
	133,5 145,13 146,17 146,20
Reinmar	154,19 157,34 159,8 165,7
	190,18

'staete'

Die hochhöfische Lyrik

Hartmann von Aue	211,38 212,9 212,25
Heinrich von Morungen	122,20
Reinmar	154,27 182,15 182,22 189,24
	202,19

'werdec'

Die hochhöfische Lyrik

Hartmann von Aue	215,15 215,26
Albrecht von Johansdorf	93,1
Heinrich von Morungen	126,29 133,5 141,12 146,12
Reinmar	152,24[a] 159,4 165,39 190,5
	194,25

'rein'

Die hochhöfische Lyrik

Albrecht von Johansdorf	92,10
Heinrich von Morungen	122,25 147,16 V.S.395,7
Reinmar	153,3 165,28 180,24 183,23
	190,3

'saelic'

Die frühe donauländische Lyrik

Namenlose Lieder	6,17
Meinloh von Sevelingen	13,9

Die rheinische Lyrik

Friedrich von Hausen	45,24 54,1 55,2

230

Heinrich von Rugge	103,4 105,10		

Die hochhöfische Lyrik

Albrecht von Johansdorf	95,6		
Heinrich von Morungen	137,20 140,31		
Reinmar	153,3 164,10 166,3 176,5		
	191,2 194,26 195,38		

'hôhgemuot'

Die rheinische Lyrik

Heinrich von Veldeke	H.S.258
Engelhart von Adelnsburg	148,4

Die hochhöfische Lyrik

Heinrich von Morungen	126,28
Reinmar	165,5

Andere tugendbeschreibende Wörter wie z.B. 'edel', 'hêr', 'genaedic', 'sinnic' oder 'wîse' sind im Minnesang seltener vertreten. Häufiger wird die seelisch-geistig-sittliche Beschaffenheit der Frau in allgemeiner, umschreibender und aus dem Sinnzusammenhang der Dichtung erschließbarer Weise dargestellt und nicht durch einen bestimmten Terminus bezeichnet. Dies ist am Beispiel von Frauenstrophen besonders gut zu zeigen. Die 'staete' und 'triuwe' der Frau werden in der Regel erst im Verlauf der Rede der Sprechenden erkennbar, z.B. bei Hausen, Strophe 49,4; bei Johansdorf in den Strophen 91,22 oder 94,35, bei Reinmar in den Strophen 152,25, 177,10 oder 199,25.

Aus unserer Aufstellung geht also hervor, daß der verwendete Wortschatz zur Beschreibung der äußeren Erscheinung der Frau gering ist, daß es den Minnesängern somit eher auf die Darstellung der inneren Vollkommenheit der Frau ankam.

Zusammenfassung der Ergebnisse

Die Überprüfung der von der Forschung in Bezug auf die 'frouwe'
des Minnesangs vertretenen Ansichten an den Liedern führte zu
folgenden Ergebnissen:

1. Es ist unpräzise, den Begriff 'frouwe' als einzige Bezeichnung für die Frau im Minnesang in Betracht zu ziehen und
   'wîp' außer Acht zu lassen. Hierfür sind drei Gründe geltend zu machen:
   a) Der Begriff 'wîp' kommt bei den Dichtern des "Minnesangs
      Frühling" häufiger vor als 'frouwe'.
   b) Die lexikalische Definition beider Begriffe bietet keine
      Rechtfertigung für den angenommenen Bedeutungsunter-
      schied und der hauptsächlich daraus erfolgenden Bevor-
      zugung des Begriffs 'frouwe' gegenüber 'wîp'.
   c) Der Befund der Textuntersuchung hat ergeben, daß sich
      beide Begriffe ihrem Inhalt nach nicht unterscheiden.
      Erst der Textzusammenhang entscheidet über ihre endgül-
      tige Bedeutung; d.h. keiner der beiden Begriffe enthält
      Werturteile von vornherein. Weder hat 'frouwe' einen so
      hohen, noch 'wîp' einen so niedrigen Wertgehalt.

2. Es gibt im Minnesang keinen Anhaltspunkt dafür, daß die
   Frau verheiratet ist.

3. Die Annahme, daß die Frau sozial höher stehe als der Sänger, ist in den Texten nicht fundiert und kann somit nicht
   stichhaltig bewiesen werden.

4. Eine Erwiderung der Liebe seitens der Frau wird auch in
   den Liedern der sog. "Klassiker" vielfach ausgesprochen;
   ebenso wird die völlige Hingabe in Aussicht gestellt oder
   vollzogen. Namentlich die Frauenmonologe präsentieren nicht
   das Bild einer distanzierten, unnahbaren Dame, sondern das
   einer menschlich-nahen, dem Mann in Liebe verbundenen, mit
   ihm und um ihn leidenden Frau.

5. Die Frau wird durch weitgehende Ent-Individualisierung
   als Idee, als Typus, als das weibliche Prinzip schlechthin in chiffrenartiger Andeutung benannt und meist nur
   als Trägerin von verehrungswürdigen Eigenschaften, äußerer Schönheit und menschlicher Würde vorgeführt.

Literaturverzeichnis

I. Textausgaben

Des Minnesangs Frühling, nach Karl Lachmann, Moritz Haupt und
  Friedrich Vogt. 35. Aufl., neu bearbeitet von Carl von
  Kraus. Stuttgart 1970 (1. Aufl. Leipzig 1857).

II. Wörterbücher

Benecke, Müller, Zarncke: Mittelhochdeutsches Wörterbuch. Hildesheim 1963 (1. Aufl. 1854 - 1961).

Der große Duden. Bd. 7. Etymologie. Mannheim 1963.

Deutsches Wörterbuch, bearbeitet von Jakob Grimm, Karl Weigand
  und Rudolf Hildebrand. Leipzig 1878.

Kluge, Friedrich: Etymologisches Wörterbuch der deutschen Sprache. 21. unveränderte Aufl. Berlin. New York 1975 (1. und
  2. Aufl. 1883).

Lexer, Matthias: Mittelhochdeutsches Wörterbuch. Leipzig 1872.

Lexer, Matthias: Mittelhochdeutsches Taschenwörterbuch. 33.
  Aufl. Stuttgart 1969 (1. Aufl. 1885).

III. Sekundärliteratur

Bischoff, Karl: 'wif', 'vrouwe' und ihresgleichen im mittelalterlichen Elbostfälischen. Eine wortgeschichtliche Studie.
  Akademie der Wissenschaften und Literatur. Abhandlung der
  geistes- und sozialwissenschaftlichen Klasse. Jahrg. 1977.
  Nr. 6.

Boor, Helmut de und Newald, Richard: Geschichte der deutschen
  Literatur von den Anfängen bis zur Gegenwart. Bd. II.
  De Boor: Die höfische Literatur. 8. unveränderte Aufl.
  München 1969 (1. Aufl. 1953).

234

Brinkmann, Hennig: Erscheinung und Entfaltung des deutschen Minnesangs. In: Zeitschr. für Deutschkunde 50. 1936.

Ders.: Der deutsche Minnesang. In: Der deutsche Minnesang. Hrsg. von Hans Fromm. Darmstadt 1972. S. 85 - 166. Zum Teil veröffentlicht als "Geleit" zur "Liebeslyrik der deutschen Frühe". Düsseldorf 1952.

Burdach, Konrad: Über den Ursprung des mittelalterlichen Minnesangs, Liebesromans und Frauendienstes. In: Konrad Burdach. Vorspiel. Gesammelte Schriften zur Geschichte des deutschen Geistes. Bd. I. 1. Teil: Mittelalter. Halle, Saale 1925.

Ders.: Reinmar der Alte und Walther von der Vogelweide. 2. Aufl. Halle (Saale) 1928.

Bumke, Joachim: Studien zum Ritterbegriff im 12. und 13. Jahrhundert. Beihefte zum Euphorin. 1. Heft. Heidelberg 1964.

Ehrismann, Gustav: Geschichte der deutschen Literatur bis zum Ausgang des Mittelalters. Bd. II. München 1935.

Hauser, Arnold: Sozialgeschichte der Kunst und Literatur. München 1953.

Heffner, R-MS und Petersen, Kathe: A Word Index to Des Minnesangs Frühling. University of Wisconsin. 1942.

Henrici, Emil: Zur Geschichte der mittelhochdeutschen Lyrik. Berlin 1876.

Hertz, Wilhelm: Über den ritterlichen Frauendienst. München 1864. Wiedergedr. in: Hertz, Aus Dichtung und Sage. Hrsg. von Karl Vollmöller. Stuttgart. Berlin 1907.

Kienast, Richard: Die deutsche Lyrik des Mittelalters. In Deutsche Philologie im Aufriß. 2. überarbeitete Aufl. Hrsg. von Wolfgang Stammler. Bd. II. Berlin 1960 (1. Aufl. 1952-1957).

Kluckhohn, Paul: Ministerialität und Ritterdichtung. In: Zeitschrift f. dt. Altertum. Bd. 52. 1910, S. 135-168.

Ders.: Der Minnesang als Standesdichtung. In: Der deutsche Minnesang. Hrsg. von Hans Fromm. Darmstadt 1972. S. 58-84. (Zuerst erschienen in:Archiv f.Kulturgeschichte 11. 1914.)

Köhler, Erich: Vergleichende soziale Betrachtung zum deutschen und französischen Minnesang. In: Der Berliner Germanistentag 1968. Vorträge und Berichte. Hrsg. von Karl Heinz Borck und Rudolf Henss. Heidelberg 1970.

Kolb, Herbert: Der Begriff der Minne und das Entstehen der höfischen Lyrik. Tübingen 1958.

Kotzenberg, Walther: Man, frouwe, juncfrouwe. Drei Kapitel aus der mhd. Wortgeschichte. Berliner Beiträge zur germ. und roman. Phil. 33. Germanist. Abt. Nr. 20. 1907.

Kuhn, Hugo: Zur inneren Form des Minnesangs. In: Der deutsche Minnesang. Hrsg. von Hans Fromm. Darmstadt 1972. S. 167-179. Zum Teil veröffentlicht unter dem Titel "Zur Deutung der künstlerischen Form des Mittelalters" in: Studium Generale 2. 1949.

Ders.: Die Klassik des Rittertums in der Stauferzeit. In: Geschichte der deutschen Literatur von den Anfängen bis zum Ende des Spätmittelalters (1490). Hrsg. von Heinz Otto Burger. 2. Aufl. Stuttgart 1962 (1. Aufl. 1952).

Ders.: Soziale Realität und dichterische Fiktion am Beispiel der höfischen Ritterdichtung Deutschlands. In: Hugo Kuhn: Dichtung und Welt im Mittelalter. Stuttgart 1959. (Zuerst erschienen in: Soziologie und Leben. Hrsg. von Carl Brinkmann. Tübingen 1952.)

Ludwig, Erika: Wîp und frouwe. Geschichte der Worte und Begriffe in der Lyrik des 12. und 13. Jahrhunderts. Stuttgart. Berlin 1937.

Mohr, Wolfgang: Minnesang als Gesellschaftskunst. In: Der
deutsche Minnesang. Hrsg. von Hans Fromm. Darmstadt 1972.
(Zuerst erschienen in: Der Deutschunterricht 6. Heft.
1954.)

Neumann, Friedrich: Hohe Minne. In: Der deutsche Minnesang.
Hrsg. von Hans Fromm. Darmstadt 1972. S. 180-196. (Zuerst erschienen in: Zeitschr. für Deutschkunde 1925.)

Ders. Minnesang. In: Reallexikon der deutschen Literaturgeschichte. 2. Aufl. Berlin 1965 (1. Aufl. 1925/1926).

Peters, Ursula: Frauendienst. Untersuchungen zu Ulrich von
Lichtenstein und zum Wirklichkeitsgehalt der Minnedichtung. Göppingen 1972.

Dies.: Niederes Rittertum oder hoher Adel? Zu Erich Köhlers
Historisch-soziologische Deutung der altprovenzalischen
und mittelhochdeutschen Minnelyrik. In: Euphorion. Bd.
67. 1973.

Scherer, Wilhelm: Geschichte der deutschen Dichtung im 11.
und 12. Jahrhundert. London 1875.

Schröder, Franz Rolf: Der Minnesang. In: G.R.M. 21. 1933.
S. 161-187 und 257-290.

Schuhmacher, Marlis: Die Auffassung der Ehe in den Dichtungen
Wolframs von Eschenbach. Heidelberg 1967.

Schwietering, Julius: Die deutsche Dichtung des Mittelalters.
2. unveränderte Aufl. Darmstadt 1957 (1. Aufl. Potsdam
1932).

Spiewok, Wolfgang: Minneidee und feudalhöfisches Frauenbild.
Ein Beitrag zu den Maßstäben literaturhistorischer Wertung im Mittelalter. In: Wissenschaftliche Zeitschr. der
Ernst-Moritz-Arndt-Universität Greifswald. Gesellschaft-
und sprachwissenschaftliche Reihe 12. 1963.

Stange, Manfred: Reinmars Lyrik. Forschungskritik und Überlegungen zu einem neuen Verständnis Reinmars des Alten.
Amsterdam 1977.

Uhland, Ludwig: Uhlands Schriften zur Geschichte der Dichtung
und Sage. 5. Bd. Der Minnesang. Stuttgart 1870.

Vogt, Friedrich und Koch, Max: Geschichte der deutschen Literatur von den ältesten Zeiten bis zur Gegenwart. 3. neubearb. und vermehrte Aufl. 1. Bd. Leipzig und Wien 1910.

Wapnewski, Peter: Deutsche Literatur des Mittelalters. Ein Abriß. Göttingen 1960.

Weber, Marianne: Ehefrau und Mutter in der Rechtsentwicklung.
Tübingen 1907.

Wechssler, Eduard: Frauendienst und Vassallität. In: ZFSL 24.
Beihefte. 1902.

Ders.: Das Kulturproblem des Minnesangs. Studien zur Vorgeschichte der Renaissance. Bd. I. Minnesang und Christentum. Halle 1909.

Weinhold, Karl: Die deutschen Frauen in dem Mittelalter, Ein
Beitrag zu den Hausalterthümern der Germanen. Wien 1851.

Wießner, Edmund: Höfisches Rittertum. In:Deutsche Wortgeschichte. Hrsg. von Friedrich Maurer und Fritz Stroh.
Berlin 1943.

Wisniewski, Roswitha: 'Werdekeit' und Hierarchie. Zur soziologischen Interpretation des Minnesangs. In: Festschrift
Blanka Horacek zum sechzigsten Geburtstag. Wien Stuttgart 1974.